U0733992

内部审计工作法系列丛书
编委会

总主编： 袁小勇　林云忠

编委会主任： 李　越　尹维劼

编委（按姓氏音序排列）：

陈宋生　陈小欢　陈　泽　董君飞　葛绍丰　恭竟平　郭长水　纪新伟

李春节　刘红生　刘晓莹　刘　姿　鲁　垚　荣　欣　施爱芬　屠雯珺

徐　璐　徐荣华　徐晓东　许建军　杨芸芸　袁梦月　周　平

内部审计工作法系列

合规型内部审计

精准发现违规行为，实时化解合规风险

李春节　徐荣华　葛绍丰 /主编

人民邮电出版社

北京

图书在版编目（CIP）数据

合规型内部审计：精准发现违规行为，实时化解合
规风险 / 李春节，徐荣华，葛绍丰主编. -- 北京：人
民邮电出版社，2022.9
（内部审计工作法系列）
ISBN 978-7-115-58890-6

Ⅰ. ①合… Ⅱ. ①李… ②徐… ③葛… Ⅲ. ①内部审
计 Ⅳ. ①F239.45

中国版本图书馆CIP数据核字(2022)第045767号

内 容 提 要

合规型内部审计的实施，有利于降低组织的代理成本，反映受托经济责任，揭露组织舞弊行为，
促进组织风险管理。

本书对合规型内部审计的发展状况、底层理论、程序与流程、技术与方法、经典案例等方面做
了体系化讲解。首先，从国内外的发展与四大理论讲起，奠定读者对这一知识体系的认知基础。而
后，详述了合规型内部审计程序与流程、技术与方法。书中更有许多经典案例，包括：审查组织是
否存在违法违纪违规、审查领导干部是否存在失职渎职、审查员工是否存在舞弊、审查内部控制是
否失效、审查建设项目是否失管。案例用生动的语言描绘出审计人员在审查中是如何发现违规行为、
厘清审计思路、逐个击破违规疑云的，每个案例的最后，都有案例启示帮助读者增进理解。作为补
充，还介绍了合规型内部审计常见问题定性处理依据。

本书可作为企业、政府部门、会计师事务所中从事财会、内部审计的人员阅读，也可作为高校
财经类专业师生案例教学的参考资料使用。

◆ 主　　编　李春节　徐荣华　葛绍丰
　　责任编辑　刘　姿
　　责任印制　周昇亮
◆ 人民邮电出版社出版发行　　北京市丰台区成寿寺路 11 号
　　邮编　100164　　电子邮件　315@ptpress.com.cn
　　网址　https://www.ptpress.com.cn
　　廊坊市印艺阁数字科技有限公司印刷
◆ 开本：700×1000　1/16
　　印张：22　　　　　　　　　　2022 年 9 月第 1 版
　　字数：315 千字　　　　　　　2025 年 5 月河北第 10 次印刷

定价：108.00 元

读者服务热线：(010)81055296　印装质量热线：(010)81055316
反盗版热线：(010)81055315

总 序

　　近日，作为第一读者阅读了人民邮电出版社即将出版的"内部审计工作法系列"丛书送审稿后，我很兴奋。这套丛书共五本，有理论，有方法，还有案例分享，特别是《内部审计思维与沟通》一书，紧紧抓住了内部审计的两大基本技能并进行深入阐述，达到了很好的效果。在审计实务方面，本套丛书将内部审计区分为"增值型"与"合规型"两大类别，较好地反映了内部审计在企业和行政事业单位的工作实际；《内部审计情景案例》一书以案释纪、以案说理，给人留下深刻的印象；《内部审计工作指南》一书条理清晰、重点明确，涵盖了内部审计全流程的核心工作。

　　本套丛书的作者皆是来自内部审计一线的理论与实务工作者，他们在书中认真分析、借鉴和总结了当前国内外内部审计先进的理念和方法，他们勤于思考、思维开阔、洞察力强，衷心希望他们和这套丛书都可以为我国内部审计事业的发展添砖加瓦。

第十一届全国政协副主席

审计署原审计长

中国内部审计协会名誉会长

2022. 5. 28

图 1　李金华副主席与本套丛书作者代表
2017 年 11 月，在全国内部审计"双先"表彰大会期间的合影，
左起：荣欣、林云忠、李金华、杨芸芸

图 2　李金华副主席、李如祥副会长与本套丛书作者代表
2018 年 9 月，在中国内部审计协会第七届理事会第一次会议时的合影，
左起：荣欣、李如祥、李金华、林云忠、周平

内部审计是建立于组织内部、服务于管理部门的一种独立的检查、监督和评价的活动，是为了适应和满足一个组织的内生动力与内在需要而产生的职业，因其具有"术业有专攻"的专业胜任能力要求，所以更彰显出其在组织管理中所不可替代的地位。正因为如此，在现代组织管理理论中，内部审计作为组织治理的四大基石之一（董事会、高级管理层、外部审计、内部审计），被誉为是"对管理者的再管理，对监督者的再监督"的职业。

随着中国经济快速发展，中央高层越来越重视内部审计工作。2018 年，中央审计委员会第一次会议上指出"审计是党和国家监督体系的重要组成部分。……要加强对内部审计工作的指导和监督，调动内部审计和社会审计的力量，增强审计监督合力"。可以说，内部审计作为我国审计监督体系中重要的组成部分，迎来了加快发展的"春天"。未来十年，也将迎来我国内部审计前所未有的发展机遇期。

实务的发展需要理论的支持，理论的价值需要实务去印证，内部审计实务图书的高质量建设在内部审计人才培养中具有重要地位。正是基于对这一价值观的认识和对审计行业的高度使命驱动，袁小勇、林云忠等一批具有深厚理论功底和丰富实践经验的专家学者，集思广益、默默耕耘、精雕细琢、系统探索，编写了这套"内部审计工作法系列"丛书。

本套丛书从综合结构与编写思路上来看，既有审计基础理论的阐述与创新

（《内部审计工作指南》《内部审计思维与沟通》）；也有审计实务的指导（《合规型内部审计》《增值型内部审计》）；还有审计案例的分析与探讨（《内部审计情景案例》），可以说是一套设计思路清晰、逻辑结构合理、内容务实完整、层次递进互补的"内部审计工作法"体系。

在具体内容上，本套丛书的作者均是从事审计理论研究与实务工作的资深专家，深知审计实务中的重点、热点、痛点与难点。因此，在写作过程中，作者们能够以《国际内部审计实务框架》和《中国内部审计准则》为基础、作依据，以党和国家对内部审计工作的新要求为标准、作指引，力求实现理论与实务相结合。

我作为本套丛书的第一读者，深感荣幸，也相信本套丛书会给读者日常工作带来启发与收获，给理论探讨提供思路与指导，感谢作者与编写者们的辛苦劳动与智慧付出，希望作者、编者与读者一道，立足本职工作，深耕专业领域，在健全内控、揭示舞弊、提示风险、评估价值、提升效益、保障利益相关人权益等方面做出自己应尽的努力，为中国内部审计的发展做出自己应有的贡献。

中国内部审计协会副会长

雅戈尔集团监事会主席

李如祥

2022 年 5 月 7 日于宁波

从全球视角看，内部审计理论产生于 20 世纪 40 年代初。1942 年，随着维克托·Z. 布林克 (Victor Z. Brink) 的著作《内部审计——性质、职能和程序方法》的出版，内部审计理论得以面世。80 年来，内部审计职业在快速发展，内部审计理论研究也在不断升温，而系列研究成果陆续问世、理论体系日渐成熟，也指导着内部审计实践发展。我国内部审计起步于 20 世纪 80 年代初，伴随国家审计事业的发展，其功能、作用也在不断提升，社会各界对内部审计的需求更是非常迫切。毋庸置疑，21 世纪以来，我国内部审计事业进入了高速发展的快车道，以增加价值为目标的现代管理审计蓬勃发展。今天，中国特色社会主义进入新时代，我国的经济社会环境也发生了巨大的变化，环境的变化对审计理论研究和实践体系创新提出了新要求。

宁波市内部审计协会副会长林云忠，教育部审计学课程思政教学名师（2021 年）、首都经济贸易大学会计学院案例研究中心主任袁小勇等一批专家学者基于深厚的理论功底和丰富的实践经验，编写了这套"内部审计工作法系列"丛书，书名分别是《内部审计工作指南》《内部审计思维与沟通》《合规型内部审计》《增值型内部审计》《内部审计情景案例》，我能先睹为快，欣喜无比。

这套丛书是在新时代内部审计面临高质量发展的大时代背景下编写的，在继承、发展传统内部审计理论的基础上，以习近平新时代中国特色社会主义思想为指引，彰显了中国特色社会主义内部审计理论的精髓和特色，具有创新性和前瞻性。这套丛书的内容体例完整，既有基础理论的发展与创新，也有实践的应用与指导。

在《内部审计工作指南》中，作者从内部审计发展、演变的脉络出发，应用内部审计理论、管理学理论等相关学科知识，阐述了现代内部审计业务的内涵和外延，展开了对财政财务收支审计、经济活动审计、内部控制审计、风险管理审计等核心内容的论述，并以上述业务为基础，深入探讨了内部审计程序和方法、进阶数智应用的路径及内部审计部门的管理。

在《内部审计思维与沟通》中，作者从审计主体出发，运用案例分析法，就审计思维的内涵、内部审计思维体系的构成、审计思维在内部审计工作中的运用等相关内容进行了阐述，这是在一般审计流程描述基础上的一次飞跃和升华。

在《合规型内部审计》中，作者从国内外内部审计理论和实践的比较分析入手，结合我国的审计实践案例，运用委托代理理论等相关学科知识，界定了合规性审计与合规型内部审计的概念和发展逻辑，进一步探讨了开展合规型内部审计中审计业务的方法，使内部审计业务在合规性审计视域下的理论和应用更加丰富。

在《增值型内部审计》中，作者从"什么是增值型内部审计"这一问题出发，清晰地界定了增值型内部审计的概念，这本身就是一个理论创新。众所周知，增值型内部审计的概念是 IIA 在 2001 年发布的《国际内部审计专业实务框架》（IPPF）中第一次提出的，之后，国内外专家学者开始了对"什么是内部审计价值""内部审计怎么帮助组织增加价值"等一系列问题的探讨，实务界也开始了对增值型内部审计的实践探索，但到目前为止，对增值型内部审计概念尚未有一个统一的解释和定义，这本书在这些方面却给出了独到的观点和解读，并与《合规型内部审计》相互印证，使《增值型内部审计》框架清晰可辨。

在《内部审计情景案例》中，作者以不同组织类型的内部审计实践为原型，基于丰富的培训经验，来契合读者的学习需求，用讲故事的方式再现内部审计实务情景，使内部审计业务更加形象、真实。

这套丛书的内容相互支撑、互为印证，体现了很好的内在逻辑。同时，每本书都有理论分析和应用案例，能够自成体系，紧扣主题；丛书在写作方法方面也有所创新，采用了问题导向、逻辑分析加应用指引的方式，有助于读者学习和理解，引人入胜；丛书契合中国国情和内部审计环境，有厚度、有内涵；丛书的作者都有长期参加内部审计、主管内部审计工作的丰富经验，对内部审计充满了热爱，他们将理论修养、实践经验和内部审计情感全部带入这套丛书中，使这套丛书更具情怀。

相信这套丛书会给读者一个全新的感受，会使读者受到很好启迪的同时收获丰富的知识。感谢作者们的努力，向各位作者致敬！

中国内部审计协会准则专业委员会副主任委员

南京财经大学副校长

时 现

2022 年 4 月 7 日于南京

推荐序三

　　经济越发展，审计越重要。随着中国经济的快速发展，国家越来越重视内部审计工作。2019年10月发布的《中共中央关于坚持和完善中国特色社会主义制度推进国家治理体系和治理能力现代化若干重大问题的决定》对坚持和完善党和国家监督体系进行了部署，审计监督作为党和国家监督体系的有机组成部分，是推进国家治理体系和治理能力现代化的重要力量。内部审计作为我国审计监督体系的重要组成部分，被寄予了越来越多的期待，这也为内部审计机构和内部审计人员在组织机构中占据新的位置提供了极好的机遇。

　　因此，内部审计对于人才的需求量越来越大，越来越多的年轻人投身于内部审计的工作之中。但是目前国内开设内部审计课程的高校却寥寥无几，且内部审计作为一门实践性较强的学科，对工作人员的综合素质和工作能力有着较高的要求，无论是刚刚进入内部审计行业的年轻人，还是具有一定工作经验的内部审计工作者，在内部审计实务工作方面都需要一定的指导和点拨。目前已出版的内部审计图书品种少、缺乏体系性的策划，在内容的完整性和实用性方面均有所缺失，因此需要一批理论与实务经验丰富、对内部审计工作有深刻理解和认识的权威专家作为创作者，打造一套贴近实务、知识体系完整的内部审计实务工作学习读物，在弥补市场空白、树立行业标杆的同时，为广大的内部审计工作人员提供科学的指导，推动我国内部审计的人才培养，为我国内部审计的行业发展做出贡献。在此背景下，以袁小勇、林云忠为代表的一批具有丰富实践经验和理论功底的专家学者，勇于担当，通过大量的实践调研和线上线下的会议来征求意见，深耕细作、努力探索，编写了这套"内部审计工作法系列"丛书。

本套丛书有以下几个特点。

一是内容体系完整、层次递进互补。丛书共五册，既有内部审计理论（《内部审计工作指南》《内部审计思维与沟通》），又有内部审计工作实务（《合规型内部审计》《增值型内部审计》），还有内部审计案例分析研讨（《内部审计情景案例》），是一套逻辑结构完整、层次递进互补的内部审计工作法系列丛书。

二是重视审计思想、突出核心能力。2015 年 CBOK 对全球内部审计从业人员进行的三次调查表明，思维与沟通是内部审计师必须具备的两项核心能力，越来越受到审计职业人士的重视。《内部审计思维与沟通》对这两项核心能力进行了全面、系统的阐述，抓住了内部审计人才建设的核心，有助于内部审计工作者建立内部审计思维，提高审计推理与沟通技能，增进对内部审计工作的理解。

三是捕捉时代热点、紧抓实务要点。《合规型内部审计》是国内外经济环境变化速度快，合规性审查越来越趋于常态化、严厉化的一种产物，在目前内部审计图书市场中它属于创新性的产品，难能可贵。《增值型内部审计》是从21 世纪内部审计发展的新理念、新要求出发，对现代内部审计职能进行重新定位后的一种全面阐述。本书内容包含增值型内部审计的开展方式与主要方法，增值型内部审计在采购环节、生产环节、销售环节、基建环节等方面的具体应用，内容非常丰富。

四是以案说理，引起读者思索。《内部审计情景案例》以情景案例的形式，通过情景认知、情景导入、情景演示、专家点评等元素，让读者置身于某个具体的审计情景之中——以自己作为案例中的主角，主动参与案例的分析与思考，从而增强自己在学习与工作中的思考能力，也能为内部审计实务工作者提供借鉴。

本套丛书既适用于各类审计实务工作者、纪检监察人员阅读、研究，也可以作为高等学校财会审计类专业大学生、研究生的参考教材，还可作为从事内部审计研究者的参考读物。

借此机会，谨向付出了艰辛劳动的全体作者及出版社的编辑人员致以崇高的敬意，向为丛书创作提供支持与帮助的各界人士表示衷心的感谢。

复旦大学管理学院教授

李若山

2022 年 5 月 11 日于上海

丛书前言

进入 21 世纪以来，内部审计在推动组织治理、风险管理和实现战略目标等方面所发挥的重大价值越来越引起世界范围内的高度重视。内部审计师作为一个与经济紧密交织的全球性职业，正在展示其卓越的领导力、灵活性和相关性。在中国，随着经济的稳定发展，越来越多的年轻人加入内部审计的队伍，为防范组织风险的最后一道防线助力。面对新形势，内部审计理论研究者和实务工作者必须突破传统的职能定位和工作思路，重新审视内部审计在组织治理中的地位及所肩负的新使命和新要求，并结合内部审计工作实际，调整内部审计工作视角，改变内部审计工作思路，以新姿态、新举措、新作为，促进内部审计工作高质量发展。为了系统地帮助与指导审计实务工作者更好地开展内部审计工作，在中国内部审计协会的支持与鼓励下，人民邮电出版社联合内部审计一线工作的专家、教授和全国内部审计先进工作者，组成了"内部审计工作法系列"丛书编委会。

编委会在线上、线下经过充分的会议讨论，通过调研、征求部分国有企业和民营企业中内部审计实务工作者的建议，将内部审计按工作的重心分为两大类：合规型内部审计与增值型内部审计，前者主要在行政事业单位运用较多，后者主要在企业单位运用较多。考虑到审计思维与沟通这两大基本技能在内部审计工作中的重要性，以及内部审计实务工作者对案例分析研究的需求，编委会决定本套丛书确定为以下五部图书：《内部审计工作指南》《内部审计思维与沟通》《合规型内部审计》《增值型内部审计》《内部审计情景案例》。这五本书的逻辑关系如图 3 所示。

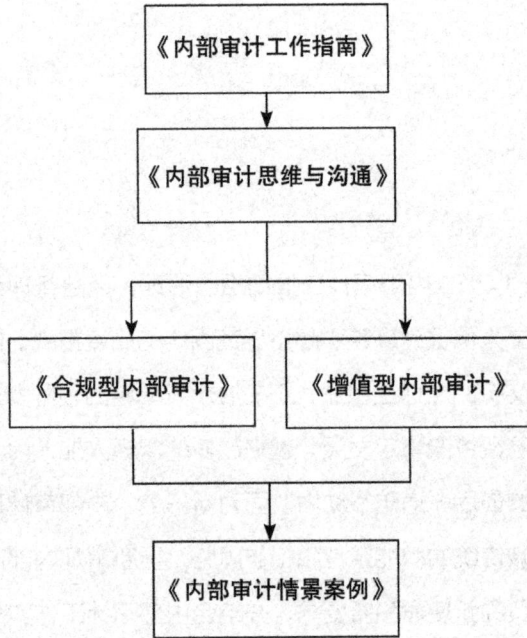

```
            ┌─────────────────────┐
            │  《内部审计工作指南》   │
            └─────────────────────┘
                      │
                      ▼
            ┌─────────────────────┐
            │ 《内部审计思维与沟通》  │
            └─────────────────────┘
                      │
            ┌─────────┴─────────┐
            ▼                   ▼
   ┌─────────────────┐  ┌─────────────────┐
   │ 《合规型内部审计》 │  │ 《增值型内部审计》 │
   └─────────────────┘  └─────────────────┘
            │
            ▼
   ┌─────────────────────┐
   │  《内部审计情景案例》  │
   └─────────────────────┘
```

图 3   "内部审计工作法系列"丛书的逻辑关系

《内部审计工作指南》作为本套丛书第一部，相当于内部审计的基本原理。本书紧紧围绕中国内部审计准则和审计署关于内部审计的规定，以及党和国家对内部审计工作的新要求来撰写，内容涉及内部审计的职能与使命、内部审计核心业务类型、审计计划制订、审计方案实施、审计报告、审计结果运用与后续审计等。

《内部审计思维与沟通》作为本套丛书第二部，是对内部审计两大基本技能的系统阐述。本书紧紧围绕审计思维与沟通这两个重要主题，帮助内部审计工作者建立内部审计思维、提高审计推理能力，通过分享内部审计沟通技巧，增进读者对内部审计工作的理解。

《合规型内部审计》作为本套丛书第三部，第一次系统地对合规型内部审计进行全方位的探讨。本书从理论、方法、案例三个维度对组织违法违纪违规、领导干部失职渎职、员工舞弊、内控失效等典型的合规性问题进行深入系统的分析，帮助读者阔眼界、明规律、理思路、懂策略、识大体。

《增值型内部审计》作为本套丛书第四部，以全国内部审计先进单位——方太集团这一民营企业为原型，第一次把增值型内部审计理念、具体场景与企业组织管理的特征有机地结合在一起，从采购、生产、销售、基建等环节具体讲述内部审计是如何发挥增值作用的，让读者能够得到更好的审计实践体验。

《内部审计情景案例》作为本套丛书第五部，以情景案例的形式，通过情景认知、情景导入、情景演示、专家点评等元素，让读者置身于某个具体的审计情景之中——以自己作为案例中的主角，主动参与内部审计案例的分析与思考，从而增强自己在学习与工作中的思考能力，也为行政事业单位和企业的内部审计实务工作提供借鉴。

在写作人员的组成上，编委会重视理论与实务相结合。在理论方面，选择具有较深理论功底的专家学者，如陈宋生，中国内部审计协会准则专业委员会副主任，北京理工大学博士生导师；郭长水，高级审计师，上海海事大学审计处处长；徐荣华，中国注册会计师，国际注册内部审计师，宁波大学商学院副教授；荣欣，全国内部审计先进工作者，万里学院监察部部长。在实务方面，选择经验非常丰富的实务专家，如纪新伟，全国会计领军人才，中国兵器工业集团北方国际合作股份有限公司财务金融部主任；周平，宁波方太厨具有限公司审计部（2014—2016 年度全国内部审计先进单位）部长；葛绍丰，高级审计师，浙江省内部审计实务专家；陈泽，北京用友审计软件有限公司总裁。本丛书还有多位审计理论与实务经验丰富的全国内部审计先进工作者参与，如刘红生博士，2017—2019 年全国内部审计先进工作者，宁波市内部审计协会副秘书长，宁波鄞州农村商业银行审计部总经理；杨芸芸，2014—2016 年度全国内部审计先进工作者，宁海县高级审计师。

　　在写作过程中，编委会深入北京、宁波、温州等地进行实地考察，与部分全国内部审计工作先进单位和先进工作者进行座谈，掌握内部审计需求与发展状况的一手材料。

　　在写作风格上，本套丛书力求在内部审计理论的阐述上深入浅出，在审计案例分析中详尽细致，并依据各章特点设置"思考与探索""案例讨论延伸""审计名人名言"等内容，有助于读者全面提升内部审计思维能力与实务处理能力。

　　本套丛书是关于内部审计实务探讨方面的一种新尝试，尤其是《内部审计思维与沟通》《合规型内部审计》《增值型内部审计》《内部审计情景案例》这四本书的选题角度都十分新颖，有一定的写作难度，对作者来说也是一种挑战。因此，我们期待本套丛书能够得到读者的喜爱，也欢迎读者对于书中不足之处进行批评指正。

袁小勇　林云忠

2022 年 3 月

本书前言

合规性审计作为三种审计类别之一，有着悠久的历史，并不断发挥着显著的作用。合规型内部审计是以三大类型审计组织之一的内部审计作为主体，所实施的合规性审计。

1. 国内外形势

随着我国经济地位不断上升，一大批企业"走出去"，参与全球范围内的市场竞争。然而，当今世界环境正发生着变化，逆全球化思潮涌现，贸易保护主义和单边主义抬头，原有的国际经济秩序遭受冲击，加之新冠肺炎疫情在全球蔓延，世界正处于百年未有之大变局。在此背景下，我国企业面临较大的合规风险，给企业经营发展带来诸多不确定性因素。

特别需要引起重视的是，近年来美国在全球范围内实施的"长臂执法"无疑会给我国企业带来新的合规风险。

据海关统计，2020 年，我国货物贸易进出口总值 32.16 万亿元人民币，比 2019 年增长 1.9%。我国企业承包工程项目建设、对外出口贸易、海外投资等主要海外业务难以避免会与美国发生关联，极易达到美国"最低限度联系"标准，从而受到美国法院管辖①。由此，我国企业要做好国际化经营的合规管理，

---

① 杨红柳.论美国"长臂管辖"下企业海外拓展的风险及应对 [N].民主与法制时报，2021-03-11（第 34 期）。

对标国际条约和监管规定，对合规风险较高的重点区域的重点业务进行定期评估，将合规风险控制在可承受的范围之内。

与此同时，我国政府一直重视建立市场运行秩序，在完善相关法律法规的同时，应加大市场执法监管力度，坚决维护市场主体的合法权益。

从国内外市场环境来看，无论是出于何种目的，合规审查越来越趋于常态化、严厉化。部分企业过去野蛮增长，长期游离于法律监管的"灰色地带"，具有较高的合规风险，可能导致巨额损失。

种种迹象表明，无论是跨国经营还是立足国内发展，无论是国有企业还是民营企业，都需要将合规建设摆上重要的议事日程。企业只有通过树立合规意识，不断推进合规建设，实施合规型内部审计，才能走上一条康庄之路。

本书正是在上述国际国内大背景下应运而生的。本书以内部审计为视角，系统阐述合规型内部审计的相关理论、程序与流程、技术与方法以及相关案例，旨在帮助内部审计实务人员更好地把握实施合规型内部审计的先进理念、技术与方法和更透彻地理解案例，为开展合规型内部审计提供指导。

2. 本书内容

本书共十章，涉及合规型内部审计基础理论，合规型内部审计程序与流程、技术与方法，以及实务案例等内容。其中，合规型内部审计基础理论包括第 1 章、第 2 章的内容；合规型内部审计程序与流程、技术与方法，包括第 3 章、第 4 章的内容；合规型内部审计实务案例分析包括第 5 章至第 10 章的内容。本书各部分内容之间的逻辑关系与阅读后可达成的效果，分别如图 0-1、图 0-2 所示。

```
基础理论 ┤ 第1章：发展历程
         └ 第2章：底层理论
   ↓
程序与流程、┤ 第3章：审计程序与流程
技术与方法  └ 第4章：审计技术与方法
   ↓
实务案例 ┤ 第5—9章：对典型特征的解读与案例分析
         └ 第10章：问题定性处理依据
```

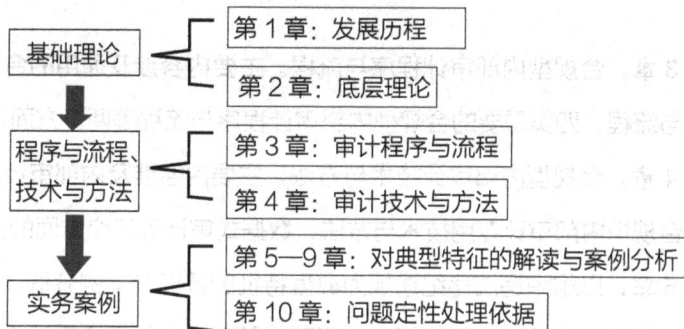

图 0-1　本书各部分内容之间的逻辑关系

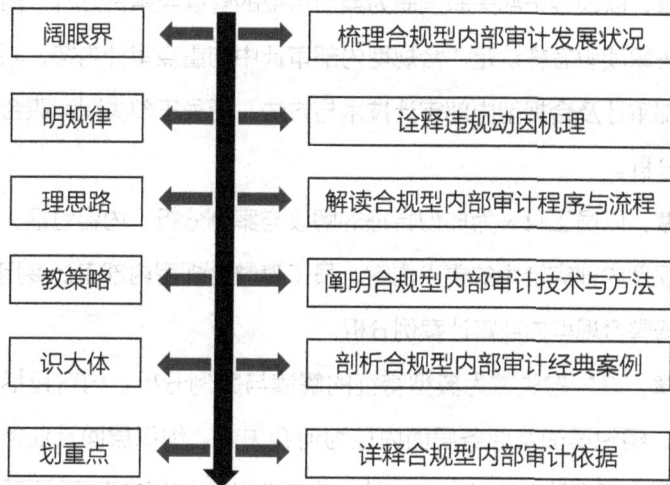

```
阅眼界   ←→  梳理合规型内部审计发展状况
明规律   ←→  诠释违规动因机理
理思路   ←→  解读合规型内部审计程序与流程
教策略   ←→  阐明合规型内部审计技术与方法
识大体   ←→  剖析合规型内部审计经典案例
划重点   ←→  详释合规型内部审计依据
```

图 0-2　本书阅读后可达成的效果

　　第1章，国外、国内合规型内部审计的诞生与发展。主要介绍有关国家和国际审计组织对合规性审计的理论研究和实践情况，以及我国开展合规性审计的相关研究和相关法律法规。在此基础上，提出了合规型内部审计的概念和目标。

　　第2章，合规型内部审计的底层理论。主要阐述委托代理理论、受托经济责任理论、舞弊理论和风险管理理论等四种理论。

第3章，合规型内部审计程序与流程。主要内容涉及通用的合规型内部审计程序与流程、四类重要的合规型内部审计程序与流程等两个方面。

第4章，合规型内部审计技术与方法。主要内容涉及内部审计通用技术与方法、合规型内部审计专用技术与方法、数据式审计等三个方面的内容。

第5章，以组织违法违纪违规为典型特征的解读与案例分析。内容包括：分清哪些属于组织违法违纪违规、合规型内部审计中的重点审计内容、组织违法违纪违规内部审计及合规型内部审计的技术与方法、组织违法违纪违规合规型内部审计案例分析。

第6章，以领导干部失职渎职为典型特征的解读与案例分析。内容包括：领导干部失职渎职怎样认定、合规型内部审计中的重点审计内容、领导干部失职渎职内部审计及合规型内部审计技术与方法、领导干部失职渎职合规型内部审计案例分析。

第7章，以员工舞弊为典型特征的解读与案例分析。内容包括：员工怎样舞弊、合规型内部审计中的重点内容、员工舞弊合规型内部审计专用技术与方法、员工舞弊合规型内部审计案例分析。

第8章，以内控失效为典型特征的解读与案例分析。内容包括：内控为何会失效、组织层面及业务层面内控为何会失效、组织层面及业务层面内控失效合规型内部审计专用技术与方法、内控失效合规型内部审计案例分析。

第9章，以建设项目失管为典型特征的解读与案例分析。内容包括：建设项目失管基础、建设项目失管内容、建设项目失管合规型内部审计专用技术与方法、建设项目失管合规型内部审计案例分析。

第10章，合规型内部审计常见问题定性处理依据。内容包括：如何找到、运用适合的依据；组织违法违纪违规、领导干部失职渎职合规型内部审计的定性处理依据；员工舞弊、内控失效合规型内部审计的定性处理依据；建设项目失管合规型内部审计的定性处理依据。

3. 本书编委会

本书由李春节、徐荣华、葛绍丰担任主编。其中，李春节负责全书的策划、审稿及总体指导；徐荣华负责制订本书大纲，组织协调书稿编写，并撰写第1章、第3章；葛绍丰负责组织协调书稿编写，并撰写第6章、第7章和第10章。

本书其他章节由屠雯珺、施爱芬、徐璐编写。其中，屠雯珺负责编写第2章；施爱芬负责编写第4章和第5章，并负责全书参考文献的校对和统稿时的校对；徐璐负责编写第8章和第9章。

本书的写作，得到国家社科基金项目（编号：20BZZ062）和宁波大学会计学一流专业建设经费的资助，以及宁波大学龙元建筑金融研究院的资助，特别感谢它们在研究调查和编写过程中给予了充足的资金保障，使本书顺利出版。

本书的出版得到人民邮电出版社的大力支持，刘晓莹、刘姿两位编辑多次参加书稿线上视频交流，提出许多有益的修改建议，在此，表示诚挚的谢意。在本书编写过程中，依合帕拉木·艾力、刘梦婷、王宙、陈圣洁、赵婷婷、葛一骏、杨家辉、徐艺涵、朱丽琼、陈丽、苏芮娇等协助查找资料和校对书稿，在此，一并表示感谢。

为方便读者阅读，外国作者已尽量标注为中文。由于编者水平有限，不当之处在所难免，欢迎广大读者批评指正。

编者

2021 年 10 月 12 日

目 录

第6章　以领导干部失职渎职为典型特征的解读与案例分析

第7章 以员工舞弊为典型特征的解读与案例分析

第8章 以内控失效为典型特征的解读与案例分析

第9章　以建设项目失管为典型特征的解读与案例分析

第
10
章

合规型内部审计常见问题定性处理依据

第1章

国外、国内合规型内部审计的诞生与发展

服务治理查错纠弊防风险，协同监督凝心聚力促发展。

——叶青

1.1 / 国外合规型内部审计

审计是社会经济发展到一定历史阶段的产物，是在财产所有权与经营管理权分离后所形成的受托经济责任关系下，基于经济监督的客观需要而产生、发展和不断完善的一种社会约束机制。审计有多种划分标准，其中，按照审计内容来划分，可以将其分为财务报表审计、经营审计和合规性审计三种形式。合规性审计（compliance audit）是依据既定标准对经济活动是否符合规范进行的对照性检查。显而易见，合规型内部审计（compliant internal audit）是由内部审计机构所实施的合规性审计 ① 。发达国家较早开展合规性审计，取得了明显成效，其经验值得我们借鉴。

美国

1. 经典教科书关于合规性审计的定义

虽然美国审计活动的历史较为短暂，但由于美国资本主义的出现和快速发展，审计作为一种控制机制，在美国得到发展并走向成熟。从美国经典的审计学教科书中，可以看到关于合规性审计的众多描述。

北京国家会计学院、毕马威会计师事务所组织翻译的《蒙哥马利审计

---

① 本书中，合规性审计表示三大审计类型之一，合规型内部审计表示由内部审计机构实施的合规性审计。

学（第 12 版）》指出，合规性审计目的在于确定某个经济主体是否遵循了特定的政策、程序、法律、规章，或者影响经营或报告的合同的要求。合规性审计即检查是否合规。"规"指的是政策、程序、法律、规章和合同。例如，税务机关工作人员对纳税申报单以及财务报表的相关内容进行检查，以确定其是否遵循了某个债务契约；审计某个政府基金项目的研究支出以确定是否符合基金条款的要求；审计某经济主体的雇佣政策以确定是否与《平等就业机会法案》相一致。

既定标准（如法律或规章中的规定）是开展合规性审计的前提。

美国加州大学里克·海斯和德勤公司的罗杰·达森等人撰写的《审计学——基于国际审计准则的视角（第 2 版）》将合规性审计定义为对组织的运作过程进行审查，以确定组织是否遵循了由更高级权威机构制定的既定程序、规则或法律。该教科书偏向于认为，合规性审计与政府审计联系密切。一个明显的例子就是，税收监管部门、政府机构、银行监管部门对银行进行审计，以评判银行资本充足率是否符合规定等；还有美国的国家税务局（Internal Revenue Service，IRS）对纳税人是否遵守税收法律进行审计，以判断所得税退税金额是否正确。

阿尔文·阿伦斯、兰德尔·埃尔德和马克·比斯利等人出版的《审计学——一种整合方法（第 14 版）》主要从注册会计师的视角界定合规性审计，认为合规性审计的目标是确定被审计者是否遵循了由上级主管制定的特定程序、规则或规范。这一界定与《审计学——基于国际审计准则的视角》的定义相类似。一般而言，非上市公司的合规性审计主要包括：确定会计人员是否遵守公司工作程序；审核工资率是否符合相关法律的规定；审核与银行等借款人签订的贷款协议，以确保公司遵循相关法律规定。注册会计师受托开展合规性审计，向被审计单位管理层报告审计结果。

上述几本美国经典审计教科书从不同视角对合规性审计进行了界定。其中，《蒙哥马利审计学（第 12 版）》中的定义最为宽泛，体现在合规性审计内容涵盖了三种审计主体所开展的合规性审计。《审计学——基于国际审计准则的视角（第 2 版）》立足国际视角，侧重于合规性审计体现国际通行的规则，该定义具有广泛的适用性。《审计学——一种整合方法（第 14 版）》中的定义最为狭窄，认为合规性审计的审计主体为注册会计师，审计标准为公司制度或者合同约定。

2. 合规性审计与其他审计具有融合发展的趋势

事实上，政府审计师、独立的注册会计师和内部审计师都有可能从事合规性审计，当然，他们的目的不同，依据标准也存在一定的差异。需要关注的是，随着信息化技术的发展，财务报表审计、经营审计和合规性审计正趋向一体化。如果某个政策、合同、法律或规章对财务报表产生直接和重大影响，对相关规则的遵守程度就是财务报表审计的组成部分。最为明显的例证便是，注册会计师最初以查错纠弊为主要审计目标，实质上就是在执行合规性审计。

久负盛名的《蒙哥马利审计学》，在 1912 年、1916 年和 1934 年的版本中都将查错纠弊作为审计的主要目标，这意味着当时注册会计师的职责就是揭露差错和舞弊。

合规性审计不仅具有多个实施主体，而且，在审计内容上，合规性审计往往与真实性检查以及绩效评价交织在一起。例如，美国审计总署（Government Accountability Office，GAO）所实施的绩效审计，就是建立在对联邦政府是否依法依规使用公共资金的审查基础之上的。离开了合规性审计，绩效审计便失去了实质性意义。

3. 合规性审计是内部审计的重要内容

19 世纪末 20 世纪初，资本主义进入垄断阶段，垄断企业开始成为资本主义经济的重要特征。工商企业和其他各种组织的活动范围变得越来越大，其活动变得越来越复杂。这些变化的到来，致使对控制和经营效率的管理更加困难，管理人员再也不能亲自观察责任范围内的所有活动，甚至不再有充分的机会接触直接或间接向自己报告的人。在此背景下，内部审计活动应运而生。例如，19 世纪中叶，美国内部审计人员积极地协助外部审计人员调查纽约和 New Haven 铁路公司的内部舞弊。而防止欺诈、现金和其他资产损失的合规性审计，正是早期内部审计的重要内容。

随后，出于应对公司治理和风险管理的需要，出现了增值型内部审计。内部审计重点已经从早期的"为管理而审计"发展到"对管理进行审计"的阶段。今天，合规性审计仍然是内部审计的重要内容。

英国

1. 合规性审计产生的动因

英国内部审计最早可以追溯到中世纪时期，合规性审计发展历史较为久远。当时，审计人员受庄园主委托，主要职责是听取庄园管家对账簿记录的报告，并对账簿进行检查，以评判管家责任履行情况。18 世纪 60 年代，随着英国工业革命的兴起，通过大量社会融资成立的铁路公司急速发展，对英国早期的内部审计产生了重要影响。这一时期，铁路公司普遍存在欺诈和投机行为，股东对公司日常支出和分红决策的控制感到力不从心。审计学家汤姆·李认为，"社会经济结构的变化引发了对审计需求的增加。具体来说，工业化进程创造了融资需求，引发了合并浪潮，这些最终导致社会对'财务报告审计'的需求增加"。一方面，铁路公司需要建立和完善一套内部控制系统；另一方面，需要引入独立的审计机构，监督管理者的行为。这就产生了内在的审计需求。内在需求和外在压力，是内部审计机构开展合规性审计的驱动因素。

2. 早期民间审计重心便是合规性审计

英国是近代民间审计的发源地。1720 年，以会计师身份负责审查南海公司破产案中有关账目的查尔斯·斯内尔成为世界上第一位注册会计师，催生了民间审计职业。这也宣告了注册会计师从出现的那一刻，就将检查、揭示蓄意修改会计数据的财务舞弊行为作为自己神圣的使命。相应的，以查错纠弊为重心的合规性审计也是早期民间审计的主要目标。例如，1905 年出版的《迪克西审计学》指出，审计目标就是查找舞弊和欺诈，找寻技术性错误和原理性错误等。该审计学著作的主要内容就是如何防止和发现舞弊及差错。外部审计介入，很大程度上源于众多投资者所施加的压力。然而，早期公司会计记账体系极不规范，不仅同一公司的各年度会计记录缺乏可比性，而且不同公司之间也无可比性。

英国《泰晤士报》在 1850 年刊登过一篇略带夸张的报道，苏格兰铁路公司的会计记录是财务人员"酒后在梦中完成的"。这代表，注册会计师除了检查铁路公司账簿记录是否规范，还代为行使会计记账的职能。这就造成了审计职能的重大偏离，严重影响了审计独立性。

3. 合规性审计是内部审计机构的重要职责

股东选举代表对公司进行审计的制度得以出现，受审计委员会监督的内部审计机构开始受到重视，并被建立起来。

斯派赛和佩格勒编写的审计学教材提及，内部审计是"内部检查的终极形式"。内部审计是公司自身聘请的全职审计人员对公司账簿和其他系统运行状况进行监督，是一种自我检查系统。德里克·马修斯认为，最先实行内部审计的公司应该是公用事业公司。铁路公司最晚在 19 世纪 80 年代就设立了内部审计机构。据记载，1900 年，帝国大陆天然气集团已建立了完整的内部审计系统，由几位账户检查专员负责检查所属公司账簿。银行也较早拥有内部审计，对会计账簿的准确性实施检查。这种审查很大程度上是出于确保公司遵守既定规则、评价会计账簿是否存在失真，检查的性质是合规性审计。

4. 立法推动了合规型内部审计的发展

英国议会在立法层面极大地推动了合规型内部审计的发展。例如，1844 年英国的《公司法》规定，公司应当设立由董事以外的人员出任的"监事"职务，并从中推选出会计师，负责审查公司的财务报表，并向股东大会提出关于资产负债表与账务处理的合理性和准确性的报告，这便是独特的监事内部审计制度。

英国早期监事内部审计制度未对从事审计的监事提出专业要求，导致很多不熟悉会计业务、没有财会专业知识的监事难以履行审计监督的职责。1948 年英国的《公司法》将监事审计的资格限定在特许会计师范围，结束了外行审计的历史。从立法上规定内部审计的职能职责，使得英国内部审计较早具有法定审计的典型特征，这种法定的要求不外乎是注重发挥内部审计的合规性审计的作用，杜绝财务舞弊行为，保护股东利益。

5. 合规型内部审计完善公司治理和管控

英国内部审计主要是基于自身经营管理需要而产生的。公司有权决定是否设立内部审计部门，不受法律的强制性约束。来自 1975 年的一项调查显示，当时有 56% 的私营企业设立内部审计部门。而在 20 世纪 80 年代，在只有大企业才设立内部审计部门的情况下，设立内部审计部门的公司数量呈现显著增加趋势。随着发展，内部审计机构受审计委员会领导，对董事会报告，具有较强的独立性。此外，英国内部审计不受政府领导或管辖，而是由英国内部审计师协会管理，在性质上属于行业自律。英国内部审计师协会于 1948 年在伦敦成立，是国际内部审计师协会的分会。

英国内部审计重点在内部控制系统上，主要检查和评价内部控制系统以提高企业的经营效率，在检查财务报表和信息披露方面也注重对报告控制制度的检查和评价。审计内容主要是管理审计、财务安全性审计和经营审计，表明内部审计更加侧重于提高公司运转效率和完善管理制度。例如，英国商业银行实行总分行二级制的大监管体系，内部控制体系总体而言较为完善，在源头上较好地解决了合规性问题，审计重点为对整个内部控制体系进行评价。因此，合规型内部审计在英国较早得到实施，在建立健全内部控制体系、完善公司治理方面，发挥了积极的作用。

法国

1. 合规性审计是审计法院的工作重心

法国早在拿破仑一世执政期间，于 1807 年建立了具有司法性质的审计法院。审计法院地位仅次于最高法院，依据国家预算，有权审查一切会计账目，对经济案件所作出的判决为终审性判决，财政经济部必须服从。审计法院具有明显的司法审计的特征，其重心为合规性审计。为提高独立性和权威性，审计法院职务实行终身制。审计法院成立初期，广泛开展合规性审计，利用其对政府官员、财政官员和会计官员的贪污、盗窃行为享有的终审判决权力，对经济领域的违法犯罪行为起到极大的威慑力。

2. 合规性审计的开展

审计法院的合规性审计制度日臻完善。除开展的财务收支合法性、合规性审计，审计内容还扩展到企业的经济效益审计，包括信息系统、经营管理和投资决策方面的审计。合规性审计模式主要是事后审计监督，所有公共行政企业、事业单位的会计账簿，年度终了必须送交审计法院封存。根据被审计单位规模大小和所掌握的有关线索，审计法院组织各审计法庭事先制订计划，有重点地进行合规性审计，重点企业、事业单位一般 2~3 年检查一次，最迟 5 年对每一个单位检查一遍。在合规性审计过程中，若遇到问题，通知会计人员到庭说明情况或提供相关资料。如果需要，还会由审计法官牵头组织审计组，到现场进行调查。

3. 合规性审计发现问题的处理

对于主管领导人员的失职和管理绩效差的问题，审计法院除了运用司法权以外，还运用多种较为完备的干预手段。例如，根据合规性审计发现问题的严重性程度，分别向单位负责人、主管部长、总理甚至总统写信，揭示问题并提出建议；建立财政预算纪律法庭，对违反财政预算纪律的国家官员实行司法制裁；向新闻界公布合规性审计意见，利用社会舆论，对责任人员和单位形成一定的压力；由财政经济部的行动处理委员会督促检查审计结论的落实情况。除加强财政财务收支合规性审计外，审计法院还对经济活动进行合理性、有效性审计。自1981年起，法国审计法院在各省陆续建立审计分院，到1985年，法国成立了24个地方审计法院，以加强对地方各级公共企业、事业单位等所有自治单位经济活动的合规性审计监督。

目前，审计法院除对公共资金进行监督外，还负责审查政府官员工作效率以及国有企业资金使用情况，并检查行政人员的管理质量。

4. 合规性审计是内部审计的重要内容

法国内部审计机构拥有200多年的历史。虽然法国法律未强制性规定设立内部审计机构，但包括公共企事业单位在内的单位普遍建立了内部审计部门。内部审计机构受董事会或总经理领导，具有独立性和权威性，独立行使审计监督权。1984年9月，由审计署于明涛审计长带队的中国审计代表团，全面考察了法国审计工作。内部审计方面，访问了法国布尔计算机公司。当时，该公司职工26 000人，国家资本占70%，属混合经济、竞争性企业。公司内部设有财务检查处，有22名审计人员，负责内部审计工作。审计内容涉及以下四个方面：

①合规性审计，保护公司资产，防止贪污舞弊；

②合法性审计，监督所属单位严格执行财务规章制度，防止违反财务规定；

③财务报表审计，审查会计账目的真实性；

④经营管理审计，检查经营管理质量，提出合理化建议。

不难看出，20世纪80年代，合规性审计是内部审计的重要内容。

5. 对外交流与合作

法国内部审计师协会（Institut Framcais Auditeurs Consultants Internes，IFACI）在推动内部审计职业发展方面发挥了重要的作用。IFACI于1965年成立，此后，法国的内部审计快速发展，于1979年加入国际内部审计师协会（Institute of Internal Auditors，IIA）。1987年，IFACI决定把内部审计命名为"顾问者"，标志着内部审计不仅与会计控制相关，还要向管理层提供有价值的意见和建议。IFACI主要在以下几个方面促进了内部审计活动的开展：

①融入IIA，与IIA一起推动内部审计的发展。与IIA加强交流，努力使IIA成为由世界各地职业团体组成的真正的国际联合会，并促使IIA考虑法国的利益与需要。

②促进法语国家的内部审计的交流与合作。1987年，IFACI携手一些法语国家（比利时、加拿大、摩洛哥、突尼斯和瑞典），创立了"内部审计法语国家联合会"。

③向内部审计人员提供教育和培训，定期举行会议，出版专刊和专业图书。

2003年，中国内部审计协会组织的考察团赴英国、法国进行了为期两周的内部审计考察学习。中国内部审计协会的调查表明，法国从事内部审计工作的人员中，工作时间在5—10年的占48%；来自经营业务领域的占34%；由财务部门转入的占28%。内部审计人员任职条件包括深厚的专业知识和良好的人际沟通能力，熟练掌握1—2门外语和计算机技术，具备良好的职业道德品质，掌握财务、管理和法律知识等。安然事件以后，内部审计界意识到将检查与咨询业务分开的必要性，要以负责任的精神认真履职尽责。同时，为了提升服务能力，强化合规性审计检查，企业需要加强风险管理并建立一套长效机制。

国际审计组织

1. 现代合规型内部审计

20世纪40年代以后，资本主义企业的内部结构和外部环境复杂程度加剧，尤其是跨国公司的迅速崛起，使管理层级和范围持续增加和扩大，而且，企业之间竞争日益激烈，企业管理者更加迫切要求降低成本、提高经济效益。与此同时，合规型内部审计的内涵和外延在不断延伸，现代合规型内部审计不仅对事后的财务会计领域进行审查，揭露各种欺诈和舞弊，而且对企业内部控制（可简称为内控）系统进行评价，帮助企业管理层进行决策和改善经营管理。一些大企业的内部审计人员希望通过和同行的交流来提高自己的执业水平。一些有识之士敏锐地意识到，需要制定通用审计准则对内部审计活动加以规范和引导，需要发展内部审计职业以应对组织所面临的层出不穷的问题，需要为内部审计人员提供包括交流、教育、技能培训和就业信息等在内的各种服务。

2. 内部审计师协会的建立

1941 年 11 月 17 日，约翰·瑟斯顿（John B.Thurston）、罗伯特·米尔恩（Robert B.Milne）和维克托·布林克（Victor Z.Brink）等 40 多位内部审计人员发起并正式宣布在纽约成立内部审计师协会。当年 12 月 9 日，协会在纽约召开第一届年会，瑟斯顿担任第一任主席，协会成立后又在密执安、芝加哥、加拿大的多伦多和蒙特利尔设了了分会。1974 年，协会在英国伦敦召开年会，标志着内部审计师协会已发展成为国际性组织。截至 2019 年 4 月，共有 170 多个国家和地区加入该组织，会员人数超过 20 万人。协会出版《内部审计师》和《今日内部审计师协会》月刊以及《国际内部审计师协会教育者》简讯，1973 年协会正式进行注册，完成注册的人称为国际注册内部审计师（Certified Internal Auditor，CIA）。

内部审计产生于内外部需求。国际内部审计师协会创立委员会主席、来自联合爱迪生电力研究所的阿瑟·E.霍尔德（Arthur E.Hald）认为："需要（necessity）产生了内部审计，并使之成为现代企业中一个必要的组成部分。任何大企业都不能够回避它。如果它们现在还没有设置内部审计，迟早都会设立，而且，如果按目前的状况继续发展下去，它们将不得不很快建立起来。"

3. 国际内部审计师协会成立初期的合规性审计

国际内部审计师协会成立初期，合规型内部审计受到重视，在职能上偏向于审查内部运营，旨在防范欺诈、防止资产损失。不久，合规型内部审计范围扩大到对几乎所有财务事项的验证。正如前文的分析，这一时期的合规型内部审计借助财务报表审计的形式，但检查的重点是经营的合法性、合规性。内部审计实质上是行财务报表审计之名，而做合规性审计之实，这不难从协会创始人之一米尔恩 1945 年发表的观点中看出："协会是基于内部审计人员的立场和以下信念的产物……尽管它（内部审计）源于注册会计师行业，但它的主要目的是管理控制领域。它包括公司业务的财务和业务审核。"

国际内部审计师协会从成立的一开始，内部审计就沿着与社会审计不同的思维和路径发展。1958 年，布林克和库欣提出了基于业务审计导向的内部审计定义："内部审计源自会计广阔领域中的一个特殊的分支，公共会计师和内部审计师采用相同的审计基本技术和方法，经常使人们产生一个错误假定，即两者在工作或最终目的上并无区别。虽然内部审计师注重任何审计人员都关注的陈述真实性调查，但内部审计师所关注的范围更广，并且包括很多和会计账目没有关联的问题。此外，内部审计师作为公司内部员工，更有兴趣关注公司业务以产生更多效益。为管理服务的理念在很大程度上影响了内部审计师的思维和方法。"内部审计要与公司业务相融合，以及要服务于公司管理，这些理念对于内部审计活动的引导和内部审计职业的发展起到重要的指导作用。就内部审计开展的合规性审计而言，需要根植于公司业务，将对业务的审查、服务与评价贯穿合规性审计的全过程，以为管理层决策提供最佳服务。

4. 合规型内部审计的内容

在制定职业准则和界定职业责任方面，国际内部审计师协会做了大量的工作。1947 年，国际内部审计师协会发布《内部审计师责任说明书》，该说明书仍将内部审计业务范围界定在主要处理会计和财务事务方面。到

1957 年，《**内部审计师责任说明书**》的范围从以合规性审计为侧重点，扩展到包含许多管理咨询服务，内容涉及：

①检查和评估会计、财务以及业务控制是否合理、适当和适用；

②确定所编制的方针、计划和程序是否被遵循；

③确定为避免各种损失对公司资产报告和保护的程度是否适当；

④确定组织内部所产生的会计及其他数据是否可靠；

⑤确定履行职责的工作质量是否符合既定标准。

从所列示的五方面的内容来看，内部审计需要解释的受托经济责任围绕合规展开，以评判是否与既定规定和标准相一致。此后，《**内部审计师责任说明书**》经过多次修订，到 1993 年，内部审计范围从偏重于合规性审计逐步扩大到经营审计。

5. 合规性审计环境的变化

20 世纪 80 年代以来，为推进全球化进程，提升公司国际化形象，很多国家颁布重大监管方面的法律法规，对公司内部控制和反舞弊行为做出一系列强制规定，内部审计实施的合规性审计环境发生重要变化。例如，1977 年，美国《**反海外腐败法**》（the Foreign Corrupt Practices Act，FCPA）禁止美国公司与外国交易时的不道德行为，规定公司保持充分的内部会计控制。1992 年，美国反虚假财务报告委员会赞助机构 COSO 委员会发布《**内部控制整合框架**》，将内部控制的目标确定为保证企业经营的效果与效率、保障财务报告的可靠性以及对法律法规的遵循等三方面。同年，英国卡德伯利委员会颁布《**卡德伯利报告**》，提出强化公司治理和财务控制内控框架；1995 年，加拿大特许会计师协会负责的控制标准委员会发布 CoCo 模型，该模型以 COSO 模型为基础，发布了一个 20 条的"控制标准"，作为对控制进行判断的框架。

全球企业面临着革命性变革，管理层所承担的受托经济责任的内涵也在发生着深刻变化，作为管理者参谋和助手的内部审计师，有责任和义务为改善公司治理、完善以风险管理为核心的内部控制做出不懈的努力。为顺应这种变化，1999 年 6 月，国际内部审计师协会在《**国际内部审计专业实务框架**》中重新规定：内部审计是一种独立、客观的确认和咨询活动，旨在增加价值和改善组织的运营。它通过应用系统的、规范的方法，评价并改善风险管理、控制和治理过程的效果，帮助组织实现其目标。新定义提出增值型审计理念，将内部审计职能界定为公司治理、风险管理和内部控制三个方面。通过新定义，可以明确以下几点：内部审计开展合规性审计的目标是增加组织价值；合规性审计侧重评价组织在公司治理、风险管理和内部控制等方面是否符合规定；合规性审计属于确认业务范畴；合规性审计范围取决于违法行为所带来的风险程度。

1.2
我国合规型内部审计

知根本：什么是合规性审计

1. 合规性审计在我国历史上占据重要地位

审计是社会生产力发展到一定阶段的产物，尤其以私有制和国家的出现为前提。审计主要对财政收支和官吏经济职责履行情况进行考核监督。

我国审计从萌芽到经历漫长的奴隶社会和封建社会，即古代审计发展阶段，主要承担的功能是官吏政绩考评以及赋税收支核查，审计类别以及范围主要是合规性审计，或者以合规性审计为主。因此，接下来主要阐释合规性审计。从审计职能来看，虽然也有其他类型的审计，如财务收支审计、绩效审计等，但这些不是我们考察和关注的重点。

同时我国古代合规性审计实质上是内部审计。从实施合规性审计的主体来看，虽然带有国家审计的性质，但由于审计机构是对君王负责的专门内设机构，在古代社会，合规性审计实质上也是一种内部自我监督，审计性质亦是一种内部审计。

因此，审计产生伊始，便以财政收支审计为重点，重要内容是审查合规性。合规性审计属于财经法纪审计，主要由负责监察的御史官员承担，目的是考核官吏政绩，维护统治阶级的统治。可以说，我国审计自诞生之日，便被深深地打上了合规性审计的烙印，合规性审计存续于我国漫长的古代社会，是一种重要的制度创新。

2. 改革开放后的合规性审计

根据 1982 年宪法，审计署于 1983 年 9 月成立，正式开启了中华人民共和国的审计实践。1983 年 8 月，国务院颁发文件，指出"我国有数十万个国营企业和大量的行政、事业单位，审计的对象多，范围广，任务重。建立和健全部门、单位的内部审计，是搞好国家审计监督的基础"；并规定"对下属单位实行集中统一领导或下属单位较多的主管部门，以及大中型企业集团组织，可根据工作需要，建立内部审计机构，或配备审计人员，实行内部审计监督"。在国务院的高度重视下，我国内部审计工作逐步开展，学术界也积极投身于审计理论研究中，对合规性审计的研究取得了一系列重要成果。

3. 杨时展谈合规性审计

杨时展在《审计的发生和发展》一文中，系统论证了"审计因'受审责任'的发生而发生，亦因受审责任的发展而发展"。当受审责任聚焦合规性时，审计的主要目的在于防止并发现舞弊和差错。杨时展从审计本质的视角解释了合规性审计产生的动因，他所界定的审计包含了内部审计。

4. 娄尔行、唐清亮谈合规性审计

娄尔行、唐清亮在《试论审计的本质》一文中从审计概念、对象、类别、职能以及本质等方面较为系统、全面地阐述了合规性审计，该文指出，"内部审计的对象为本部门、本单位的财政财务收支以及其他经济活动"，审计对象分为合规性、合法性、合理性、有效性、真实性和公允性等六个方面，合规性指"审核检查的经济活动是否符合有关规章制度的要求"。合法性指"经济活动是否符合党的方针、政策，国家的法律、法令和法规，有无违法乱纪的行为"。

与大多数学者将审计分为财政财务审计、财经法纪审计和经济效益审计三类不同，该文将审计划分为财政财务审计和经济效益审计两个类别，

其中，财政财务审计是"审核检查财政财务活动的合法性、合规性，以及会计记录和报表资料的真实性和公允性的审计"，财经法纪审计则是"经济上严重违法乱纪的专案审计"，是"财政财务审计下的一个特殊类别"。

5. 对娄尔行、唐清亮观点的评述

娄尔行、唐清亮的观点体现了当时审计工作的重心是通过开展财政财务审计以检查被审计单位是否遵守财经法纪的实际情况，体现了审计理论研究应当服务于审计实践的指导思想。他们还指出，合规性审计是审计监督职能的集中体现，"通过审计，确定了经济活动的真相，衡以一定的法规，就能划清是非的界限，把合法和不合法、合规和不合规的经济活动区分开来，就能指出哪些应予支持，哪些应予纠正"。他们还特别强调审计必须"对照法规和一定标准"进行判断，"'法规'指法律、法令、方针、条例、规章、制度等等，'一定标准'包括计划、方案、党的方针、政策等。这是判断合规性、合法性、有效性以及真实性、公允性的前提"。从中可以看出两点：一是合规性审计所依据的"规"的内涵，二是包含合规性审计在内的一切审计都要依据清晰的标准。

6. 郑石桥等谈合规性审计

郑石桥等较为系统、全面地研究了合规审计，在《企业合规审计：一个理论框架》一文中，构建了企业合规审计本质、需求、主体、客体、内容、目标等方面的理论框架，具体内容如下。

①关于合规审计本质，"是从行为维度对企业类经管责任履行情况实施的鉴证和监督，并将审计结果传递给利益相关者的企业治理制度安排"，这种行为包含财务行为和业务行为。

②关于合规审计需求，"是适应治理代理人在履行其企业类经管责任时的财务违规行为和业务违规行为的需求而产生的"。

③关于合规审计主体，"政府审计机关和内部审计机构是企业合规审计的主要实施主体"。

④关于合规审计客体，包括多个行为主体的财务行为和业务行为。

⑤关于合规审计内容，与特定的财务行为和业务行为相关联，例如，"三公"经费审计、科研经费审计、工资总额审计、成本开支审计等。

⑥关于合规审计的终极目标，"抑制代理人在履行其企业类经管责任中的财务违规行为和业务违规行为，以促使其更好地履行其承担的经管责任"。

从中不难看出，企业合规审计，就是要遏制各种违规行为，满足委托人对代理人的监管需要。

关于合规性审计的研究，专门研究合规性审计的并不多见，多是在审计理论研究中有所提及。这方面的研究还有许多成果，限于篇幅，不再逐一讲解。

懂区别：什么是合规型内部审计

1. 合规型内部审计的定义

合规型内部审计，是由内部审计机构依照有关规定所实施的合规性审计。因此，搞清楚什么是合规性审计，就不难理解合规型内部审计了。我们先从国内审计学教科书中查找有关合规性审计的阐述，再结合前面的分析，给出合规性审计、合规型内部审计的定义。

（1）秦荣生等人对合规性审计的界定

秦荣生、卢春泉编著的《审计学（第8版）》提出，审计目标之一就是审查和评价被审计单位的财务收支及有关的经营管理活动的合法性和合规性。按照审计内容和目的分类，他们将审计划分为财政财务审计、财经法纪审计、经济效益审计和经济责任审计四类。其中，财经法纪审计是指审计机关对被审计单位和个人严重侵占国家资财、严重损失浪费以及其他严重损害国家经济利益等违反财经纪律行为所进行的专案审计。他们认为财经法纪审计只是合规性审计的一种，且将被审计单位和个人的违反财经纪律行为界定为严重等级，从外延上来看，审计覆盖面明显偏窄。

（2）赵保卿对合规性审计的界定

赵保卿编写的《**审计学（第 4 版）**》，确认审计是一种经济监督活动，按内容将审计分为财务审计、法纪审计和效益审计三种类型。其中，法纪审计是指由独立的审计机构和人员对部门和单位的会计资料及其所反映的经济活动的合法性进行监察（或审查、查处）的一种审计形式。法纪审计侧重于合法审计，通过监察职能来完成，审计主体是国家审计机构。他将合规界定为合法性，并认为相关审计由国家审计机构实施，这缩小了合规性审计的外延。

（3）本书对合规性审计、合规型内部审计的界定

综上，合规性审计是指依据国家法律法规、党的纪律、方针、政策以及内部规章制度，对被审计单位和有关人员的经济活动和行为进行审查，以揭露、查处各种违法、违纪和违规行为，以保障受法律法规保护的财产不受侵犯，维护法律法规和党内法规，确保党的路线、方针、政策和企业规章制度得到贯彻执行。因此，企业或组织内部审计机构所实施的这种合规性审计，就是合规型内部审计。

2. 合规型内部审计的目标

要理解合规型内部审计的目标，需要先洞察合规型内部审计所依据的评判标准。从合规型内部审计的定义来看，审计依据就是国家法律法规，党的纪律、方针、政策，以及内部规章制度。合规型内部审计所审查的"合规"即合法、守纪、执规。因而，合规型内部审计包括下列目标。

（1）揭露违法违纪违规行为

党纪国法是红线，企业规章制度是底线。一旦触犯，必然会产生或轻或重的后果。实施合规型内部审计，就是要勇于揭露组织自身、企业或个人存在的各种违法违纪违规行为，并依据规定，追究相关企业和个人的责任。这里的违法包含财务报表舞弊，即各种违反会计法规的财务造假行为。

（2）检查和发现舞弊

舞弊是企业的毒瘤，如果任其蔓延，必将彻底破坏企业良性循环，进而毁灭整个企业。越来越多的企业意识到建立反舞弊机制的极端重要性。审计人员实施审计，利用掌握的线索，或者发现的舞弊征兆，检查和发现员工存在的舞弊行为。我们将舞弊实施对象界定为企业所有员工，即舞弊包括管理者舞弊和一般员工舞弊。常见的舞弊有贪污、受贿、侵占企业资产等。《国际内部审计专业实务标准》（以下简称《标准》）中的1210.A2和2120.A2分别就管理舞弊风险的专业能力、评估舞弊风险做出规定。

①《标准》1210.A2：内部审计师必须充分了解有关评估舞弊风险以及所在组织管理舞弊风险的知识，但不期望内部审计师掌握以发现和调查舞弊为首要职责的人员所具备的专门技能。

②《标准》2120.A2：内部审计部门必须评估发生舞弊的可能性以及所在组织如何管理舞弊风险。

（3）降低组织风险

风险无处不在。很多企业缺乏应对风险的一整套策略，导致经营失败，甚至破产重整，其中，不乏一些优质企业。2017年9月6日，COSO《企业风险管理框架》正式发布。企业风险管理被定义为：组织在创造、保持和实现价值的过程中，结合战略制定和执行，赖以进行管理风险的文化、能力和实践。内部审计人员应立足企业的全局，更好地理解企业的整体目标和进程，从一个更广阔的视野来看待问题并制订出相应的解决方案，全面评价和改进治理、风险管理和控制过程。

（4）促进领导履职尽责

企业或组织管理好不好，领导是关键。现代企业制度明确要求建立完善的公司治理结构，公司股东会（大会）、董事会、监事会以及总经理各自分工协作，共同为企业发展尽职尽责。其中，企业管理层为执行机构，负责执行董事会的决策。然而，信息不对称，委托人、受托人存在的委托代理关系，会导致代理人产生道德风险（签约后）和逆向选择（签约前），使得委托人的利益受损。内部审计机构需要对企业负责人进行监督和评价，促使其为企业尽职工作。对企业或组织领导的合规型内部审计主要是通过党政主要领导干部和国有企事业单位主要领导人员经济责任审计来实现的，合规型内部审计是评价领导人员经济责任的重要内容之一。

（5）完善内部控制

2008 年 5 月，在借鉴和吸收国际监管新理念的背景下，我国财政部、证监会、审计署、银监会和保监会联合印发了《**企业内部控制基本规范**》。这是我国第一部加强和完善企业内部控制系统，提高企业经营管理水平和提升风险防范能力，促进企业健康可持续发展，维护社会主义市场经济秩序和社会公众利益的重要法规文件。从审计实践来看，存在问题的公司或组织，大部分原因是内部控制存在缺陷。2012 年 11 月，财政部颁发《**行政事业单位内部控制规范（试行）**》，于 2014 年 1 月 1 日施行。评价内部控制的有效性，揭露内部控制存在的缺陷，成为内部审计人员的重要职责之一。

降低组织风险的内涵较为丰富，特别是识别和应对合规风险，已经逐渐成为合规型内部审计的重要职责。事实上，合规型内部审计通过揭露违法违纪违规行为、检查和发现舞弊、促进领导履职尽责以及完善内部控制等手段，能够起到降低组织风险的效果。因此，后文未对降低组织风险进行专门阐述。

一些重要的规定

1985 年 8 月，国务院颁发《**国务院关于审计工作的暂行规定**》，明确大中型企业事业组织应当建立内部审计监督制度。1985 年 12 月，审计署发布《**审计署关于内部审计工作的若干规定**》，为开展合规型内部审计提供依据。其第四条规定，内部审计机构依照国家的方针政策、财政财经法规和有关规章制度，对本部门（行业）、本单位及所属单位的财政财务收支及其经济效益，进行内部审计监督；第六条规定了内部审计机构的七项主要任务，其中，第五款为对严重违反财经法纪的行为进行专案审计。

1988 年，国务院发布《中华人民共和国审计条例》，规定："内部审计机构或者审计工作人员在本单位负责人领导下，依照国家法律、法规和政策的规定，对本单位及本单位下属单位的财务收支及其经济效益进行内部审计监督。"其中，合规型内部审计监督的内容之一就是"违反国家财经法规的行为"。

1989 年 12 月，根据审计条例，审计署对《审计署关于内部审计工作的若干规定》进行了修订。明确"内部审计是我国审计体系的组成部分"。第六条将内部审计机构原来的七项主要任务规定为八项，其中，第六款修改为"国家财经法纪的执行情况"。体现了合规型内部审计从注重"严重违反财经法纪的行为"扩展到违反财经法纪的一般性行为。

1994 年 8 月，全国人大常委会审议通过《中华人民共和国审计法》（以下简称《审计法》）。第二十九条规定："国务院各部门和地方人民政府各部门、国有的金融机构和企业事业组织，应当按照国家有关规定建立健全内审计制度。各部门、国有的金融机构和企业事业组织的内部审计，应当接受审计机关的业务指导和监督。"

2006 年，修正后的《审计法》颁布，第二十九条修改为"依法属于审计机关审计监督对象的单位，应当按照国家有关规定建立健全内部审计制度；其内部审计工作应当接受审计机关的业务指导和监督"。根据《审计法》，设立内部审计机构的单位限于受国家审计监督的范围，体现了内部审计要为国家审计服务的指导思想。虽然民营企业和外资企业并不要求设立内部审计机构，但出于内部自愿性需求，很多民营企业和外资企业均设立了内部审计机构。

《审计署关于内部审计工作的规定》于 2003 年 2 月通过修订。第九条将内部审计机构职责调整为七项，其中，第五款为"对本单位及所属单位内部控制制度的健全性和有效性以及风险管理进行评审"，突出企业要适应国内外环境，开展内部控制和风险管理审计，实际上扩大了合规型内部审计的范围。2018 年 1 月，《审计署关于内部审计工作的规定》再次修订，第六条规定，"国家机关、事业单位、社会团体等单位的内部审计机构或者履行内部审计职责的内设机构，应当在本单位党组织、主要负责人的直接领导下开展内部审计工作，向其负责并报告工作"，这充分体现了加强党对内部审计工作领导的指导思想。同时，第十二条将内部审计机构职责增加到十二项，第一款为"对本单位及所属单位贯彻落实国家重大政策措施情况进行审计"，第八款为"对本单位及所属单位内部控制及风险管理情况进行审计"，第十款为"协助本单位主要负责人督促落实审计发现问题的整改工作"。这些内容直接和合规型内部审计相关联，即审政策、审制度、审落实。此外，第五款"对本单位及所属单位的自然资源资产管理和生态环境保护责任的履行情况进行审计"，第九款"对本单位内部管理的领导人员履行经济责任情况进行审计"，分别是审自然资源资产管理和生态环境保护责任、审经济责任，间接和合规型内部审计相关联，反映新时代合规型内部审计内容高度、广度、深度拓展的重要变化，体现了新时代党中央和国务院以人民为中心执政理念的精髓。

三个核心发展阶段的工作重点

1. 改革开放初期的合规型内部审计

1978 年 12 月，党的十一届三中全会做出了把全党工作重点转移到社会主义现代化建设上来的战略决策。随后，1982 年宪法确立了审计监督制度，1983 年 9 月，审计署正式成立，各地审计机关也相继成立，审计事业迎来了发展的春天。合规型内部审计在加强单位内部经营管理、维护财经法纪、促进经济效益等方面发挥了积极作用。

（1）党和国家领导人的关注

在内部审计的发展过程中，党和国家领导人作出了许多重要指示、批示，发表了重要讲话，极大地推动了内部审计制度的建立、完善和发展。例如，1983 年 9 月 15 日，时任国务院副总理田纪云在审计署成立大会上指出："我们国家大，部门、单位多，单靠国家审计机关的监督是不够的。各部门、各单位要按照国务院文件的要求，积极创造条件，把内部审计机构建立起来。特别是实行集中统一领导或下属单位较多的主管部门，以及大中型企业、事业组织，如：铁道、交通、石油、煤炭、水电、经济贸易、商业等部门，石油化工、船舶等全国性公司的内部审计机构，要在今年以内尽快地建立起来。"①

（2）各级审计机关的有序发展

各级审计机关依据审计法律法规，通过对内部审计机构进行工作部署、制订内部审计发展规划和规章制度、开展内部审计人员培训和工作交流、推广先进经验等多种方式，推动和指导合规型内部审计工作的有序发展。1985 年 10 月，审计署在鞍山钢铁公司组织召开全国工交系统部门、企业内部审计工作经验交流会议。会议突出强调内部审计的合规性职能，内部审计要通过开展合规性审计，维护国家财经纪律，防止损失浪费。据不完全统计，1986 年全国内部审计机构共对 5.8 万个单位实施合规性审计，查出违反财经纪律的金额 22.8 亿元，万元以上贪污案件 263 件，提出有关遏制损失浪费和降本增效的意见和建议，预计提高经济效益 15 亿元。

（3）内部审计制度的有序推动

1987 年 3 月，审计署组织召开第一次全国内部审计工作会议，会议高度肯定了内部审计制度的极端重要性，认为其是我国社会主义审计监督制度的一个不可缺少的重要组成部分。会议对内部审计工作进行指导，强调结合财务收支审计维护财经纪律，结合经济合同审计提高经济效益，结合内部承包经营审计促进提高资金使用效果，结合单位主要负责人目标经济责任审计促使厂长责任制制度的落实。上述会议精神对于做好合规型内部审计、推动内部审计发展具有重要指导意义。同年 7 月，审计署《关于加强内部审计工作的报告》得到国务院转发，报告进一步指出：内部审计要突出合法合规性审计，包括揭露和纠正铺张浪费以避免造成国家资财严重损失问题；制止向企业乱收费、乱摊派以保护企业正当利益；查处弄虚作假、钻改革空子，以维护财经纪律。受益于审计署的指导，内部审计试

---

① 中国审计学会. 审计文选 [M]. 北京：中国财政经济出版社，1985.08.

点单位从工交系统扩大到其他行业。截至 1987 年年底，全国已有 3.9 万多个部门和单位建立了内部审计机构或配备了专职内部审计人员。1987 年 1 至 9 月，共有 8.2 多个单位受到合规性审计，查出违反财经纪律金额 17.8 亿元，损失浪费金额 2.6 亿多元，促进增收节支金额约为 9 亿多元。内部审计从恢复起，主要在国家机关和国有企事业单位内部开展工作，注重开展合规性审查，这也是内部审计的重要特征。

合规型内部审计在改革开放初期，重点是紧密围绕党委、政府工作，利用自身专业优势，为改革开放和社会主义现代化建设起到保驾护航的积极作用。以党中央、国务院和各级党委的文件为指导，扎实有效地推进财经纪律执行和政策落实，始终是合规型内部审计的重要内容。1989 年 10 月，中央作出清理整顿公司的决定，国务院也要求清理固定资产在建项目投资。为此，审计署指示内部审计机构参与部门财务大检查和清理、整顿公司的工作，做好停缓建项目跟踪审计。

2. 党的十四大至十七大期间的合规型内部审计

（1）各阶段的发展重点

党的十四大以后，围绕建立现代企业制度，各级审计机构指导内部审计增强服务功能，合规型内部审计工作重心是监督企业整体运行机制，促进企业建立健全自我约束机制，以提高经济效益。党的十五大继续推动国有企业改革，促进经济体制和经济增长方式的根本转变。这一时期，合规型内部审计机构一方面加强自身的规范化建设，不断健全合规型内部审计机构，完善合规型内部审计制度，另一方面也帮助企业建立健全内部控制制度，使企业逐步成为法人实体和市场竞争主体。从一定程度上来说，改革开放是解放生产力、发展生产力以及调整生产关系的伟大革命，也是极其艰难的过程。可以说，改革开放是人类历史上从未有过的经济体制和经济领域的彻底变革。国有企业改革是这场改革进程的重要组成部分，也是从农村改革向城市改革大踏步行进的重要标志。建章立制、规范运作贯穿整个改革的进程，国企改制、内部控制制度构建是改革进程中的重要事件，从合规性审计视角来看，就是要变革秩序、重建秩序，维护秩序，这需要合规性审计发挥作用。

（2）合规型内部审计的审查重点

合规型内部审计的主要业务活动涉及改善经营管理、促进单位遵纪守法以及维护部门和单位合法权益等方面内容。合规性审计是整个内部审计活动的重要组成部分，不仅包含合规性审查，而且包含财务收支审计、制度审计。例如，财务收支审计是内部审计机构的一项基础性工作，通过审查本单位、部门的财务收支，聚焦真实、合法、合规，纠正违纪违规问题，严肃财经纪律，维护经济秩序。1999年，各级内部审计机构通过财务收支审计，揭露了一些重大经济违法犯罪行为，如弄虚作假、挤占虚列成本、资产负债不实、权益严重失真的问题。2002年，铁道部审计中心对所属4个部级单位进行财务收支审计，提出加强经营管理、完善内部控制制度的建议。财务收支审计延伸到制度审计，并实现了合规性审查的功能。

3. 党的十八大以来的合规型内部审计

（1）审计地位得到提高，审计受到前所未有的重视

党的十九届三中全会决定组建中央审计委员会，标志审计管理体制改革迈出重要一步，也是加强党对审计工作领导的重大举措。2018年5月，中央审计委员会举行第一次会议，会议明确指出，审计是党和国家监督体系的重要组成部分。会议明确了审计的政治属性和责任担当，深刻阐述了审计工作一系列根本性、方向性、全局性问题。在新的形势下，合规型内部审计要继续围绕经济社会中心工作，贯彻执行党中央和国务院决策部署，为经济社会发展保驾护航。

（2）内部审计机构要提高政治站位，深刻认识新时代加强内部审计工作的重要意义

各级内部审计机构要站在党和国家事业全局的高度，准确把握内部审计工作的职责定位，推动内部审计工作在新时代有新发展。合规型内部审计在规范经济秩序、防范和化解合规风险、监督和制约经济权力、反腐倡

廉等方面发挥积极和重要的作用。要充分地认识到，加强合规型内部审计工作是推进国家治理体系和治理能力现代化、实现审计全覆盖、推动实现经济高质量发展的需要。

（3）合规型内部审计体制机制不断完善，审计质量和成效日益显著

特别是党的十八大以来，合规型内部审计在促进各部门各单位完善内部治理、提升发展质量、推动深化改革、促进反腐倡廉等方面发挥了积极作用。例如，内部审计工作注重揭示本单位发展中的风险隐患，切实保障国有资产安全；注重对公共资金使用绩效的审计，促进安全高效和厉行节俭；注重揭露违纪违法问题，助力反腐倡廉建设；注重建立健全内部审计查出问题的整改长效机制，推动完善制度和加强管理；注重加强内部审计的制度建设和队伍建设。

仰望未来：合规型内部审计未来发展的关键点

1. 合规型内部审计发挥了积极作用

回顾历史，我们不难看出，内部审计产生的直接原因是财产所有权与经营权的分离。只有在经济发展到少数人拥有大量私人财产，无法亲自管理，需要由总管、管家等代为管理的情况下，为了证实受托管理人是否履行其职责、是否对财产所有人尽心尽责，才需要委任具有独立身份的内部审计师行使监督检查的职责，所以两权分离是内外部审计产生的共同原因。同时，合规型内部审计作为内部审计的重要内容，在内部审计发展的不同阶段，都具有较高的历史地位，承担着明确的功能职责，发挥了重要的作用。

2. 合规型内部审计面临机遇和挑战

满足企业管理部门和外部各种机构的需要是内部审计发展的动力。比如美国国会在 1977 年通过《反海外腐败法》，禁止任何公共企业、私营企业等为了赢得合同而向外国官员行贿的行为。在这种情况下，一方面企

业管理层日益重视内部审计人员的监督检查，以免受罚。另一方面大企业管理层为了在日趋激烈的竞争环境下立于不败之地，需要内部审计人员将工作中心从传统财务会计领域转向管理会计领域，需要内部审计人员对整个公司的内部控制系统进行审核评价，提出改进建议，这种需要使得内部审计工作本身不断发展。经济的快速、融合发展，也给合规型内部审计带来了机遇和挑战。未来，合规型内部审计需要坚守功能定位，明确发展方向，聚焦主责主业，更好地完成历史使命。

3. 合规型内部审计要完善组织治理

合规型内部审计要在促进和完善组织治理方面发挥积极作用。随着企业战略联盟的建立，现代经济组织越来越依赖信息，而且朝着知识密集型发展，它们在全球各个行业和领域从事极度专业化和非常复杂的经营。当今经济组织内部控制的面貌，与工业时代传统经济组织内存在的控制已经显著不同。在这种迅速变化的经营环境下，合规型内部审计已经成为管理者、审计委员会、董事会、外部审计人员以及重要利益相关者的主要辅助职能。只要设计和执行恰当，合规型内部审计在促进和支持有效组织治理方面就能发挥重要作用。

4. 合规型内部审计要有益于降低合规风险

合规型内部审计要在应对合规风险方面发挥显著作用。同时，在国际化背景下，我国跨国运营的公司已经深刻认识到组织所面临的日益增长的一系列合规风险，因而对合规风险管理专业人员的需求也呈现显著增长。任何促进增长和增值的规范方法都假定组织正在有效地管理各种包括合规风险在内的重大和可能的风险。合规风险既可以从宏观或整体（整个企业的风险管理）角度来考虑，也可以从微观或部门角度来考虑。合规风险管理通常是合规型内部审计通过分析并向高层管理人员和董事会提供有价值建议而发挥重要作用的一个领域。合规型内部审计也因其自身目的而进行微观层次的合规风险评估，来确定需要投入最大努力的领域，以及确定在某个特定时期内整个合规型内部审计领域中适当的审计范围。合规型内部审计人员能够扮演重要的合作伙伴角色，通过评估、计量并报告总体合规风险，并主动实施合规风险管理，来协助管理层完善经营流程并进行监督。合规风险导向内部审计考虑了合规风险评估，并将它们与企业目标系统地联系起来。事实上，合规型内部审计能够促进经营流程的改进和完善，经营单位通过经营流程可以进行高质量的合规风险评估，可以提升决策所依赖的相关信息的质量和减少重复工作。

实践表明，在当今任何经济组织中，一个强有力的合规型内部审计，在支持和促进有效组织治理、降低合规风险等方面会大有用武之地。许多经济组织治理问题的解决离不开风险管理的有效监控和监督，并且如果合规型内部审计被视为"合规风险管理专家"，那么预计未来它们将在组织内发挥极其重要和杰出的作用。

第 2 章

合规型内部审计的
底层理论

内部审计不是万能的，但离开内部审计是万万不能的。

——陈焕昌

2.1 / 委托代理理论

什么是委托代理理论

20 世纪 90 年代以来，经济全球化和信息技术发展对内部审计提出了新的要求，极大地推进了内部审计理论和实务的发展，部分国家进入了内部审计职业化的高速发展期，我国内部审计环境也逐步完善。安然事件后，随着纽约证券交易所新上市标准的实施和《萨班斯－奥克斯利法案》对会计师事务所为公开发行证券公司提供非审计服务的限制，内部审计迎来了空前的发展机遇。国际内部审计师协会于 2003 年发表《内部审计的研究机会》(*Research Opportunities in Internal Auditing*)，指明了内部审计的研究方向。

在此背景下，本章对合规型内部审计的主要理论加以梳理与论述，为进一步研究奠定基础。合规型内部审计理论和内部审计理论同源，主要包括委托代理理论、受托经济责任理论、舞弊理论和风险管理理论四种。本书首先从委托代理理论讲起。

1. 委托代理理论含义

委托代理理论 (Principal-agent Theory，PAT) 是研究内部审计问题时一个不可或缺的重要理论支柱。委托代理理论是制度经济学契约理论的主要内容之一，研究的对象是多种利益冲突和非对称信息条件下市场参与者的经济关系——委托代理关系，及由此产生的委托代理的激励和约束机制问题。委托代理关系是一种契约关系，随着生产力发展和专业分工细化而产生，广泛存在于社会活动中，当一个人（或一些人）授权另一个人（或另一些人）为他们的利益从事某些活动时就形成了委托代理关系。

2. 委托代理理论的具体内容

委托代理理论研究的对象是建立在非对称信息博弈基础上的委托代理关系及其激励和约束机制问题。因所有权和实际经营的分离，公司的所有者和管理者之间形成了委托代理关系；同时，管理者和员工之间也形成了委托代理关系，故现代公司中存在双重委托代理问题。委托代理的主要内容，如图 2-1 所示。

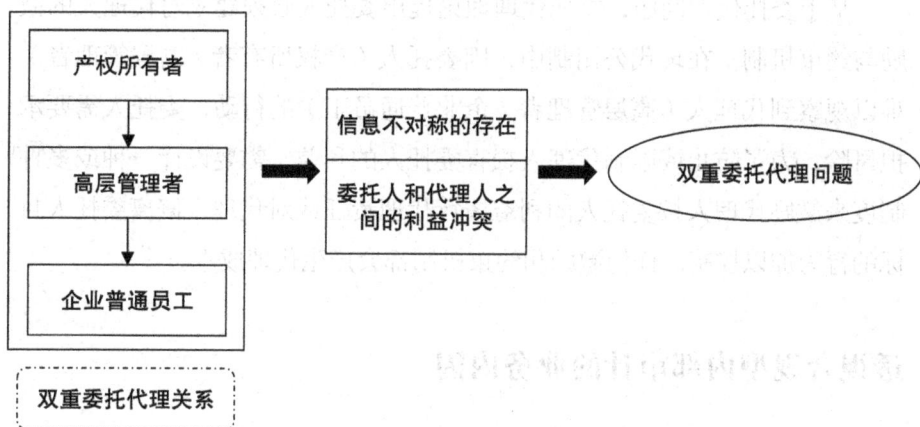

图 2-1　委托代理的主要内容

一方面，产权所有者和高层管理者之间利益冲突及信息不对称可能导致委托代理问题。产权所有者和高层管理者的利益往往不一致。产权所有者作为委托人拥有剩余索取权，故其追求的目标是企业或者股东财富最大化；而高层管理者基于"经济人"本性和自身利益最大化往往追求更多的工资薪金收入、奢侈消费和闲暇时间。在所有权和管理权两权分离的情况下，高层管理者拥有比产权所有者更多的决策相关信息，故高层管理者可能利用自己拥有的控制权及信息优势，来谋取个人利益从而损害产权所有者利益，降低企业价值，从而导致委托代理问题。

另一方面，高层管理者和企业普通员工之间的利益冲突及信息不对称也会导致委托代理问题。高层管理者和企业普通员工之间的目标有所不同，高层管理者着眼于企业整体利益来进行资源分配和企业运营；但企业普通员工往往基于自己或本部门的利益来要求资源分配和完成上层管理者的要求。高层管理者因时间和专业知识问题，对日常生产水平和成本等信息的了解远远落后于企业普通员工，故高层管理者和企业普通员工之间因目标不同和信息不对称的存在也会产生委托代理问题，增加代理成本。

基于委托代理问题，委托代理理论提出委托人必须建立对代理人的激励与约束机制。在现代公司制中，因委托人（产权所有者／高层管理者）难以观察到代理人（高层管理者／企业普通员工）的行动，委托人需要承担风险，为了防止或限制代理人损害委托人的利益，需要设计一种或多种制度来激励代理人按委托人的利益履行代理责任或对代理人偏离委托人目标的行为加以控制。任何激励和约束机制都会产生代理成本。

透视合规型内部审计的业务内因

合规型内部审计在一定程度上是降低代理成本、解决委托代理问题，从而提高企业绩效的约束机制之一。委托代理理论是研究和揭示合规型内部审计的重要理论基石。

1. 委托代理理论解释了组织需要合规型内部审计进行监督的原因

基于委托代理理论，建立和加强企业合规型内部审计，不是外部力量强制的结果，是委托人和代理人双方的共同需求，合规型内部审计在契约过程中具有监督和担保双重功能。

（1）从产权所有者角度

为了获得最大利益，产权所有者希望能够以合理成本对管理者的行为进行监督，使管理者的行为符合自己的利益。同时，管理者具有双重身份，既是产权所有者的代理人，也以委托人的身份聘用、激励和约束员工来完成企业的生产与经营，因此也需要借助内部监督机制。

（2）从管理者角度

为了获得产权所有者的信任，长期稳定地从事较高的职位和得到较高的报酬，管理者希望能够采取一些行动证明其会为也能为产权所有者利益服务。监管背景下，基于法律法规要求的合规型内部审计，是促使产权所有者和管理者双方利益达到最大化的重要约束机制。

2. 委托代理理论解释了组织间合规型内部审计的差异

委托代理理论被用来解释是否组织形式不同会引起不同企业之间的内部审计活动存在差异。例如，所有权和控制权松散的公司，更可能采用内部审计等内部监督机制，并且为了防止管理者通过利用松散的股权结构对内部审计等监督机制产生不利影响来满足私利，所有权和控制权松散的公司会引入额外的控制机制（如在审计章程中明确内部审计的职责和作用，内部审计不受约束直接向董事会或审计委员会汇报）来防止管理者通过缩小内部审计的范围或聘任不适合的内部审计师等方法对内部审计产生不利影响。

3. 委托代理理论解释了合规型内部审计如何影响和缓解企业的委托代理问题

内部审计部门作为企业内部的第三方监督机构，在解决信息不对称、制订合理的激励披露机制中扮演着重要作用。在企业中，代理人可能为了实现自身利益，故意隐瞒信息或错报信息，使委托人面临逆向选择与道德风险。

①合规型内部审计通过对管理者和关键员工的各项经济活动的监督与评价，约束了管理者和关键员工的行为，从而降低了管理者和关键员工以权谋私的风险，进而维护了企业的整体利益。

②企业以合规型内部审计作为媒介，促进了企业所有者、管理者和企业员工之间的沟通，既督促管理者对组织战略决策的执行和经营活动的相关信息进行充分披露，也督促日常生产和经营中的关键员工能提供及时真实的成本等信息，缓解多层委托代理关系下的企业内部信息不对称问题，从而减少代理成本。

③合规型内部审计在设计和运行过程中也结合了各项聘任和薪酬激励机制的提出和完善，故合规型内部审计不仅能通过自查降低财务等风险，而且加强了代理人的自我管理与自我激励，创造了企业内部良性竞争、优胜劣汰的良好氛围，提高了企业的治理效率。

鱼与熊掌可以兼得：双重委托代理关系的应用

企业在设计合规型内部审计时有诸多地方需要考虑双重委托代理关系，尽量地减少代理成本。

例如，在设置内部审计经理的解聘权和薪酬权时应分别配置给董事长（所有者）和总经理（管理层），才能兼顾合规型内部审计的监督治理功能和管理功能。当内部审计经理的解聘权和薪酬权同时配置给董事长时，虽然能发挥内部审计的治理功能，且董事长相对权力越大，内部审计的治理功能就越强，但会导致总经理对内部审计经理的管理减弱，进而使内部审计的管理功能减弱。而当内部审计经理的解聘权和薪酬权同时配置给总经理时，总经理的解聘权可能会使内部审计经理放弃监督和治理的责任，从而减弱内部审计的治理能力，在一定程度这种安排上只能发挥内部审计的管理功能。

故基于委托代理理论，只有将内部审计经理的解聘权配置给董事长，将薪酬权配置给总经理时，才能较好地兼顾内部审计的治理功能和管理功能，从而更好地抑制利益冲突和信息不对称对内部审计的负面影响。

2.2
受托经济责任理论

什么是受托经济责任理论

1. 受托经济责任理论含义

受托经济责任理论（accountability relationship theory）是研究内部审计问题的基础理论之一，对受托经济责任进行监督是内部审计的基本职能。受托经济责任关系是一种普遍的经济关系，受托经济责任是指按照特定要求或原则经管受托经济资源并报告其经管状况的义务。

2. 受托经济责任理论主要内容

剩余财产的出现和专业分工的细化使委托代理关系广泛存在，从而推动了受托经济责任的出现和发展。受托经济责任是指受托人的经管和报告行为必须按照特定的要求或原则行事，包括行为责任和报告责任两个方面。其中，行为责任主要指受托人要按照保全性、合法（规）性、经济性、效率性、效果性及控制性等要求对受托经济资源进行经营管理，而报告责任主要指受托人按照公允性或可信性的要求编报财务报表。随着社会经济的发展，社会性和环保性逐渐融入受托经济责任的要求中，与之对应，受托经济责任内容变为全方位地涵盖保全责任、遵纪守法责任、经济节约责任、效率责任、效果责任、社会责任、环保责任和控制责任等。但由于信息不对称和各方利益冲突的存在，委托人需要通过监督制度来确认受托人是否认真履行并报告了各种受托经济责任。为了解释现实中受托经济责任的履行情况，此处以表格的形式对受托经济责任的行为责任与报告责任进行说明，如表 2-1 所示。

表 2-1 受托经济责任的履行情况

行为责任	报告责任	
	如实报告（T）	虚假报告（F）
尽责行为（R）	（R，T）	（R，F）
自利行为（S）	（S，T）	（S，F）

① （R，T）：受托人勤勉尽责地经管受托经济资源，并如实报告自己的行为。

② （R，F）：受托人勤勉尽责地经管受托经济资源，但虚假报告自己的行为。

③ （S，T）：受托人存在自利行为，但如实报告自己的行为。

④ （S，F）：受托人存在自利行为，但用虚假报告掩盖了自利行为。

其中，只有（R，T）才是受托经济责任履行的理想状态，所以现实中需要内部审计来对受托经济责任进行监督和完善。审计的根本目标就在于促进特定主体受托经济责任全面有效地履行，而特定种类的审计则是为适应监控特定受托经济责任内容而产生的。

催化剂效应：推动合规型内部审计的变革

受托经济责任理论是合规型内部审计发展的重要理论基础。企业审计的本质是确保受托经济责任有效地履行。合规型内部审计作为重要的审计形式之一，是一种确保受托经济责任较好履行的控制机制。

在受托经济责任关系中，因时间、知识、精力等原因的限制，当委托人无法亲自了解资源的使用情况时，就需要受托人向委托人说明和报告其使用和管理资源的活动过程和结果，从而产生对内部审计的需求。当委托人发现受托人的经济行为损害到自身剩余控制权的收益时，会赋予内部审计监督的权力，对企业的财务经营状况和管理层行为进行检查。合规型内部审计利用独立于受托人的内部审计人员对受托人的经济活动进行监督，确保受托经济财产和资源被按要求进行经营管理，确保受托人所提供的财务报告是真实的。

受托经济责任内涵的拓展推进了合规型内部审计内容的变革，合规型内部审计从最初只关注企业内部财务活动和经济后果，转变为同时关注企业内部财务活动、经营和治理活动及社会效应。合规型内部审计产生之初，基于受托财务责任，只关注企业内部财务信息，协助管理者确保内部财务控制方面的受托责任被有效履行。随着管理者对企业经营管理过程的关注加大，合规型内部审计从仅关注内部受托财务责任转向同时关注多维度的受托经济责任（受托财务责任和受托管理责任），协助管理者对企业内部控制和经济机制进行监督。

近年来，随着外部环境对企业影响的日益增加，外部受托经济责任（社会责任和环保责任）带来的经营不确定性日益增强，推动了所有者对社会责任和环保责任的关注。随着受托经济责任内涵的增加，合规型内部审计将外部受托经济责任纳入关注，从而帮助所有者和管理者监督企业是否合理地履行了外部受托经济责任，减少外部环境对企业影响的不确定性。随着风险管理的理念渗透到受托经济责任履行的过程中，风险管理和公司治理也纳入了合规型内部审计的关注中。

相辅相成：业务变革中的相互依托

实务中，受托经济责任的存在为合规型内部审计实现管理效应和治理效应提供了施展的平台。基于受托经济责任的发展，合规型内部审计的工作重点从单纯地对业绩进行监督和评价转向协助实现组织战略目标。合规型内部审计的关键点也从只强调财务业绩的实现状况、受托资产的安全完整、经营行为的合法合规，转变为同时关注资源利用的经济有效、内部控制的健全、风险的合理规避以及组织社会责任的履行等。

另外，不断发展的内部审计也推进了受托经济责任的发展。内部审计确认存在受托经济责任关系的股东、董事会和管理者的各自职责是否较好履行，增加了财务和非财务信息的可信性，减少信息不对称，有助于契约的签订和执行。此外，合规型内部审计还履行了咨询职能，可改善其他控制程序，并影响受托经济责任环境，确保受托经济责任的有效履行。

随着受托经济责任理论的发展，受托经济责任参与主体也不断地扩大。基于受托经济责任参与主体的变化，合规型内部审计的服务对象从组织的管理层扩展到组织的各个层次，包括董事会和各层次的管理者。

实务中，董事会行使责任，需要内部审计协助，管理层解除受托经济责任，也需要合规型内部审计的工作，外部审计也依赖于合规型内部审计的工作。合规型内部审计作为董事会、管理层及外部审计人员的依仗，是确保受托经济责任体系运行的重要机制之一。

2.3 / 舞弊理论

舞弊理论又名舞弊动因理论，是研究舞弊为何发生的理论，主流的舞弊动因理论主要有舞弊冰山理论（二因素论）、舞弊三角理论（三因素论）、GONE 理论（四因素论）和舞弊风险因子理论，其中舞弊三角理论是使用最为广泛的舞弊理论。

舞弊冰山理论：易观察的和所隐藏的

舞弊冰山理论（fraud iceberg theory），即二因素论。Bologna 和 Lindquist 把弗洛伊德提出的冰山理论引入财务领域，形成了舞弊冰山理论。

舞弊冰山理论认为舞弊具有两个层面，即结构层面和行为层面。就像冰山的海面上部分，社会公众能观察到的是舞弊的结构层面内容（即效率衡量措施、等级制度、财务资源、组织目标、技术状况和态度），这些内容在日常管理中较容易识别。海面以下是抽象的舞弊行为所隐藏的人的主观意志，容易被刻意隐藏起来，不易发现，例如感情、价值观点、鼓励和满意。

企业发生舞弊行为与企业内部控制的严密性和健全性，以及该企业是否存在潜在的败德行为可能和财务压力等都有关。舞弊冰山理论如图 2-2 所示。

效率衡量措施
等级制度
财务资源   结构层面
组织目标
技术状况
态度
- "海面"
感情
价值观念
鼓励   行为层面
满意

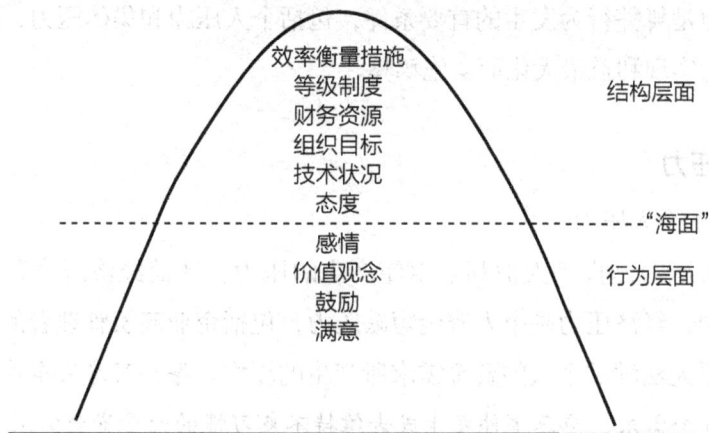

图 2-2 舞弊冰山理论

舞弊三角理论：压力、机会与借口

舞弊三角理论（fraud triangle theory）由 Albrecht 教授 1986 年在《舞弊检查》一书中提出，指企业舞弊行为由"压力（pressure）""机会（opportunity）""借口（rationalization）"三个因素相互作用而形成。舞弊三角理论认为舞弊行为产生的根本动因是舞弊者自身受到的特定压力，当这种压力积累到一定程度，其就会寻找舞弊机会和借口（道德层面的合理性）将压力转化为舞弊行为。舞弊三角理论如图 2-3 所示。

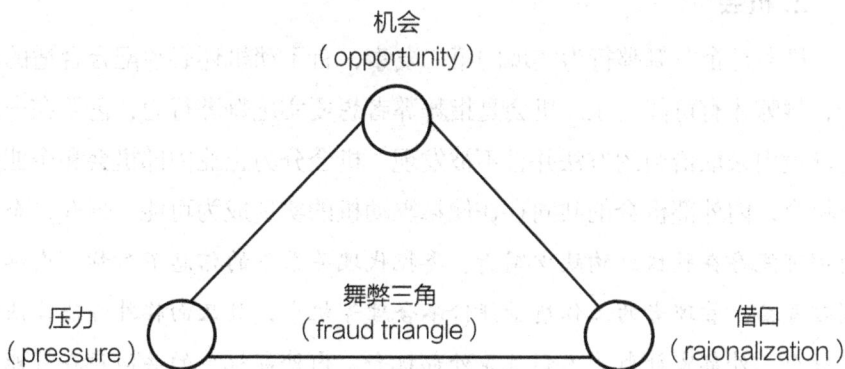

机会
（opportunity）

舞弊三角
（fraud triangle）

压力   借口
（pressure）   （raionalization）

图 2-3 舞弊三角理论

压力是舞弊行为发生的首要条件，包括个人压力和集体压力，潜在的舞弊者为实现利益最大化而实施舞弊。

1. 压力

（1）个人压力

个人压力是指个人被利益驱使产生的压力，涵盖经济压力和工作压力。其中，经济压力是个人资金短缺压力，包括企业高层管理者的收入和财务水平无法满足个人的资金需求所产生的压力。譬如买房买车等短期大额消费资金需求、应急事件发生或者维持不良习惯的大量资金需求。

工作压力是指为了完成个人工作业绩期望、获得晋升或获得与经营业绩挂钩的报酬等而产生的压力。工作压力可能导致企业发生舞弊行为。譬如企业把管理者的股权激励与企业三年的利润增长、股价上升等财务指标相关联。

（2）集体压力

除了个人压力，集体压力也会导致企业发生舞弊行为。集体压力主要有企业的资金短缺压力和外部的政府硬性指标压力等。例如，当企业经营状况不佳，资金压力较大时，或存在国家制度政策给企业下达的硬性指标等外部压力时，如果管理层无法实施有效的措施去改善企业所处困境，就会导致管理层的舞弊行为。

2. 机会

机会是企业舞弊行为实现的第二要素，有了动机还必须配合合适的机会，舞弊才有可能产生。机会是指舞弊者想要实施舞弊行为，需要在一定的环境内采取恰当的方法并且不被发现。机会分为企业内部机会和企业外部机会，内外部机会的共同存在使舞弊动机的实现成为可能。例如，企业内部可能存在股权结构缺少制衡、委托代理关系下的信息不对称、内部控制较宽松、管理者的工作质量评价不合理等机会，且又面临外部法律法规不健全、外部审计监管不到位等外部机会，内外部机会的共同存在可能会导致舞弊者实施舞弊行为。

3. 借口

借口，即自我合理化，是企业舞弊行为得以完成的第三要素。葛家澍教授提出财务报告舞弊的实质是道德和文化问题，管理层的价值观和道德品质决定了财务报告是否会发生舞弊，拥有诚信意识和良好职业道德的管理层能避免舞弊行为的发生。在面临压力和找到机会后，不坚定的管理层会为舞弊行为找一个借口，通过自我合理化，使其舞弊行为符合本人的思想道德和行为准则，同时指引社会公众认为其行为合理，最终推动了企业舞弊行为的发生。例如，"为了企业的长远发展""为了暂时度过困难时期""不会有人因为潜在的舞弊行为受到伤害""这是我应该获得的报酬"等。

GONE 理论：贪婪、机会、需要与暴露

继舞弊三角理论之后，Bologna 等人在 1993 年提出了舞弊的 GONE 理论，其中"G"为"贪婪（Greed）"，"O"为"机会（Opportunity）"，"N"为"需要（Need）"，"E"为"暴露（Exposure）"。GONE 理论提出舞弊是贪婪、机会、需要和暴露这四个风险因子相互影响和共同作用的结果。

①贪婪是潜在舞弊者潜藏在性格里的一种过度渴求。

②机会是潜在舞弊者使舞弊行为成为可能的手段与途径。

③需要是潜在舞弊者对某种资源或者权力的需要。

④暴露是舞弊行为被发现的可能性及被发现后对舞弊者的惩戒力度。

GONE 理论认为，四个因素缺一不可，当潜在舞弊者既有贪婪之心又十分需要钱财，那一旦有机会并且认为事后不会被发现，其就一定会实施舞弊行为。GONE 理论如图 2-4 所示。

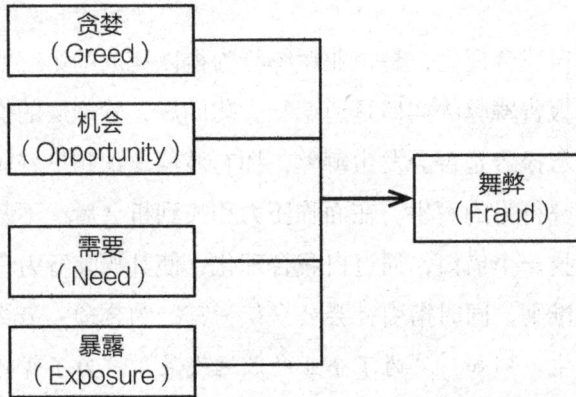

图 2-4 GONE 理论

舞弊风险因子理论：最完整的舞弊动因理论

基于 GONE 理论，Bologna 等人提出了舞弊风险因子理论，其把舞弊风险因子分为个别风险因子和一般风险因子，是迄今为止最完整的舞弊动因理论。其中，个别风险因子指因人而异且在组织控制范围之外的因素。例如，每个人的道德品质、动机因素都不同，且不在公司管理层或其他组织的控制范围之内。一般风险因子指组织可以控制的因素，包括舞弊机会、舞弊被发现的可能性及舞弊被发现后舞弊者所受惩罚的方式和程度。当一般风险因子与个别风险因子同时存在，且被舞弊者认为对其有利时，舞弊就会发生。舞弊风险因子理论，如图 2-5 所示。

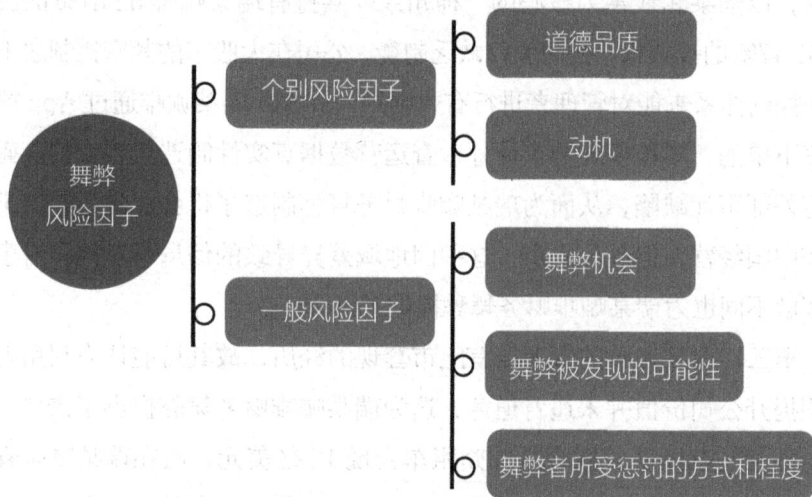

图 2-5　舞弊风险因子理论

管理层舞弊真的难以防范吗

　　国内外爆发的财务舞弊案件，多数都由管理层指使或参与。例如美国安然公司和中国瑞某咖啡财务造假事件。这些事件隐蔽性强、涉案金额大、危害深远，利用舞弊理论来设计和指导合规型内部审计可以从减少舞弊动因的基础上来防止和避免企业舞弊行为的发生。

　　用舞弊三角理论来分析瑞某咖啡的财务舞弊，发现在瑞某咖啡财务舞弊的案例里压力、机会和借口三者齐备。

　　第一，瑞某咖啡具有财务舞弊的压力。在瑞某咖啡上市前，其主要采用低价销售的模式进行消费者引流，迫切的融资需求是致使瑞某咖啡财务舞弊发生的最主要的压力。瑞某咖啡为了获得市场推广的大量资金支持，通过财务造假来突出市场占有率和单杯利润的双增长，期望能吸引投资者，从而获得更多的经营资金。

　　第二，因瑞某咖啡内部控制失灵和信息不对称的存在，瑞某咖啡具有财务舞弊的机会。首先，瑞某咖啡的股权较为集中，2019 年瑞某咖啡上市时，以陆某和钱某为核心的"神州系"共持有瑞某咖啡 52.81% 的股份及 61.47% 的投票权，公司股权缺乏制衡，公司在大股东的紧密控制之下，内部控制体系未能对管理者进行有效制约。其次，瑞某咖啡通过 App 或小程序下单的新零售模式给审计师审查运营数据真实性制造了较大的障碍，具有外部审计缺陷，从而为瑞某咖啡财务舞弊制造了机会。最后，瑞某咖啡在中国经营，但赴美上市，这种因地域差异导致的信息不对称和对事物的理解不同也为瑞某咖啡财务舞弊提供了机会。

第三，瑞某咖啡的管理层有上市套现的经历，故其可能认为利用财务造假提升公司价值并未违背道德，这为瑞某咖啡财务舞弊提供了借口。董事长陆某与其团队曾联合从神州租车套现 16 亿美元，故在瑞某咖啡管理层眼中，财务造假可能并无不妥，以"无人零售"之名从瑞某咖啡吸走大量现金，只是实现利益的一个合理途径而已。

合规型内部审计关注企业的内部控制、经营管理及公司治理制度，对预防和发现管理层舞弊有关键作用。

基于舞弊理论，实务中，内部审计部门应着眼于企业风险识别与管理，从管理层舞弊的现状出发，高度关注管理层舞弊的动因，以舞弊三角理论（或其他舞弊理论）分析管理层舞弊的相关因素，设计出一套行之有效的预防和识别管理层舞弊的合规型内部审计方法和程序。合规型内部审计基于受托经济责任和舞弊理论，对管理层内部控制机制和经营管理机制进行评价，协助企业建设舞弊风险管理体系，并为内部控制和经营管理机制更好地防止管理层舞弊提供建议。具体而言有以下内容。

在公司治理层面，合规型内部审计防范管理层舞弊的职能主要表现为对财务和运营的内部控制机制进行有效性评价，并针对管理层绩效及对应的舞弊风险进行合规性评估和检查，如发现管理层舞弊的动因应及时向最高管理层甚至股东报告，扮演好有效沟通者的角色。

在内部控制层面，合规型内部审计防治管理层舞弊的职能主要体现为协助构建和完善管理层舞弊相关的内部控制机制从而抑制管理人员的舞弊行为，参与制订和修改防范管理层舞弊的政策，并为企业的职责划分和员工的绩效奖励等可能会产生舞弊动因的经营环节提供咨询和建议。

在风险管理方面，合规型内部审计防治管理层舞弊的职能主要体现为协助建设舞弊风险管理体系，并将管理层舞弊风险体系嵌入企业的整体风险管理框架当中。在舞弊风险管理体系设计中应确保这一体系能涵盖企业各个层级，使各个级别的管理人员都明确自己在管理层舞弊防范中的位置和责任，确保能够以正确的方式起到咨询和监督作用，减少舞弊漏洞。

2.4 风险管理理论

什么是风险管理理论

1. 风险管理理论含义

风险管理理论是一系列以企业风险管理为核心和研究对象的理论的总称。

① COSO 在 2004 年发布的《企业风险管理——总体框架》中指出，风险管理是一个流程，在一个实体进行战略决策和执行决策的过程中，由董事会、管理层和其他人员实施，旨在识别可能影响实体的潜在事件，并管理风险以使其处于该实体的风险容量之内，并为实体目标的实现提供合理保证。

② 中国内部审计协会发布的《内部审计具体准则第 16 号——风险管理审计》将风险管理定义为"对影响组织目标实现的各种不确定性事件进行识别与评估，并采取应对措施将其影响控制在可接受范围内的过程"。

2. 风险管理理论具体内容

随着学者和企业对风险认识的深入，风险管理理论内涵不断丰富和延伸。早期，风险管理理论主要倾向于防范和管理企业面临的纯粹风险（不利风险）。

20 世纪 70 年代后，随着布雷顿森林体系崩溃、高通胀及多次货币和信贷危机的发生，风险管理理论的研究对象转变为业务和财务成果的波动性，以管理企业经营面临的不确定性为目标。

21 世纪以后，随着全球经济一体化进程加快，企业面临的风险不断增加，风险的影响和潜在后果也随之放大，全面风险管理理论应运而生。全面风险管理理论旨在把企业整体风险控制在偏好之内，由企业风险管理人员组织实施，全体人员参与，对重要流程的内部控制和企业重大风险进行管理，目前被学者和企业广泛接受。

企业风险管理的目标是风险管理理论的基础。单一目标论认为企业风险管理的目标就是实现公司股东价值的最大化，而多重目标论认为企业风险管理的目的是实现企业发展中的多种目标。COSO 委员会支持风险管理理论中的多重目标论，在《企业风险管理——总体框架》中提出了战略目标、经营目标、报告目标和合规目标四大目标。

企业风险管理的组成要素是风险管理理论的重要内容。COSO 委员会在《企业风险管理——总体框架》中提出了八大要素，分别为内部环境、目标制定、事项识别、风险评估、风险反应、控制活动、信息与沟通、监督。企业的内部环境是其他所有风险管理要素的基础，为其他要素提供规则和结构，包括董事会的构成、管理者的经营模式、分配权限和职责的方式、企业员工的道德观和胜任能力和人员培训等。目标制定指依据企业确定的任务或预期，管理者确定企业战略目标，选择战略方案，确定相关子目标并在企业内层层分解和落实，各子目标都应遵循企业的战略方案并与战略方案相联系。事项识别指管理者需要意识到不确定性的存在，考虑影响事项发生的各种企业内外部因素。风险评估指对企业潜在风险进行评估，使企业能了解潜在事项如何影响企业目标的实现。风险反应指管理者对所识别风险的反应，可以制订不同风险反应方案，基于企业自身的风险容忍范围，考虑每个方案对潜在事项发生可能性的影响，最后决定和执行最合适的风险反应方案。控制活动指帮助保证风险反应方案得到正确执行的相关政策和程序，存在于企业各部分、各个层面和各个部门。信息与沟通指来自企业内部和外部的相关信息必须以一定的格式和时间间隔进行确认、捕捉和传递，以保证企业的员工能够执行各自的职责。对企业风险管理的监督是评估风险管理要素的内容和运行及一段时期的执行质量的一个过程。

防患于未然：对合规型内部审计设计的理念指导

风险管理理论是合规型内部审计设计和实施的重要理论，把企业目标及风险管理作为内部审计的出发点和归宿，是合规型内部审计的重要导向。企业经营环境中存在的不确定因素可能使企业不能实现其目标，这些风险因素需要内部审计实时关注，以免其对企业经营造成影响。风险管理理念强调对风险的及时识别和管理风险，使风险在可控范围内，此理念已逐渐融入企业合规型内部审计，将内部审计职责提高到了一个新的高度。

在风险导向的合规型内部审计中，内部审计通过对企业整体及业务层面的风险识别，运用恰当的分析方法对风险发生的可能性与影响进行评级，并及时向管理层汇报，从而评估企业的风险容忍度与应对策略的匹配程度，帮助企业规避、转移甚至消除风险。同时，内部审计通过对企业风险的测试，提高内部审计效率和提升审计质量，从而降低内部审计的风险。内部审计部门通过内部控制、风险管理审计对企业经营活动进行评估和优化，及时发现企业经营活动中的问题，并分析问题产生的原因，从而确保企业经营活动的合规性，强化风险管理。

风险管理理念使内部审计师能站在企业战略管理的高度，通过对风险管理措施、方法、程序的审计，结合企业内部控制、财务、绩效的审核结果，对风险管理的现状及效果进行专业判断。这体现了内部审计服务于企业战略管理的要求。

百事公司的风险管理设计

实务中，很多企业已把风险管理理念纳入合规型内部审计的设计中。百事公司总部设在纽约，是全球知名饮料和休闲食品公司，2020 年百事公司净收入超过 700 亿美元，在全球 200 多个国家和地区拥有十几万个雇员。合规型内部审计是百事公司识别和管理风险，减少企业不确定事件的重要措施。在百事公司的内部审计过程中，风险管理理念贯穿始终。

首先，在制定内部审计标准时，百事公司会对集团公司风险进行全面评估。集团内部审计部门首先会基于公司制度和风险来制定**《百事内审标准》**，并发放至集团总公司和全球各子公司作为定期自查工具。**《百事内审标准》**是根据**《百事财务政策手册》**中所有重要制度来分类、设计审查事项并以问卷形式反映出来的一套风险评估标准，通过这套标准能对企业风险进行全面的识别和评估。

然后，集团内部审计部门会在审计前一周内选出审计对象（各子公司），通知被选中的子公司进行内部审计，并告知内部审计的重点及时间。在审计过程中，集团内部审计人员会先了解子公司业务运作再设计审计方案，审计后提出他们发现的问题并要求予以答复，若答复不能令人满意，内部审计人员会将此问题及整改建议列入评定报告，并根据其风险及严重性定性为 a、b、c、d 四类。

最后，内部审计小组会根据查出的 a、b、c、d 各类问题数量，给出对子公司的最初评级并将评估报告送交审计总部做最终评审，编制出审计报告并抄送集团最高管理层。

风险管理理念也对合规型内部审计的功能提出了新的要求，要求内部审计部门能通过引导公司改进审计计划来关注公司全面业务风险。例如，**杜邦公司内部审计人员利用战略经营机构网络进行全球性风险评估和认定，然后内部审计人员利用风险模型的分析结果，与管理当局讨论实际的风险情况，确定以后年度的主要风险领域。**

第 3 章

合规型内部审计程序与流程

内部审计是杀虫剂、防腐剂，更是润滑剂，助力单位发展提质增效。

——陈建西

3.1 通用的合规型内部审计程序与流程

合规型内部审计程序"四段论"

合规型内部审计程序（compliant internal audit procedures）是指实施合规型审计工作的先后顺序和基本步骤。审计程序一般有广义和狭义两种含义的区分。本章主要介绍广义审计程序。

从广义来讲，不同的主体或类型的审计，一般包括准备、实施和报告等三个阶段。从内部审计来说，还需要包含后续审计阶段。因此，合规型内部审计基本程序一般包括准备、实施、报告、后续审计等四个主要阶段，如图3-1所示。

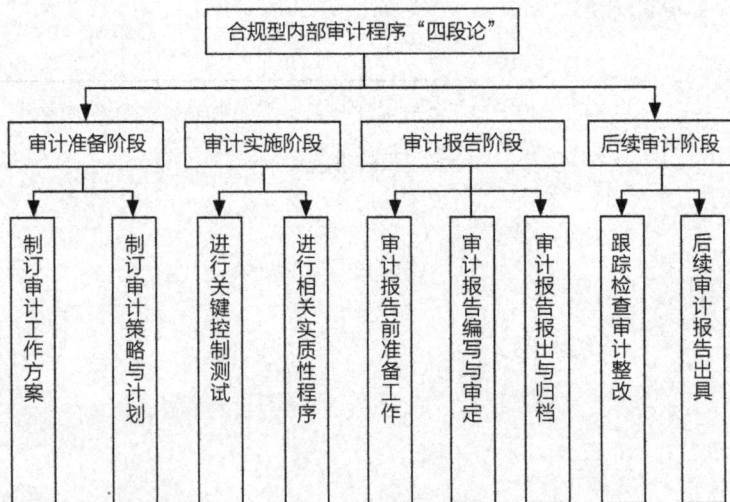

图 3-1　合规型内部审计基本程序

不过按照审计主体的不同，其审计程序各阶段的具体内容和侧重点也有所不同。一般而言，合规型内部审计的四个阶段的内容如下所示。

1. 准备阶段

准备阶段是指实施合规型内部审计之前而进行的计划准备过程，一般包括制订审计项目计划、确定某一审计项目的审计内容、编制审计方案等准备性的工作。具体而言，首先，需要明确审计任务，确定审计项目。然后，委派适当的审计人员，确定审计方式，审计人员要根据合规性风险，进行初步调查了解，并熟悉标准。最后，确定审计重点，并送达审计通知书。总之，准备阶段需要掌握相关线索，明确审计目的，以确保所采纳的审计程序、方法和技术做到有的放矢。

2. 实施阶段

实施阶段是指实际从事合规型内部审计的过程，一般包括研究评价被审计单位的内部控制制度，进行内部控制的符合性测试，开展经济活动的实质性测试，对审计项目进行实质性审查和评价，取得审计证据，编制和复核审计工作底稿等具体工作。与一般审计的内部控制测试不同，合规型内部审计所测试的内部控制与违法违规、员工舞弊、领导干部失职渎职以及内部控制失效具有高度的关联性，即所测试的内部控制是否在制止违法违规、员工舞弊、领导干部失职渎职以及实现内部控制目标等方面发挥了应有的作用。本阶段需要注意合理运用审计方法，按既定程序和手续进行审计调查取证，重视审计工作底稿的整理和编制，并依法运用审计权限。

3. 报告阶段

报告阶段是指结束合规型内部审计工作的过程，一般包括整理、复核审计工作底稿，汇总、提炼审计证据，根据复核的审计工作底稿形成审计意见，撰写审计报告，征求被审计单位意见后，提出审计意见书和做出审计决定等终结性的工作。审计人员需在合规型内部审计报告阶段查明问题，揭示原因，明确相关人员的责任，依据法律法规和组织制度进行相应的处理。

4. 后续审计阶段

后续审计阶段是指监督检查管理层如何处理审计发现问题的过程，目的是确定管理层针对审计报告中提到的业务发现和建议所采取行动的适当性、有效性和及时性。在实施后续审计跟踪活动过程中，合规型内部审计要收集数据，证实先前向管理层提出建议的处理情况。监督活动既可以包括以跟踪业务形式实施的内部审计活动，也可以包括定期向管理层收取项目进展报告，还包括向负责跟踪活动程序的组织其他部门收取项目进展报告。跟踪业务包括收集和分析数据、检查文件、观察工作业绩、与管理人员和相关人员面谈等。无论是收集数据还是监督观察结果，都要应用计算机工具来加大工作力度和提高效率。

目前，我国尚未制定专门的合规型内部审计准则，由于合规型内部审计本质上仍然是审计，因此，在开展合规型内部审计时，可以充分借鉴相关国家审计、注册会计师审计或者内部审计准则的有关规定。

制订审计工作方案

审计计划阶段（audit planning stage）亦称审计准备工作阶段，是整个合规型内部审计过程的起点与基础阶段。对于任何一项合规型内部审计工作，为了如期实现审计目标，审计人员必须在实施审计的具体工作之前，制订科学、合理的计划。合规型内部审计计划阶段的主要工作包括两大环节：①制订审计工作方案；②制订审计策略与计划。

1. 合规型内部审计工作方案的制定依据

合规型内部审计工作方案是审计部门对整个合规型内部审计过程的具

体内容和实施步骤预先安排的一种工作计划。根据规定，审计机关和审计组在实施审计前，应当编制审计工作方案和审计实施方案。审计署颁发的《审计机关审计项目质量控制办法（试行）》[①]（以下简称《办法》）和《中华人民共和国国家审计准则》[②]（以下简称《准则》），均对审计工作方案的编制做出明确规定。

2. 合规型内部审计工作方案的制订过程

（1）做好审前调查

根据规定，审计人员在编制合规型内部审计工作方案前，应当根据审计项目的规模和性质，安排适当的人员和时间，对被审计单位有关情况进行审前调查。审前调查有助于初步了解情况，确保审计工作方案的科学、合理和可操作。审前调查应当侧重法律法规、规章制度执行情况，员工舞弊风险状况，内部控制缺陷，领导干部履职尽责情况等方面。在调查时，既要立足被审计单位，又要从供应商、客户、债权人以及市场监管部门等外部利益相关者获取有价值信息。

（2）紧密结合合规型内部审计实务

考虑到合规型内部审计的特殊性，在制订审计工作方案时，需要更加谨慎，不仅要充分论证，还要经过必要的审批程序，确保审计工作方案能够对审计工作进行切实指导。审计工作方案更加突出审计机构的组织协调职能，便于统一调配资源，以完成审计任务。审计工作方案偏向于操作层面，重在指导如何开展审计。

对于合规型内部审计，可以根据审计对象的性质和复杂性程度，确定审计工作方案的编制。例如，对于检查内部控制缺陷的审计，如果牵涉到引入外部审计等多个组织机构，就需要编制审计工作方案，方便在内部审

---

① 第二部分为审计方案的质量控制，涵盖第六条至第二十九条，自 2004 年 4 月 1 日起在审计署机关及派出、派驻机构试行，地方审计机关可以根据具体情况确定试行范围。
② 自 2011 年 1 月 1 日起施行，施行后，《办法》被废止。

计部门统一组织下，各方协调行动。对于针对某一领域的专项审计，如舞弊审查，单独由内部审计部门实施，可以直接编制审计实施方案。

3. 合规型内部审计工作方案的特性与其内容

相对于其他审计工作方案，合规型内部审计工作方案具有目标清晰性、对象指向性、线索导向性和问题针对性等特点。

①目标清晰性，即合规型内部审计要达到的目的必须清楚，要么是揭露违法乱纪行为，要么是完善制度，所指定的目标切实可行。

②对象指向性，即审计对象明确，涉及是否违反党纪国法和组织制度、是否存在员工舞弊、领导干部是否履职尽责不力以及内部控制是否不完善等，审计工作方案要精准审计对象，直接验证是否合规。

③线索导向性，即合规型内部审计往往依赖举报线索，收到的匿名举报信息指明了重要的审计方向。但这些线索只是审计的重要依据，仍然需要审计人员进行调查取证并核实。合规型内部审计工作方案要围绕线索，运用恰当的审计方法和策略。

④问题针对性，即合规型内部审计要以表露出来的问题为导向，针对这些问题设计缜密、细致、科学、合理的方案，透过问题去查找背后的深层次原因。

综上所述，合规型内部审计工作方案一般包括以下内容：

①审计工作方案名称；

②审计实施单位；

③审计目的；

④审计对象与范围；

⑤审计重点；

⑥审计步骤与方法；

⑦审计人员组成及分工；

⑧审计时间安排；

⑨审计处理依据；

⑩审计实施时间；

⑪其他有关要求。

制订审计策略与计划

1. 合规型内部审计计划

审计策略也称审计谋略、审计艺术或者审计方式，一般是指审计人员为了完成审计鉴证业务，在具体执行审计程序之前确定审计范围、目标和方向等工作应秉持的基本策略，据此编制详细的审计程序方面的工作安排等计划审计活动。《**中国注册会计师审计准则第 1201 号——计划审计工作**》第三条规定，计划审计工作包括针对审计业务制订总体审计策略和具体审计计划。从合规型内部审计来看，计划审计工作或者制订详细、周密的审计计划能够起到的作用有以下几点：

①从总体上规划、指导审计工作的开展，确保审计人员能够适当关注重要的审计领域；

②明确审计目标、审计范围和审计重点，有助于审计人员及时发现和解决潜在的问题；

③预见审计难点并加以防范，包括指导和监督项目组成员并复核其工作，适当利用有关专家协助工作；

④合理配备审计团队，有助于选择具备必要的专业素质和胜任能力的项目组成员应对预期的合规性风险，并有助于向项目组成员分派适当的工作。

借鉴注册会计师审计计划的相关内容，合规型内部审计计划也可以分为总体审计策略和具体审计计划两部分，如图 3-2 所示。

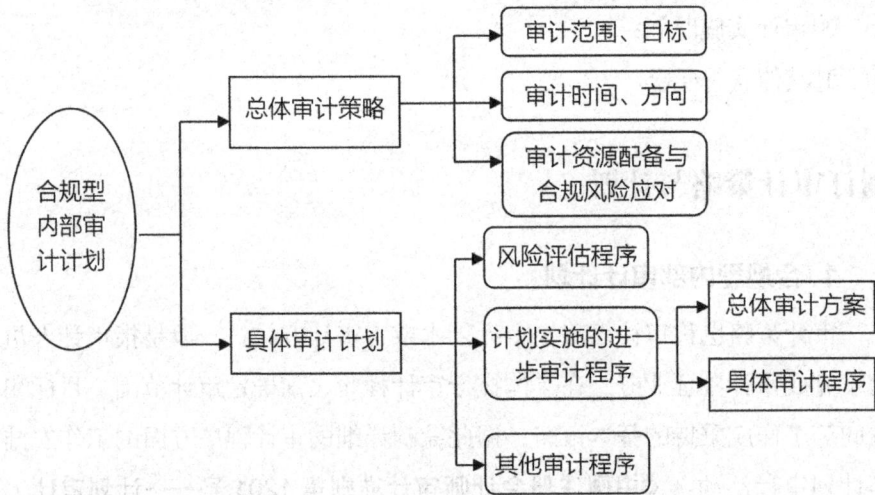

图3-2　合规型内部审计计划的结构与内容

2. 合规型内部审计总体审计策略

总体审计策略是总体规划，从某种程度上可以说是整个合规型内部审计工作的蓝图，编制时应该足够全面，以指导具体审计计划的制订。总体审计策略用以确定审计范围、时间和方向，负责具体沟通事项，合理调配审计资源，并指导制订具体审计计划。总体审计策略的形式和内容随着被审计单位的规模、合规型内部审计内容、审计复杂性和审计人员所采用的具体方法和技术的不同而各有侧重。

3. 合规型内部审计总体审计策略和具体审计计划的关系

在合规型内部审计准备阶段，审计人员需要正确把握总体审计策略和具体审计计划之间的关系。制订总体审计策略和具体审计计划不仅在过程方面存在密切联系，而且两者在内容上也是紧密相关的。审计人员应当针对总体审计策略中所识别的不同事项，制订具体审计计划，并考虑通过有效利用审计资源以实现审计目标。需要特别注意的是，虽然编制总体审计策略通常在编制具体审计计划之前，但是两项计划活动并不是孤立、不连续的过程，而是有着紧密联系的，对其中一项的决定可能会影响甚至改变对另外一项的决定。因此，审计人员应当根据实施合规风险评估程序的结果，对总体审计策略的内容予以调整。合规型内部审计计划的两个层次及其相互关系，如图 3-3 所示。

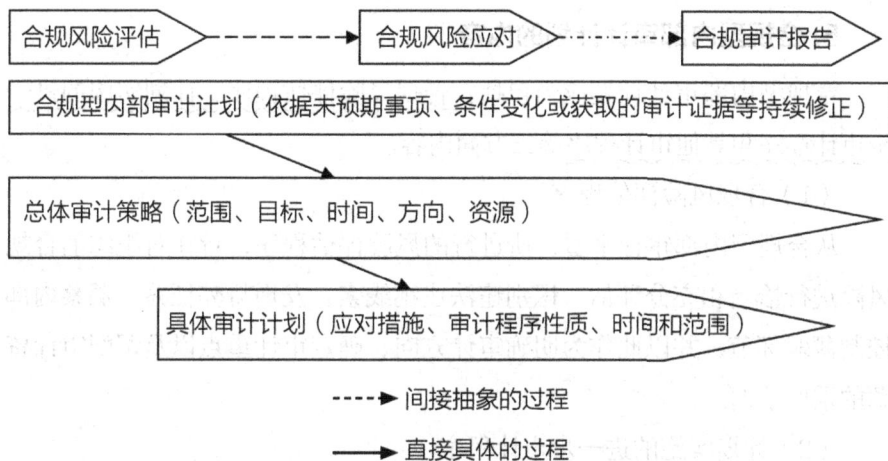

图 3-3　合规型内部审计计划的两个层次及其相互关系

4. 合规型内部审计计划编制步骤

在总体审计策略的指导下，审计人员应当为合规型内部审计工作制订具体审计计划。一般而言，具体审计计划比总体审计策略更加详细，其内容包括为获取充分、适当的审计证据采取应对措施将合规审计风险降至可接受的低水平，以及项目组成员拟实施的审计程序的性质、时间和范围。通过审计，审计人员应当能够发现违法违纪违规、员工舞弊、领导干部失职渎职以及内部控制失效的事实。

编制合规型内部审计计划一般包括三个步骤。

①编制审计计划工作的落实，包括了解被审计单位经营及所属行业的基本情况、执行分析性程序、初步评价合规风险状况。

②审计计划的制订或拟订。需拟定的审计计划包括总体审计策略和具体审计计划。

　③审计计划的审查与复核。已经编制完毕的审计计划由审计项目的主管审计人员负责进行检查和纠正，目的是使得将要实施的审计计划变得更加合理与得当。

5. 合规型内部审计计划的内容

　合规型内部审计计划应当包括：合规风险评估程序、计划实施的进一步审计程序和其他审计程序等三方面内容。

　（1）合规风险评估程序

　从合规型内部审计来看，所进行的风险评估程序，旨在对组织的合规风险进行恰当和充分评估，识别违法违纪线索，发现舞弊征兆，洞察内部控制薄弱环节，并以此作为明确审计方向、确定审计重点以及调配审计资源的重要依据。

　（2）计划实施的进一步审计程序

　合规型内部审计计划实施的进一步审计程序的性质、时间和范围，主要是针对评估的合规风险，与注册会计师评估的认定层次的重大错报风险有所不同。当然，如果是舞弊或欺诈导致的重大错报风险，应当属于合规风险的范畴。需要强调的是，随着审计工作的推进，对审计程序的细化会一步步深入，并贯穿整个审计过程。

　通常，合规型内部审计计划的进一步审计程序也可以分为进一步审计程序的总体方案和拟实施的具体审计程序（包括控制测试和实质性程序的性质、时间和范围）两个层次。

　①进一步审计程序的总体方案主要是指内部审计针对合规风险较高的交易和账户余额、关键内部控制薄弱环节以及领导干部履职尽责不到位的领域等决定采用的总体方案。

　②拟实施的具体审计程序是对进一步审计程序的总体方案的延伸和细化，它通常包括控制测试和实质性程序的性质、时间和范围。在评估合规风险的基础上，合规型内部审计主要围绕合规风险，重点对内部控制进行测试，发现薄弱环节，为接下来的审计提供侦查方向。此外，实质性程序

的运用不是全方位的，而是有的放矢的，侧重审计疑点和异常点，重在查清事实，查明真相。

（3）其他审计程序

合规型内部审计计划应当包括根据有关审计准则的规定，合规型内部审计人员通过自身职业判断，针对具体审计业务需要实施的其他审计程序。合规型内部审计计划的其他审计程序可以包括上述进一步审计程序的计划中没有涵盖的、根据审计项目特征和性质要求内部审计人员应当执行的既定程序。从合规型内部审计来看，针对合规审查的特征，还可以实施专门的审计程序，如舞弊调查程序，识别组织需要遵守的法律法规、标准、政策、程序以及制度等。

逐步击碎审计实施疑点的审计程序与流程

合规型内部审计实施过程，也是审计计划和审计方案的执行过程，也是围绕问题、结合疑点进行调查取证的过程，如图 3-4 所示①，反映的是合规型内部审计的核心审计程序与流程。针对合规型内部审计的特征，突出对审计疑点的审查、问题的澄清以及重要线索的追踪。其中，数据采集、数据审查是必要的前提和基础。数据采集可以是以样本推断总体的抽样审计，也可以是全样本的大数据审计。数据审查主要是关注数据异常和业务异常，并生成疑点。解决疑点主要依靠问题求证、公开征集线索和资金流向追踪等方式。需要注意的是，在后续审计实践中，可以将审计整改情况和后续审计报告等后续审计阶段的内容按照组织规定的流程放入图 3-4 至图 3-8 "审计项目归档"的前、后环节，所以图 3-4 至图 3-8 中未包含后续审计阶段。

---

① 浙江省审计厅课题报告《全覆盖要求下审计计划管理创新研究》的阶段性研究成果，课题报告执笔人：徐荣华。

精准发现违规行为，实时化解合规风险

确立项目 → 组建团队 → 初步调查 → 任务分配

工作底稿 ← 解决疑点 ← 生成疑点 ← 数据审查 ← 数据采集

问题求证　公开征集线索　资金流向追踪

否

大数据审计　抽样审计

复核工作底稿 → 是否通过 → 是 → 问题汇总 → 审计报告 → 审计报告复核

否

审计项目归档 ← 是 ← 是否通过

审计准备阶段

审计实施阶段

审计报告阶段

项目管理优化

- - - - 不同审计阶段　⟹ 同一审计阶段各步骤的过渡　⟶ 不同审计阶段的过渡

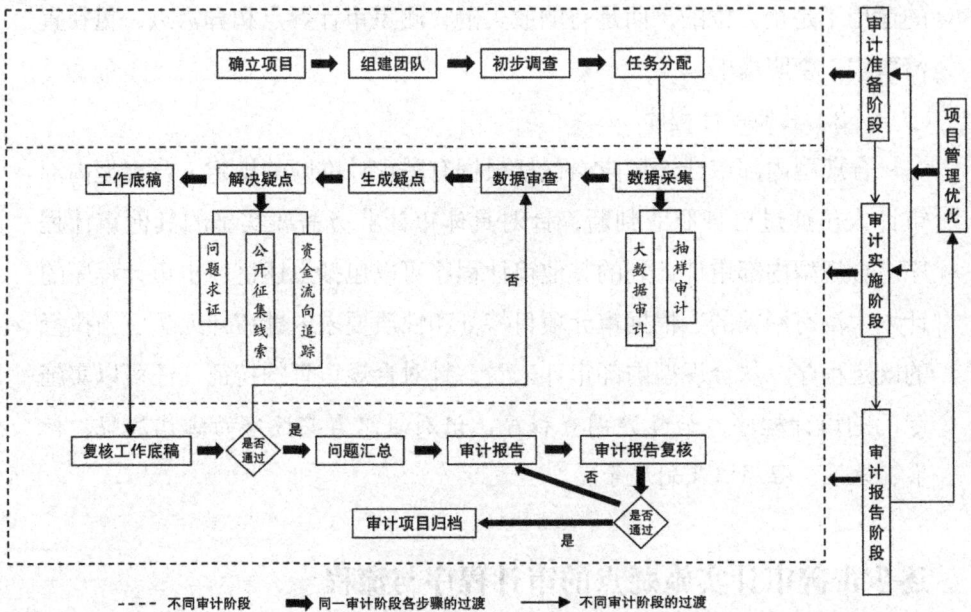

图 3-4　合规型内部审计的核心审计程序与流程

1. 调查了解被审计单位及其相关情况

（1）为职业判断提供基础

《准则》第五十九条规定，审计组调查了解被审计单位及其相关情况，为做出下列职业判断提供基础：

①确定职业判断适用的标准；

②判断可能存在的问题；

③判断问题的重要性；

④确定审计应对措施。

《准则》强调审计人员的职业判断的重要性，以及指出需要对可能存在问题以及问题的重要性进行客观判断，这对开展合规型内部审计提供了重要的审计思路方面的指导。

（2）为实施合规型内部审计提供依据

了解、熟悉和掌握被审计单位适用的各项规定是做好合规型内部审计的重要前提。《准则》为审计人员在调查了解合规型内部审计单位及其相关情况提供了较为详尽的依据标准：①法律、法规、规章和其他规范性文件；②国家有关方针和政策；③会计准则和会计制度；④国家和行业的技术标准；⑤预算、计划和合同；⑥被审计单位的管理制度和绩效目标；⑦被审计单位的历史数据和历史业绩；⑧公认的业务惯例或者良好实务；⑨专业机构或者专家的意见；⑩其他标准。

（3）关注采纳标准的适用性

审计人员在实施合规型内部审计过程中需要持续关注标准的适用性。一方面，这些规定或者标准属于被审计单位必须严格遵守和执行的，是审计判断是否合规的直接依据。另一方面，被审计单位在不能满足这些规定或者标准时，可能就会存在各种形式的违法违纪违规的现象，**例如业绩达不到考核要求会实施财务舞弊**，这些规定或标准为进一步揭示违法违纪违规提供了重要线索。

2. 研究和评价内部控制

研究和评价内部控制是合规型内部审计的重要内容。《准则》规定，审计人员可以从下列方面调查了解合规型内部审计单位相关内部控制及其执行情况：①控制环境，即管理模式、组织结构、责权配置、人力资源制度等；②风险评估，即被审计单位确定、分析与实现内部控制目标相关的风险，以及采取的应对措施；③控制活动，即根据风险评估结果采取的控制措施，包括不相容职务分离控制、授权审批控制、资产保护控制、预算控制、业绩分析和绩效考评控制等；④信息与沟通，即收集、处理、传递与内部控制相关的信息，并能有效沟通的情况；⑤对控制的监督，即对各项内部控制设计、职责及其履行情况的监督检查。由于合规风险较高往往意味着内部控制存在重要缺陷，因此，不同于注册会计师审计的内部控制测试是可选择性的，对重要领域、重点部门、关键环节的内部控制进行审查和评价，是合规型内部审计的必要的不可或缺的环节。

3. 重大违法行为的审查

（1）什么是重大违法行为检查

《准则》规定了重大违法行为概念、评估和调查重点、应当秉持的态度以及发现有关线索时采取的举措。首先，重大违法行为是指被审计单位和相关人员违反法律法规、涉及金额比较大、造成国家重大经济损失或者对社会造成重大不良影响的行为。其次，审计人员执行审计业务时，应当保持职业谨慎，充分关注可能存在的重大违法行为。最后，审计人员检查重大违法行为，应当评估被审计单位和相关人员实施重大违法行为的动机、性质、后果和违法构成。

（2）关于重大违法行为有关情况的调查

《准则》规定，审计人员调查了解被审计单位及其相关情况时，可以重点了解可能与重大违法行为有关的下列事项：

①被审计单位所在行业发生重大违法行为的状况；

②有关的法律法规及其执行情况；

③监管部门已经发现和了解的与被审计单位有关的重大违法行为的事实或者线索；

④可能形成重大违法行为的动机和原因；

⑤相关的内部控制及其执行情况；

⑥其他情况。

《准则》强调审计人员要关注被审计单位是否存在重大违法行为的氛围，即审计人员在检查是否存在重大违法行为时，应当关注重大违法行为的高发领域和环节。同时，注重收集相关线索和事实，从舞弊动因理论层面考察是否存在违法犯罪和舞弊的动因。

（3）关于重大违法行为的判定

《准则》规定，审计人员可以通过关注下列情况，判断可能存在的重大违法行为：

①具体经济活动中存在的异常事项；

②财务和非财务数据中反映出的异常变化；

③有关部门提供的线索和群众举报；

④公众、媒体的反映和报道；

⑤其他情况。

《准则》指出查找重大违法行为的具体路径和方法，通过"有关部门提供的线索和群众举报""公众、媒体的反映和报道"等多种方式，即要开门审计，广泛发动群众，依靠群众。同时，审计人员根据被审计单位实际情况、工作经验和审计发现的异常现象，判断可能存在重大违法行为的性质，并确定检查重点。

《准则》还规定，发现重大违法行为的线索，审计组或者审计机关可以采取下列应对措施：

①增派具有相关经验和能力的人员；

②避免让有关单位和人员事先知晓检查的时间、事项、范围和方式；

③扩大检查范围，使其能够覆盖重大违法行为可能涉及的领域；

④获取必要的外部证据；

⑤依法采取保全措施；

⑥提请有关机关予以协助和配合；

⑦向政府和有关部门报告；

⑧其他必要的应对措施。

考虑到重大违法行为审查的情况特殊性、性质复杂性和任务艰巨性，《准则》特别规定了如何利用好相关线索进行有效的调查取证，较好地实现审计目的。

4. 借鉴《国际内部审计专业实务标准》的有关规定

（1）具备专业能力并保持应有的职业审慎

《国际内部审计专业实务标准》规定了从事内部审计所应具备的专业能力并保持应有的职业审慎。专业能力指内部审计人员必须具备履行其职责所必需的知识、技能和其他能力。针对舞弊审计，内部审计人员必须充分了解有关评估舞弊风险以及所在组织管理舞弊风险的知识。应有的职业审慎指内部审计人员具备并必须保持合理的审慎水平和胜任能力所要求的谨慎和技能。针对合规型内部审计，内部审计人员需要考虑发生重大错误、舞弊或不合规的可能性，以确保其履行应有的职业审慎。

（2）评估合规型内部审计活动的管理成效

《国际内部审计专业实务标准》规定了内部审计活动的管理。首席审计执行官（Chief Audit Executive，CAE）必须有效地管理内部审计活动，确保为组织增加价值。其中，首席审计执行官必须制订以风险为基础的计划，业务计划至少每年制订一次，以确定与组织目标相一致的内部审计活动重点。内部审计活动必须评估合规风险管理过程的有效性，并对其改善做出贡献。这里的合规风险与组织治理、运营及信息系统有关，主要包括：①组织战略目标的实现；②财务和运营信息的可靠性和完整性；③运营和程序的效率与效果；④资产的安全；⑤对法律、法规、政策、程序及合同的遵循情况。这些评估内容紧扣合规型内部审计内容，也是组织内部控制所要达到的目标，因而也相应要求组织在这些方面建立健全内部控制体系。

编制正式的审计报告

《准则》和**《国际内部审计专业实务标准》**均对审计报告做出详细规范。目前，虽然尚无专门的合规型内部审计报告准则，合规型内部审计报告在内容、格式上并不统一，但为了编制合规型内部审计报告，审计人员可以充分借鉴**《准则》**以及**《国际内部审计专业实务标准》**有关审计报告内容和格式的相关规定。

1. 合规型内部审计报告的内容

《准则》规定，审计报告包括审计机关进行审计后出具的审计报告以及专项审计调查后出具的专项审计调查报告，审计报告应当内容完整、事实清楚、结论正确、用词恰当、格式规范。因此，审计报告可以分为审计报告和专项审计调查报告；审计报告应当符合规范要求，忠于事实，内容要客观、公正、准确，形式要规范。根据《**准则**》规定，审计报告的内容应当包括以下内容。

①审计依据，即实施审计所依据的法律法规规定。审计依据必须经得起推敲，能够为被审计单位所接受。

②实施审计概况，一般包括审计范围、内容、方式和实施的起止时间。

③被审计单位基本情况。

④审计评价意见，即根据不同的审计目标，以适当、充分的审计证据为基础发表的评价意见。评价意见应当客观、中肯、切中要害。

⑤以往审计决定执行情况和审计建议采纳情况。这方面内容主要是强调合规型内部审计的作用，尤其是点明屡审屡犯的情况。

⑥审计发现的被审计单位违反国家规定的财政收支、财务收支行为和其他重要问题的事实、定性、处理处罚意见以及依据的法律法规和标准。这部分内容要有充分、适当的证据。

⑦审计发现的移送处理事项的事实和移送处理意见，但是涉嫌犯罪等不宜让被审计单位知悉的事项除外。

⑧针对审计发现的问题，根据需要提出的改进建议。

审计期间被审计单位对审计发现的问题已经整改的，审计报告还应当包括有关整改情况。经济责任方面的合规型内部审计报告还应当包括被审计人员履行经济责任的基本情况，以及被审计人员对审计发现问题承担的责任。

《**国际内部审计专业实务标准**》规定，审计人员必须及时报告业务的结果。关于报告标准，报告内容必须包括业务目标、范围和结果。业务结果的最终报告必须包含适当的结论以及适当的建议和／或改进计划。同时，审计人员发表的审计意见必须考虑到高级管理层、董事会及其他利益相关方的预期，必须有充分、可靠、相关及有用的信息支持。

2. 合规型内部审计报告的要求

（1）关于编制审计报告的内容要求

《**国际内部审计专业实务标准**》规定，内部审计师需要沟通的内容应该包括审计目标、审计范围以及适当的结论、建议和行动计划。作为沟通内容的载体，对审计报告，尤其是最终审计报告所应包含的内容没有硬性规定，可以视组织和业务类型不同而不同。但通常认为，审计报告内容至少应该包括审计目标、范围和结果。这些规定对编制科学、合理和有效的合规型内部审计报告提供了重要的指导。

（2）关于报告的质量

《国际内部审计专业实务标准》规定，报告必须准确、客观、清晰、简洁、富有建设性、完整和及时。

①准确（accurate），指报告要远离错误，叙述准确，忠实于所说明的事实。合规型内部审计报告涉及问题定性和责任认定，更应当强调准确性。

②客观（objective），指报告公平、公正、没有偏见，是在对所有相关事实和情况进行公正、均衡的评估基础上做出的。在审计发现、结论和建议的提出和叙述上，不带有任何个人成见和盲目性，也不会受制于人。为保障合规型内部审计的权威性和严肃性，客观是不可缺少的前提。

③清晰（clear），指报告易于理解且具有逻辑性，可以清楚地表达内部审计师的思想。

④简明（concise），指报告要切中要害并避免不必要的、多余的细节，用词简洁，避免冗长。要做到这一点，需要对报告进行多次的修改和编辑，目的是使每个观点既有意义，又简明扼要。

⑤富有建设性（constructive），指报告对审计业务客户（被审计单位）和组织是有帮助的，并能够促进需要完善的地方得到完善。报告的内容和观点应该是有用的、积极的，有助于组织目标的实现。合规型内部审计所揭示的问题具体，且具有代表性，所提出的建议应当具有较强的针对性。

⑥完整（complete），指报告包含了对目标读者来说是必要的一切内容，包括所有重要且相关的信息资料和观察发现，以支持得出的审计结论和提出的建议。合规型内部审计报告应当包含审计中发现的所有重要事项。

⑦及时（timely），指报告是及时的、适时的，以为那些能够使建议

发挥作用的人进行认真的思考提供一定的时间。对于合规型内部审计来说，及时发布审计结果的目的是促进相关方采取及时、有效的行动，避免违法违纪违规、内部控制缺陷、员工舞弊以及管理层履责不到位的合规性风险给企业造成更大损失。

后续审计中监督业务结果

1. 根据合规型内部审计活动确定适当的跟踪活动

在合规型内部审计活动完成后，审计报告中涉及的合规风险、违法违规违纪行为和提出的建议就直接影响到组织的经营活动，需要管理层及时采取纠正措施。因此，内部审计部门应该对合规型内部审计结果的执行情况进行适当的监督，以保证实现业务目标，降低组织合规风险，提高组织经营活动的效率和效果。

根据《国际内部审计专业实务标准》2500——监督进展，"首席审计执行官必须制定并维护系统或制度，监督已通报结果的处理情况"。

2. 制订合理的监督计划

监督计划是后续审计有效、有序开展的重要保障。计划涉及的基本要素包括以下几点。

（1）谁来监督建议执行结果

特定内部审计人员被分派承担监督责任。如果需要的话，还应获得其他部门的配合和支持，并与这些部门签订合同，协调努力。例如，如果某项建议牵扯到维护网购客户隐私权，以提高客户安全性，那么就有必要取得网络安全和设计人员提供的服务，有必要与网络运行和维护的管理层合作，共同设计更加安全的网络购物流程。

（2）要监督什么

建议的目标是提出可以衡量和可以看得见的标准。例如，某项建议提出：所有现在和将来的供应商都应该证明其法律法规遵守情况。那么，这项建议就要求提供这方面的证明材料。负责监督工作的内部审计人员就需要检查所有或者抽查部分供应商提供的证明材料。

（3）如何实施监督活动

监督活动依据具体情况而定。例如，内部审计建议某一数额之上的交易只能由经过授权的人实施。内部审计也可能简单地接触计算机系统以确认新操作规程是否存在并且得到贯彻执行。

对于一些特别重要的建议，如按照规定编制财务报表，内部审计可以计划实施跟踪活动。

对于一些不太重要的建议，例如改善某办公室安全设施，采用跟踪活动调查问卷和面谈方式就是适合的。内部审计应该明确管理层采用什么方式（书面的、电子邮件、口头的）来证明其对建议的回应。

（4）何时或间隔多久实施监督活动

内部审计机构应该明确告知管理层，提供反馈意见的时间表以及在规定日期之后将要采取跟踪活动。如果某项建议涉及非常复杂的解决方案，内部审计还要决定一系列重要跟踪活动的时间表。例如，内部审计要检查某信息系统供应商（其开发了建议采用的应用软件）提出的项目方案，接下来，检查确定这一项目是否按时间表完成。审计可以完成对某系统实施前进行的 β 因素测试和对测试结果的分析。审计可以决定去证实新系统全部运行后的最终结果。

3. 确认监督业务结果的适当方法

用以有效监督合规型内部审计结果处理情况的方法包括以下几点。

①将业务发现和建议向负责采取纠正性措施的恰当管理层报告或通报。

②在业务进行过程中或在业务结果沟通后的合理时间内，收集并评价管理层对业务发现和建议的反馈意见。如果这些反馈意见包括了有助于首席审计执行官评价纠正性措施充分性和时效性的充分信息，就会大大增加反馈意见的用途。

③定期收集来自管理层的最新信息，以评价管理层纠正以前沟通问题

的努力程度。

④收集并评估来自组织内负责实施跟踪活动或采取纠正行动的其他部门的信息。

⑤向高级管理层或董事会报告对业务发现和建议的反馈情况。

4. 实施跟踪活动

跟踪活动是监督检查管理层是如何处理报告给他们的业务结果的过程，目的是首席审计执行官确定管理层针对报告中提到的业务发现和建议所采取行动的适当性、有效性和及时性。

在实施跟踪活动过程中，内部审计要收集数据，证实内部审计向管理层提出建议的处理情况。监督活动既可以包括以跟踪业务形式实施的内部审计活动，也可以包括定期向管理层收取项目进展报告，或者向负责跟踪活动程序的组织其他部门收取项目进展报告。

（1）跟踪活动分三个步骤

①高级管理层与审计业务客户进行协商，决定是否、何时、怎样按照内部审计师的建议采取纠正行动。

②审计业务客户按照决定采取行动。

③在报送审计报告后，经过一段合理时间，内审人员对审计业务客户进行复查，看其是否采取了合适的纠正措施并取得了理想的效果，如果不采取纠正行动，是否是高级管理层和董事会的责任。

（2）跟踪活动的内部审计的目标

在实施跟踪活动中，内部审计的目标是确定建议是否得到采纳和执行，或者对建议的反馈意见是否正在形成中。具体内容如下。

①如果变化的发生主要是基于一些根本原因，那么哪些措施将阻止问题的再次发生。

②采纳并执行建议可以给组织或某部门带来什么收益。

③可以衡量的收益和节约的成本与执行建议的投入是否相匹配，如果不相匹配，查明原因。在跟踪活动实施后，必须以相关的方式来记录取得

的进展，例如通过对文件和数据的审计、测试或直接观察。如果没有取得进展，内部审计必须找到原因，并加以记录。

（3）管理层是否执行建议

建议没有得到执行，需要调查清楚来自管理层或者其他方面的原因。具体内容如下。

①执行中遇到了没有预测到的难题吗？

②条件发生变化，没有必要执行建议了吗？

③由于每日经营活动和危机压力，建议的执行被拖延了吗？

④建议自身是不适当的吗？在哪些方面？

如果执行建议过程被中断，可以采用一些方法来继续，例如，与管理人员和相关人员探讨问题，必要的话，制订备选的建议执行方案。如果还是没有进展，可以考虑计划并实施另外的跟踪监督活动。

5. 沟通监督计划和结果

首席审计执行官应该定期向审计委员会、董事会或其他类似的权威机构报告合规型内部审计活动中的监督计划和监督结果。这些报告应该反映最新开始的审计业务、后续开展的监督活动结果及为证实已完成业务而实施的监督活动结果。

监督报告要强调继续进行监督活动的必要性（由于建议没有被完全执行或被错误执行，或者由于提出的建议没有解决发现问题）或者停止监督活动并宣布事情得到解决的能力。当建议得到成功执行（或者建议目标以其他方式得到实现）或者当存在问题得到解决时，可以停止监督活动。

监督报告应该特别记录监督计划结果（最好利用最初建议中设立的标准），强调由于执行建议给组织带来的收益。结果可以是质量方面的，例如，因网购客户隐私权得到较好保护导致客户满意订单传递速度的提高。也可以是数量方面的，例如，因完善客户信用体系使得从发货到收到客户货款的时间从平均 48 天降低到平均 25 天。

　　《国际内部审计专业实务标准》2600——沟通对风险的接受，要求
"首席审计执行官认为管理层接受的风险水平可能无法被组织接受时，必
须就此与高级管理层进行讨论。如果首席审计执行官确信问题未得到解
决，必须与董事会进行沟通。"

3.2 / **四类重要的合规型内部审计程序与流程**

　　本书将合规型内部审计分为审查组织是否存在违法违纪违规、审查领导干部是否存在失职渎职、审查员工是否存在舞弊以及审查内部控制是否失效等四部分内容，其中建设项目失管作为内部控制失效的重要部分，其审计程序与流程参照内部控制即可。现阶段我国合规型内部审计尚处于不断完善的过程，由于合规型内部审计通常在组织内部进行，与财务报表审计相比，审计人员在进行合规型内部审计时往往缺乏规范化与标准化的审计流程。通过借鉴财务报表审计以及对合规型内部审计的理解，本书尝试性地设计了审查组织是否存在违法违纪违规、审查领导干部是否存在失职渎职、审查员工是否存在舞弊以及审查内部控制是否失效的审计流程图。审计流程图包含审计人员从接受审计项目开始，到审计工作结束的全部过程，一般通用的审计流程可归纳为三个阶段，即审计准备、审计实施和审计报告阶段，各阶段又包括许多具体内容。

组织违法违纪违规的合规型内部审计程序与流程

　　防范和制止违法违纪违规是建设组织"廉政文化"的重中之重，也是合规型内部审计的重要组成部分。

　　图 3-5 是审查组织是否存在违法违纪违规的合规型内部审计的核心审计程序与流程，针对违法违纪违规行为的主要特征，突出了审前调查、明

确审计范围、确定审计重点、数据采集以及生成疑点解决疑点等环节。

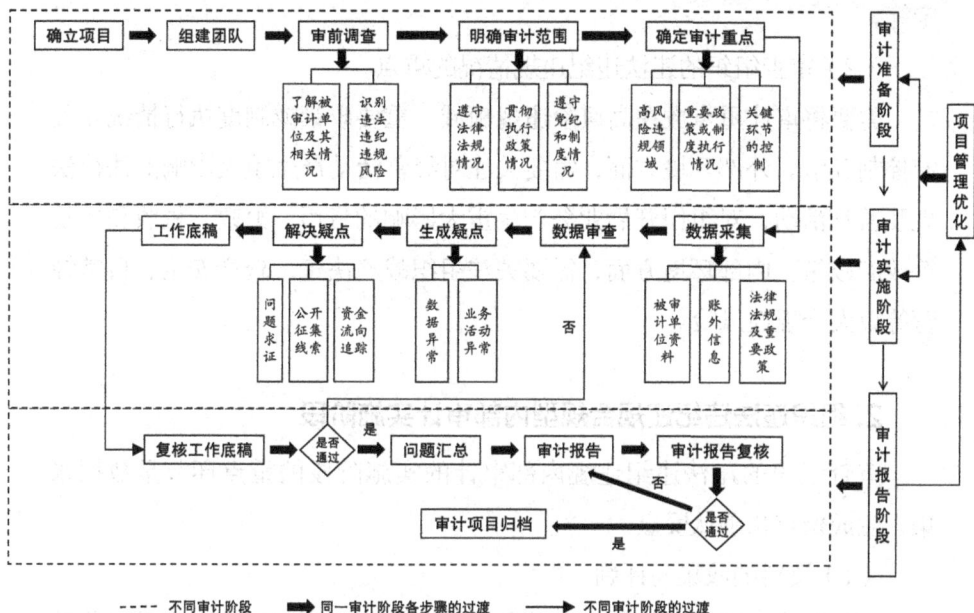

图 3-5　审查组织是否存在违法违纪违规的合规型

内部审计的核心审计程序与流程

1. 组织违法违纪违规合规型内部审计准备阶段

内部审计人员在项目立项、组建团队后，应该运用职业判断进行审计前的审查。组织的经营状况不佳，可能会导致其产生违法违纪违规的动力或压力，组织的经营风险可能会转化为违法违纪违规的风险。因此，内部审计人员应当在审前全方位地了解被审计单位及其相关情况，包括被审计单位的目标、战略以及相关经营风险，同时，根据初步的调查识别出违法违纪违规的风险。

（1）审查组织的违法违纪违规总体情况

要正确界定审计范围，即对其遵守法律法规情况、贯彻执行政策情况、遵守党内法规和各项制度情况，进行全面、系统审查。具体包括重大政策、法律法规、党内法规和各项制度是否得到及时执行，配套措施是否符合方针和政策规定，相关的资金投入是否到位以及资金使用是否符合规定等。

（2）审查组织的违法违纪违规情况的重点

需要将审计重点放在高风险违规领域、重要政策或制度执行情况和关键控制环节。外部环境方面，需要关注对经营活动产生重大影响的法律法规及监管活动，对组织开展业务产生重大影响的货币、财政、税收和贸易等政府政策。内部环境方面，需要关注组织战略决策、资产安全、日常经营等重大合规性风险。

2. 组织违法违纪违规合规型内部审计实施阶段

审查组织的违法违纪违规内部审计的实施阶段的重点环节是数据采集、生成疑点和确认疑点。

（1）资料的收集与评判

组织的违法违纪违规在不同业务、不同部门、不同岗位呈现差异化特征。在收集资料时，不仅需要关注会计资料，特别是要参考往年的可能包含违法违纪违规行为记录的内部审计报告，也需要从账外捕捉敏感信息，观察生产经营场地、业务流程、相关人员行为方式、生活方式甚至工作态度的变化，同时对法律法规及重要政策的把握也是必不可少的环节。内部审计人员要结合这几个方面的信息进行综合分析和研判。

（2）求证审计疑点

在生成审计疑点的过程中，内部审计人员可以询问董事会、管理人员和相关知情人员，注重沟通技巧，旁敲侧击，检查被审计单位与监管部门的往来函件，对重要业务合作伙伴开展延伸审计，充分评估可能因违法违纪违规导致的罚款、诉讼等风险，识别出异常的业务活动。此外，可以分析特定项目间是否存在异常波动的数据，如果异常波动的数额较大，就存在较大的违法违纪违规的可能性，内部审计人员必须进一步查明原因。

一般情况下，被审计人员不可能直接承认自己的违法违纪违规行为，内部审计人员应进一步针对发现的违法违纪违规的疑点，对提出的问题进行合理求证，面向组织内外部公开征集线索，鼓励员工和外部相关组织主动提供线索，辅助审查。同时，对识别出有数据异常或业务异常的领域进行资金的流向追踪，以甄别违法违纪违规行为。

3. 组织违法违纪违规合规型内部审计报告阶段

在组织违法违纪违规内部审计报告阶段，需要对审计过程中发现的问题进行汇总，完成审计报告初稿，与被审计单位进行充分沟通，并认真复核审计报告，特别是对于问题的认定、责任归属以及审计结论和处理处罚决定，要做到事实清楚、证据确凿、认定准确。

在审计项目归档后，内部审计人员应强化审计处理处罚决定和有关建议的落实，积极与董事会、管理层沟通，对内部控制薄弱环节进行认真整改，按照有关规定对违法违纪违规当事人进行严肃处理，对于违反国家法律法规的，按规定移交监察委或司法机关进行依法处理。

领导干部失职渎职的合规型内部审计程序与流程

领导干部履职尽责情况是合规型内部审计的重要内容之一。客观评价领导干部守法、守规、守纪和履职尽责情况既是对各级组织领导干部的常态化的管理监督，又是促进领导干部履职尽责、担当作为的重要手段。2019 年 7 月，中共中央办公厅、国务院办公厅印发了《**党政主要领导干部和国有企事业单位主要领导人员经济责任审计规定**》（以下简称《**规定**》），《**规定**》指出，领导干部经济责任审计对象包括任职于政府部门与国有企业中的领导干部。而本书的领导干部失职渎职合规型内部审计的审计对象还包括在民营企业中任职的中高层管理者。

审查领导干部是否存在失职渎职的合规型内部审计的核心审计程序与流程也分为审计准备阶段、审计实施阶段、审计报告阶段，具体流程如图 3-6 所示。

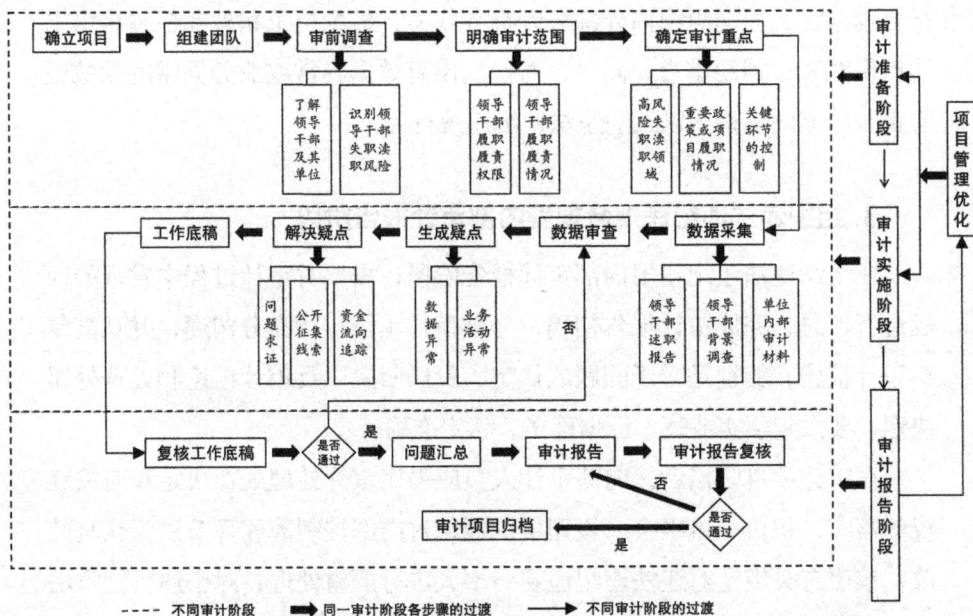

图 3-6　审查领导干部是否存在失职渎职的合规型
内部审计的核心审计程序与流程

1. 领导干部失职渎职合规型内部审计准备阶段

在准备阶段，<u>重点放在审前调查、明确审计范围、确定审计重点等方面</u>。其中，审前调查包括了解被审计领导干部及其单位基本情况、识别领导干部失职渎职风险，侧重了解以下内容。

（1）法律环境、监管环境及其他外部环境因素

法律环境与监管环境是指领导干部履责尽职应当遵守的法律法规，对组织经营活动产生重大影响的法律法规和政策；其他外部环境主要是指影响组织经营和领导干部履职的外部宏观政治、经济以及社会发展状况。

（2）被审计领导干部所处职位及其权力

从被审计领导干部所处的职位和掌握的权力来分析最有可能发生的舞弊风险，重点关注其管理的经济事项，根据领导干部职责分工，综合考虑

相关决策背景、决策过程、性质、后果和领导干部实际所起的作用等情况，界定其应当承担的直接责任或者领导责任。

（3）被审计单位领导干部工作目标、业绩衡量和评价

审计人员应关注领导干部的考核目标，掌握其业绩衡量标准和评价办法。如果领导干部预期不能完成考核目标，极有可能铤而走险，通过不正常手段实现个人目的，从而侵犯组织整体利益，出现失职渎职的行为。

（4）了解领导干部所处单位的内部控制状况

内部控制状况能够在一定程度上反映被审计领导干部履行情况报告的可靠性。通过了解被审计领导干部及其所在单位的内部控制存在的薄弱环节，往往能够识别出领导干部可能存在的失职渎职风险。审计范围主要包括领导干部履职履责权限与履职履责情况，具体包括以下内容。

①领导干部执行党和国家政策方针和决策部署情况。

②组织重大经济事项的决策、执行和执行效果情况。

③对所管辖地区或公司内部的发展规划和政策措施的制订和执行情况。

④经济管理和经济风险防范情况、资金使用和管理的效益情况以及在资金使用过程中的合法合规情况。

⑤一些重大项目立项和审批程序的完备性、招投标制度的规范性与预期目标实现情况；落实有关党风廉政建设责任和遵守廉洁从政规定情况。

⑥以往审计问题的整改情况等。审计重点是为确保审计资源的高效运用，对领导干部管理的某些事项进行重点监督，促进领导干部依法履职尽职。例如，重点审查高风险失职渎职领域、重要政策执行情况、重要项目管理情况以及对一些关键环节的控制情况。

2. 领导干部失职渎职合规型内部审计实施阶段

审计实施阶段重点是数据采集、数据审查、生成疑点以及解决疑点等方面内容。

（1）数据采集

数据采集是搜集、整理与领导干部履职尽责相关的资料，这些资料可以反映领导干部履职尽责的全过程，记录其权力运用的详细情况。通常来说，这些资料包括领导干部年度述职报告、组织业绩成效等直接材料；也包括所在单位提供的领导干部履职工作的证明材料，如工作计划、工作总结、工作报告、会议记录、会议纪要、决议决定、请示、批示、目标责任书、经济合同、考核检查结果、业务档案、机构编制、规章制度以及财务收支材料等。有时候审计人员还需要对领导干部进行背景调查，掌握其社会关系、工作以外有关经济活动甚至个人喜好兴趣等内容，从而判断其是否存在利用职权徇私舞弊的情况。

（2）数据审查

在相关证据采集完成后，审计人员需要进行证据审查，对某些资料可通过函证、访谈以及延伸审计等方法进行验证、比对。

（3）生成疑点、解决疑点

通过证据审查可以发现相关疑点，审计人员应重点关注资金拨付不合理、项目招投标不规范、大额资金支出、预算严重超支、相关履职情况资料缺失、异常账户、项目中人员存在亲密或者亲属关系等异常数据与异常经济业务活动现象。这些疑点最终通过问题求证、公开征集线索、对资金流向进行追踪等方法加以解决。领导干部失职渎职审计过程就是发现和解决疑点的过程，也是对领导干部进行定责和评价的过程。

3. 领导干部失职渎职合规型内部审计报告阶段

在审计报告阶段，审计人员将审计中存在的问题进行汇总，出具审计报告并对审计报告进行严格复核，为出具正式审计报告进行必要的质量控制。审计人员需要就审计报告与被审计单位和领导干部进行充分沟通，特别是对于领导干部定责评价，要依据事实、客观公正，从而防范审计风险，提升审计质量，发挥审计作用。

员工舞弊的合规型内部审计程序与流程

员工舞弊是指一般员工和组织管理者使用欺骗手段非法地获取不当利益的故意行为。员工舞弊通常是利用职务之便的非法侵占、盗窃以及侵犯组织商业秘密等违法犯罪行为，直接后果是组织利益受损。进行员工舞弊合规型内部审计能有效降低企业资产被侵占的风险，维护组织合法利益。审查员工舞弊合规型内部审计的核心审计程序与流程，如图3-7所示。

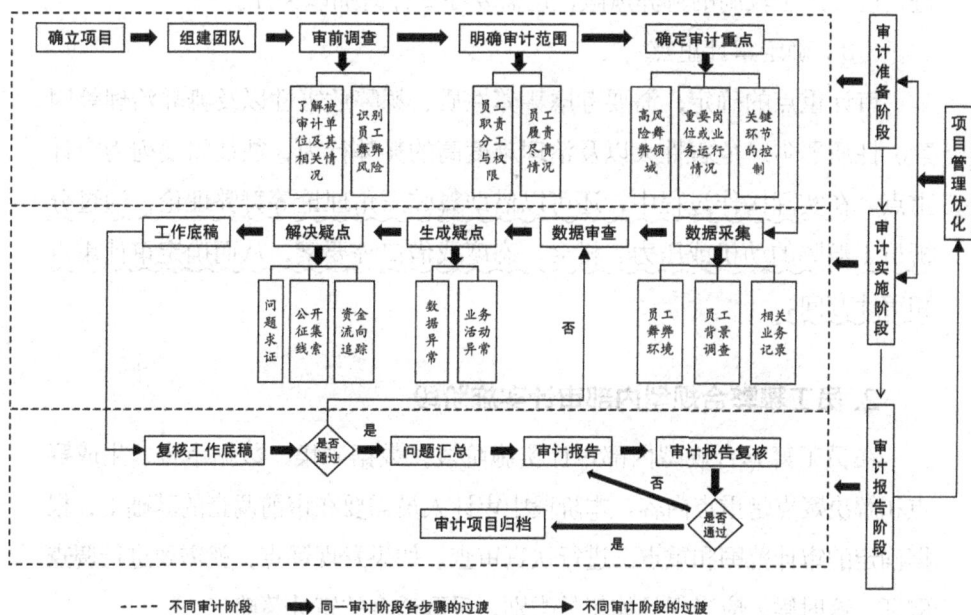

图 3-7　审查员工舞弊合规型内部审计的核心审计程序与流程

1. 员工舞弊合规型内部审计准备阶段

在准备阶段，审计人员要将重点放在审前调查、明确审计范围和确定审计重点等方面。

（1）审前调查

可以借鉴以往的审计实践和经验，在充分了解被审计单位及其相关情况的基础上，识别员工舞弊风险，并确定审计思路和方案。审计范围的确定，需要在评估舞弊风险的基础上进行，特别要考虑内外部环境的变化。

（2）明确审计范围

舞弊风险一般与内部控制制度是否健全有效直接相关，可以通过测试内部控制的有效性来初步确定舞弊风险领域。根据舞弊发生的可能性和产生的不利后果，可以对舞弊风险进行排序，对于高舞弊风险领域，优先考虑列入审计范围。同时，组织新开展的业务，各项管理制度未能及时跟进，也会产生较高的舞弊风险，也需要在审计时加以关注。

（3）确定审计重点

审计重点的确定，需要考虑舞弊性质、舞弊危害性以及舞弊治理等因素。性质恶劣、危害性大以及治理难度高的舞弊行为，往往需要列为审计重点。在实际操作过程中，还可以借助舞弊三角理论等舞弊理论，通过分析员工舞弊的动机或压力、机会、态度或借口等要素，从而确定审计重点和审计方向。

2. 员工舞弊合规型内部审计实施阶段

在员工舞弊合规型内部审计实施阶段，数据采集、数据审查、生成疑点和解决疑点是重点内容。本阶段中审计人员需要在审前调查的基础上，根据确定的审计范围和重点，进行认真审查。如果发现疑点，就需要进行调查取证。这时候，应当视具体舞弊类别，采取适合的审计策略。

例如，对于直接挪用行为，舞弊者大多为有权处置或保管资产的人员，挪用手法一般包括私开支票、直接将公司资金汇至个人银行账户、私自将保管的承兑汇票贴现、私自将公司物资变卖获利以及以公司名义借款等。一般通过对账进行核查，通过银行对账单进行银企对账、盘点实物资产以及函证等方式进行核查。针对截留收入，舞弊者多为有机会接触收入款项的人员，主要手法包括将收入少入账、不入账或冲抵做账，伪造客户货款欠条、让对方单位将货款直接打入其个人银行账户，私自贴现对方支付的承兑汇票等。一般通过及时盘点商品、向客户函证以及向银行取证等方式进行查验。对于虚构支出，舞弊者主要使用虚构支出、虚列费用、重复报销等手段，使所在单位对虚构的商品或劳务付款。一般通过认真审查付款所附的原始凭证，如购货发票、商品入库单等，核查业务的真实性。

此外，还可以对舞弊者所处的工作环境进行分析，对其背景进行调查，以进一步收集员工舞弊的证据。通常，员工舞弊以损害组织利益或损人利己为主要目的，舞弊者通过利用工作之便挪用、贪污公款或监守自盗等不正当手段，并试图改变会计资料或相关业务记录来掩饰其舞弊行为。

一般而言，员工舞弊会有以下征兆：有关凭证文件莫名其妙发生丢失；出现现金短款或现金长款；来自客户的抱怨或投诉；经常对应收账款和应付账款进行账项调整；明细账与总账余额不平衡；已到期但账面上仍显示未收回的应收账款不断增加；存货盘亏或存货报告中废料数额不断增加；重要岗位员工不辞而别；支票上出现二次背书；很久都没有发生交易的账户突然有了大宗交易；等等。

因此，审计人员可以通过组织内部的举报制度，询问公司管理层以及有关知情人员，分析异常的往来数据，审视舞弊征兆，多视角、全方位地发现员工舞弊行为。

3. 员工舞弊合规型内部审计报告阶段

在员工舞弊合规型内部审计报告阶段，审计人员将审计中存在的问题进行汇总，出具审计报告并对审计报告进行严格复核，为出具正式审计报告进行必要的质量控制。审计报告要揭示舞弊行为，追究有关人员的舞弊责任，追回相关货款和财物，并完善内部控制以降低舞弊风险，减少或杜绝舞弊行为的再度发生。

内控失效的合规型内部审计程序与流程

内部控制审计，是对组织内部控制设计与运行的充分性、有效性进行审计，其目的是降低合规性风险。开展内控失效的合规型内部审计有助于组织控制和防范风险，保障组织各项业务的正常运行。审查内控失效的合规型内部审计的核心审计程序与流程，如图 3-8 所示。

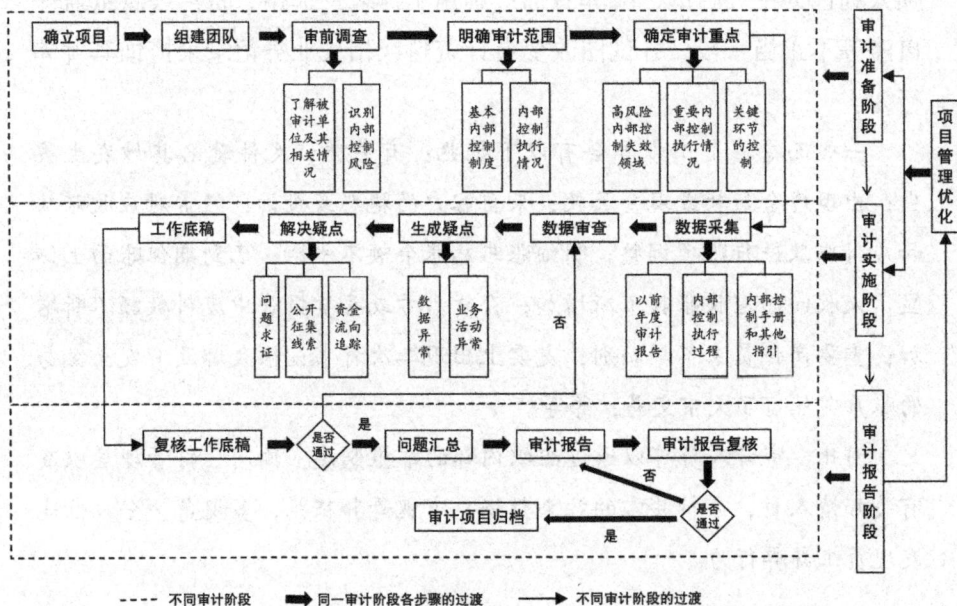

图 3-8 审查内控失效的合规型内部审计的核心审计程序与流程

1. 内部控制失效的合规型内部审计准备阶段

在准备阶段，审计人员要将重点放在审前调查、明确审计范围和确定审计重点等方面。

要在充分了解被审计单位及其相关情况的基础上，特别是针对变化了的内外部环境，识别内部控制潜在的失效风险，并确定审计思路和方案。审计范围包括内部控制的充分性和有效性两个方面。

①充分性，是指内部控制本身是否健全，即组织是否已经建立一整套完整的内部控制体系。

②有效性，是指已经建立的内部控制是否有效地发挥作用。

充分性是前提、基础和保障，有效性是手段、目的。除了审查充分性和有效性，审计人员还要注重审查内部控制薄弱环节和未能发挥作用的领域。

审计范围的确定，离不开对内部控制状况的科学、合理评价。审计过程中，既要关注已有内部控制的缺陷和不足，又要审查新设业务的内部控制状况。同时，要结合组织战略调整、业务运营以及内外部环境变化，实时评价内部控制是否满足需要。总之，内部控制失效的合规型内部审计重点要放到关键内部控制可能失效领域、重要内部控制执行情况以及关键风险点控制等方面。

2. 内部控制失效的合规型内部审计实施阶段

内部控制失效的合规型内部审计实施阶段的重点是数据采集、数据审查、生成疑点以及解决疑点等方面。数据采集是搜集、整理与内部控制失效相关的资料，这些资料可以说明内部控制未能发挥作用的情形，证明内部控制存在薄弱环节或者在防范和化解重要风险方面无能为力。数据采集环节，重点是关注以往内部控制的薄弱之处、内部控制执行中的缺陷以及新业务的内部控制状况。这些资料或信息的获取，依赖询问、检查、观察以及穿行测试等方法。

①通过询问被审计单位有关人员，可以获取有关内部控制是否发挥作用的相关信息。

②通过检查内部控制生成的文件和记录，可以了解内部控制的运行状况。

③通过实地观察被审计单位的业务活动，可以发现有关政策、程序或制度是否得到执行。审计人员通过亲身观察便能知晓某些固定资产、存货是否真实存在。

④穿行测试（walk through testing）是指审计人员追踪交易在财务报告信息系统中的处理过程。

例如，被审计单位销售交易基本流程包括：订单处理、授予销售信用、填写订单并准备发货、编制货运单据、订单交给客户或由客户提货、开具销售发票并邮寄或送至客户、记录销售明细账和总账。审计人员对这一完整的流程进行依次审查，并确定相关控制是否得到执行，就是穿行测试。

获取审计证据的过程，也是审计人员运用职业判断与相应审计技术方法的过程。在审计过程中，审计人员切忌犯经验主义错误，要保持必要的职业审慎，仔细推敲获得的审计证据，认真检查并发现疑点问题。

例如，关键业务存在的不相容职务未分离情况，重要业务的内部控制缺少，有关岗位之间的职责权限没有进行明确划分，既定的内部控制并没有得到有效执行，等等。

通过问题求证、公开征集线索以及对资金流向进行追踪等手段，审计人员可以解决上述疑点。

3. 内部控制失效的合规型内部审计报告阶段

在内部控制失效的合规型内部审计报告阶段，审计人员将审计中存在的问题进行汇总，出具审计报告并对审计报告进行严格复核，为出具正式审计报告进行必要的质量控制。审计报告要揭示内部控制存在的重要缺陷，完善内部控制，以降低合规风险、实现内部控制目标。

第 4 章

合规型内部审计技术与方法

读书越多，世界越大。

——何小宝

4.1
内部审计通用技术与方法

合规型内部审计方法是内部审计人员在合规型内部审计实践活动中所运用的各种手段的总称。

1. 合规型内部审计方法概况

合规型内部审计方法具有实践性、稳定性、复杂性、变革性、通用性和特殊性等明显特征。合规型内部审计方法来自对长期审计实践的总结和提炼，是人们在审计工作的长期实践中总结创立的，是审计实践的结晶。在一定历史期间，这些方法形成后保持稳定，指导审计实践活动的开展。由于合规型内部审计重在揭示舞弊、查处违法违规行为，这些行为具有隐蔽性，往往难以被觉察，需要运用较为复杂的审计方法。此外，这些方法并不是固定不变的，随着社会经济的发展和科学技术的进步，合规型内部审计方法也需要不断地改进和发展，形成一个比较完整的科学方法体系。

2. 合规型内部审计方法的分类

合规型内部审计方法既具有通用性特征，又具有特殊性特征。通用性是方法与其他审计方法具有相同或类似的特征，目前常用的通用审计方法包括审计基本方法和审计技术方法两类。

①审计基本方法是指审计调查、分析、调整和报告。

②审计技术方法是指核对法、审阅法、查询法、分析法、盘存法、

实验鉴定法、详查法、抽查法等，它们有机地组合成一个完整的审计方法体系。

3. 审计通用技术方法

审计技术方法是审计人员在审计过程中，收集审计证据采用的技术和手段的总称。审计取证的方法包括基本方法和具体方法。

①基本方法包括顺查法和逆查法，详查法和抽查法。

②具体方法包括审核、观察、监盘、访谈、调查、函证、计算和分析程序等。

审计通用技术方法的适用范围很广，本书研究的合规型内部审计同样可以使用审计通用技术方法。

顺查法、逆查法

根据审计的取证顺序以及记账程序，审计方法可以分为顺查法和逆查法。

1. 顺查法

顺查法指审计的取证顺序与反映经济业务的会计资料形成过程相一致的方法。

①顺查法的优点：审计过程全面细致，一般不容易遗漏错弊事项，审计质量较好。顺查法由于操作方法简单，易于被审计人员掌握。

②顺查法的缺点：事无巨细，没有突出重点，审计人员的工作量较大，不利于提高审计工作效率。

③顺查法的适用范围：一般适用于业务规模较小、会计资料较少、存在问题较多的被审计单位。

在合规型内部审计中，当组织中存在的问题较多，需要查清真相，可以采用顺查法，即从原始资料的检查入手，进行系统完整的审核，容易发现问题并且不容易遗漏。

2. 逆查法

逆查法是指审计取证的顺序与反映经济业务的会计资料形成过程相反的方法。

①逆查法的优点：可以从审计事项的总体上把握重点，在发现线索的基础上明确审计方向，逆查法的目的性、针对性比较强，同时可以节省人力和时间，提高审计工作效率。

②逆查法的缺点：采用逆查法一般不要求对审计事项进行全面的审查，可能会遗漏重要的错弊事项。另外，相比顺查法，逆查法更复杂，掌握的难度也较大。

③逆查法的适用范围：主要适用于业务规模较大，内部控制系统比较健全，管理基础较好的被审计单位。

在合规型内部审计中，当审查的重点和目的比较明确，采用逆查法可以有针对性地审查相关资料，易于查清主要问题，审计效率也较高。

综上所述，顺查法和逆查法各有适用范围，在实际审计工作中往往将这两种方法结合起来灵活运用，这样能发挥更好的效果。

详查法、抽查法

按照审计中审查的经济业务和会计资料的范围，审计方法可以分为详查法和抽查法。

1. 详查法

详查法是指对被审计的某类经济业务和会计资料的全部内容进行全面审查的方法。

①详查法的优点：可以有效地查出会计资料中存在的各种差错，不易出现遗漏，一般能够收集到说明审计事项的完整证据，使审计质量有可靠

的保证。

②详查法的缺点：由于需要审查全部账表凭证，因此需要安排足够的人员和时间才能完成审计任务，工作量大，费时费力，审计成本相对较高。

③详查法的适用范围：一般适用于经济业务比较简单、内部控制比较薄弱以及可能存在重大违反财经法纪行为的被审计单位。

在合规型内部审计中，当经济活动较少的组织中存在的问题比较严重，具有比较明确的审计线索，必须彻底审查才能查清事实，采用详查法可以起到较好的效果。

2. 抽查法

抽查法是指对被审计单位的部分经济业务和会计资料进行检查，并根据检查结果推断总体状况的方法。

①抽查法的优点：能使审计人员从单调、复杂的工作中解脱出来，极大地提高审计工作效率，节省审计资源，可以收到事半功倍的效果。

②抽查法的缺点：由于抽查法是以部分资料的检查结果去推断总体的状况，有可能对审计质量产生影响，可能无法发现发生频率不高的错弊行为。

③抽查法的适用范围：范围比较广泛、规模较大、经济业务多、内部控制健全有效、会计基础工作较好、组织机构健全的单位。

在合规型内部审计中，当经济活动量较大，审计重点和问题比较明确，要求从总体上进行把握审计结果，采用抽查法可以将检查的重点放在出现问题概率较大、问题性质较严重的业务上，进而可以推断审计对象的总体特征。同时，当审计人员对审计事项产生怀疑时，审计人员可以扩大样本数量或对该审计事项进行详细审计。因此，在审计过程中，审计人员经常随着审计事项、审计环境等的变化，将详查法和抽查法灵活使用，以取得更好的效果。

具体方法

审计取证的具体方法是指直接用于收集审计证据的方法。审计组织和审计人员实施审计时，可以参照中国内部审计协会《**第 1101 号——内部审计基本准则**》，运用审核、观察、监盘、访谈、调查、函证、重新计算和分析程序等方法获取审计证据。审计取证的具体方法的应用范围很广，本书研究的合规型内部审计同样可以使用上述审计取证的具体方法。合规型内部审计的具体方法可以分为以下 8 个。

1. 审核法

审核法是指对会计记录和其他书面文章进行查阅与核对，其占审计工作的比重比较大。它主要在查阅会计资料、预算、计划、会议记录及各种规章等资料时使用。审核法的使用范围如下。

①原始凭证要素有无作弊，包括签字，内容是否真实合法合规等。

②记账凭证要素是否规范完整，包括复核签字等，附件是否完整和处理得当。

③账簿各项记录是否规范完整，反映内容是否真实合法。

④报表是否符合会计制度和编制要求，内容反映是否全面、对应，钩稽关系是否正确，报表是否充分披露财务状况。

⑤其他书面资料：验证会计资料是否正确。主要核对文档：证证核对、账证核对、账账核对、账表核对、表表核对、账实核对。

合规型内部审计中，审核的书面资料包括会计资料、预算、计划、方案、合同、会议记录及各种规章制度等资料。审计人员应注意资料来源是否可靠、数字计算是否正确。合规型内部审计中，审核法的适用范围包括原始凭证要素是否真实合法合规等；记账凭证要素是否规范完整；各项记录是否真实合法等。

审核法中，检查有形资产是审计人员对资产实物进行审查。检查有形资产的方法主要适用于检查存货和现金，也适用于检查有价证券、应收票据和固定资产等。采用检查有形资产方法是为了确定被审计单位的有形资产是否真实存在，并且与账面记录相符，查明有无短缺、毁损及贪污、盗窃等问题。检查有形资产可为其存在性提供可靠的审计证据，但不一定能够为权利和义务或计价与分摊认定提供可靠的审计证据。因此，审计人员在检查有形资产之外，应对资产的计价和所有权另行审计。

2. 观察法

观察法，是指审计人员实地察看被审计单位的经营场所、实物资产和有关业务活动及其内部控制的执行情况，以获取证据的一种审计方法。

通过观察，审计人员可以了解被审计单位的基本情况，获取被审计单位的经营环境、生产状况、业务运行环境及内部控制遵循情况的证据。观察提供的审计证据的有效性仅限于观察发生的时点，并且在相关人员已知被观察时，相关人员从事活动或执行程序可能与日常的做法不同，从而影响审计人员对真实情况的了解。

观察法的使用范围包括：审计的计划阶段和实施阶段，相关岗位设置、职责分离和业务规程执行等。使用观察法时有以下注意事项：①可以严格观察或较随意进行；②事先通知配合或突击暗访；③形成工作底稿，必要时请有关人员进行签字；④观察取证可独立进行或与监盘法、访谈法结合。

3. 监盘法

监盘法，是指审计人员在现场观察被审计单位存货的盘点，并对已盘点的存货进行适当检查。监盘法使用范围：有形资产和固定资产审计、现金及有价证券审计等。

4. 访谈法

访谈法也称为询问法，是指以书面或者口头方式向有关人员了解关于审计事项的信息。访谈法常在运用其他方法发现疑点和问题后加以运用。访谈本身不足以发现认定层次存在的重大错报，也不足以测试内部控制运行的有效性，审计人员还应当实施其他审计程序获取充分、适当的审计证据。

5. 调查法

调查，是指向与审计事项有关的第三方进行调查。根据调查方式的不同，外部调查可分为现场调查和函证。现场调查是审计人员直接到与审计事项有关的第三方注册地或工作地进行实地调查；函证是审计人员为证明被审计单位会计资料所载事项而向其他有关单位或个人发询证函。由于外部调查所取得的证据是由独立于被审计单位之外的第三方提供的，因此具有较高的可靠性。

在合规型内部审计中，当组织的管理层有预谋地从事舞弊活动时，此时组织的内部控制制度很难发挥作用，审计人员所接触到的记录经济活动行为的载体似乎是合法合规合理的，但是根据经验判断审计事项存在问题，此时选择调查的审计方法可能会给审计人员带来审计线索或审计证据。在合规型内部审计中，调查法对于审计事项影响的人员较多的经济活动效果尤为显著。

以A服装公司B代理区为例，A公司内部审计部门接到员工举报，称B代理区的经理存在违规操作，私设"小金库"，收款主要来源于店长及零售经理、办事处人员的各类违规处罚及费用多报。内部审计人员接到举报信息后，通过个别访谈和外部调查走访，召开相关人员座谈会或无记名调查服务对象，同时延伸调查其他关联单位，通过查看有无相关缴费记录，确认B代理区经理私设"小金库"，了解了真相。

6. 函证法

函证法是为证明被审计单位会计资料所载事项而向有关单位或个人发函询证，要求第三方就业务和相关金额进行确认，如果函证结果不满意，应当实施必要的替代程序，以获得相应的审计证据的一种审计方法。

函证法的使用范围包括以下几类，①资产类：银行、应收款、应收票据、短期投资、代销存资产、长期投资、债券和股票等；②负债类：应付款、应付票据等；③或有类：财产担保、抵押、租赁、重大交易、异常等。函证法一般分为积极函证和消极函证，①积极函证：无论是否相符均需要回复；②消极函证：如果确认相符则不进行回复。

内部审计人员在审计过程中若未收到回函，可以采取其他替代程序。以应收账款为例，对应的替代程序如下：①对于结账后的现金账和银行账，审计人员查看是否已经收回；②被函证单位财务困难或破产，审计人员可以通过走访有关政府部门，查看应收账款收回的可能性；③若被审计单位编造应收账款发生额，审计人员可以通过查看合同、发票、发货单等资料了解情况；④若函证在邮寄过程中丢失，审计人员可以通过查看合同、发票等资料核查真实情况。

7. 重新计算

重新计算，是指以手工方式或者使用信息技术对有关数据计算的正确性进行核对。重新计算也要结合其他审计方法才能取得证明经济活动真实性、合法性和效益性的审计证据。应用重新计算时应首先掌握有关会计核算原理和计算方法。由于重新计算所获得的证据属于审计人员的亲历证据，因此它通常被认为具有较高的可靠性。

8. 分析程序

分析程序，是指研究财务数据之间、财务数据与非财务数据之间可能存在的合理关系，对相关信息做出评价，并关注异常波动和差异。

①主要包括：多期比较、实际和预算比较、与行业数据比较、数据间关系研究、财务信息与非财务信息关系分析等。

②常用的方法有：比较分析法、比率分析法和趋势分析法。

在合规型内部审计中，对组织中某一事项进行审计可以参考同一行业的数据，判断审计事项是否合规。

4.2 合规型内部审计专用技术与方法

实现审计目标的手段和途径的一个很重要的因素是审计技术与方法，审计技术与方法也会随着审计目标与内容的不断演变而不断发展完善。通用审计技术方法在很长一段时间内被审计人员使用，但随着审计环境的不断变化，如果在审计过程中仅仅使用通用审计技术方法，会面临越来越多的局限性。

例如，通用审计技术方法主要局限于传统的财务审计，难以满足审计需求的变化，而目前对审计的需求越来越多，财务审计所占的比例在逐渐减小，且变得很小，而经济效益审计、经济责任审计、合规型内部审计的比例正在逐渐增大，要想实现这些审计的审计目标不仅需要运用查账，也需要运用现代审计技术方法。

这个趋势不仅存在于国外很多国家，也存在于我国。因此，面对新的环境，审计人员需要突破传统审计方法的束缚，重新演绎适合新环境的审计技术与方法。要实现合规型内部审计目标，采用通用审计技术与方法只是一方面，更重要的是采用一些适于目前合规型内部审计的专门技术与方法，如大数据、云计算等现代审计方法，用于提升审计质量、降低审计风险、提高审计效率。合规型内部审计的专用技术与方法具体如下。

"红旗"标志法

"红旗"标志法，也称舞弊风险因素法，是寻找和分析舞弊信号的很重要的方法。该方法是以一整套文字表达的方式，指出在这种条件下舞弊发生率会比极高，而标志是在总结以往舞弊的基础上得出的。"红旗"标志法的实质是组织内的管理层在总结以往舞弊情况发生的基础上，整理归纳一整套舞弊发生的可能性最高的相关经验，并用文字将之展示，以警示他人注意舞弊发生的可能性及发生的基本特征。"红旗"标志法由于能够寻找和分析舞弊信号，也常常被审计人员用于合规型内部审计中。

以管理层舞弊为例，当一名主管之前有过相关违规行为，审计人员在审计过程中可以把这作为"红旗"，将这名主管作为重点审计对象，一般认为该名主管再次发生违规行为的概率会更大。另外，如果一名员工的生活水平远远超出收入水平，审计人员也可以认为这是"红旗"，可以对该名员工进行重点审计，确认其是否存在违规行为。

财产净值法

1. 定义

财产净值法是一种对被怀疑对象财产净值进行追踪分析的方法。一旦舞弊行为已被发现，或确定值得怀疑时，就要对怀疑对象进行个人财产的净值分析，即将他的个人资产总额减去个人负债总额得到的净值进行期初期末比较，分析差额以及净值变动的原因。使用财产净值法通常使用以下公式：

①资产 − 负债 = 财产净额；

②财产净值 − 上期财产净值余额 = 本期财产净值增加额；

③本期财产净值增加额 + 生活支出 = 收入；

④收入 − 来源已知的收入 = 来源未知的收入。

2. 使用财产净值法估计数额

通过公共记录和其他资料，审计人员能够确定嫌疑人购入的不动产和其他资产，还能了解其留置权是否已解除，从而可以确定借款是否已清偿。审计人员利用公共记录，可以合理地估计出资产和负债的数额。通常通过以下方法来估计收入。当人们取得收入时，人们可能会购置资产或者偿还负债，或是提升其生活质量，即增加生活支出。从所有收入中减去来源已知的收入，就可以合理地估计出来源未知的收入，即赃款的数额。审计人员通过公共记录和其他资料获取了有关嫌疑人消费和生活方式的信息后，通常就能确定赃款的数额。财产净值法是确定赃款数额最常用的方法。

假设问题存在审计求证法

审计人员在审计过程中通常会带着疑问和方法去实施审计，假设问题存在审计求证法是目前审计过程中较为普遍采用同时也是最见成效的一种方法。假设问题存在审计求证法符合国家审计存在的前提假设，国家审计制度的设计是以审计客体舞弊客观存在为基本假设，通过国家审计成本的较少支出来遏止或阻止因舞弊问题带来的巨大经济损失。

假设问题存在审计求证法的一般审计路径是：利用审计客体提供的资料评估其经济活动行为—找出内部控制制度的薄弱环节—寻找问题存在的疑点—分析疑点对经济活动行为的影响程度—确定审计样本—收集审计证据—求证问题的真实性。

审前征集线索法

审计线索的提供者往往是知情者，违规行为的存在虽然会使一小部分人受益，但同时也会侵害另一部分人、公司甚至国家的利益。利益受损的一方往往会通过审计组等独立第三方来诉求自身的利益以及遏制违规行为。而信息的不对称性使得审计人员不能充分掌握审计所需的线索，审计人员仅凭借掌握的现有的信息不能揭示违规行为。同时，组织存在的舞弊等违规行为具有预谋性、隐蔽性的特点，仅凭借内部控制制度很难看出破绽，审计人员在有限的人力物力下很难揭示违规行为。此时，寻找有用的审计线索是非常有必要的。

在合规型内部审计中，审前征集线索法由于能够为审计人员提供有效的线索，所以在合规型内部审计中的很多情况下被使用，尤其是存在舞弊行为而审计人员根据现有的线索很难揭示真相的情形。

审前征集线索法的一般审计路径是：公告审计事项—提供审计组联系方式—获取审计线索—甄别线索的真伪—收集证据—查证问题。

追踪资金流向审计法

对于专项资金或单一资金的追踪检查，审计人员通常按照资金的流转来实施审计，通过资金流转的各个环节来检查资金在各个环节中的使用是否合理合法合规。追踪资金流向审计法的一般审计路径是：确定源头资金总量—确定资金流转环节—审查流转环节资金的安全存在性—计算资金流转的时间性—审查资金流转末端的完整性—测试资金使用的合法合规性。

在合规型内部审计中，追踪资金流向审计法能够揭示资金是否被合理合法合规使用，也能够揭示舞弊行为。

举报热线（电话）

设立举报热线（电话）是为了多收集大案要案线索，加大审计执法力度。该方法主要针对各单位财政财务违纪、领导干部经济责任、审计人员违规等方面的问题。一些企业的举报热线（电话）还具有录音功能，相关的录音资料在需要时可以成为审计证据。企业设立的举报热线（电话）主要有以下三个作用。

1. 有助于防微杜渐，提高企业风险管理水平

一方面，审计人员能够根据举报者提供的信息，结合专业知识及审计经验，向管理层汇报企业存在的风险及潜在的或已经发生的损失。另一方面，审计人员可以根据举报者的举报内容向管理层提供更加有用的审计建议。同时，举报者进行举报也意味着内部控制制度存在缺陷，审计人员可以根据举报信息及时采取补救措施，使得内部控制制度朝着健全、完善的方向发展。

2. 有助于提供审计线索和审计证据

举报者提供的举报信息通常比较详尽，针对性也较强，审计人员可以将举报者提供的信息作为审计线索，根据举报者提供的信息查明真相。

3. 有助于推进立法进程

虽然我国设置举报热线（电话）已经很普遍，但是目前还没有专门的法律，一些举报者担心个人信息会被泄露，有较大的后顾之忧，他们对企业是否为其举报违法违纪违规行为提供保护缺乏信心，造成企业内部举报机制未被充分利用。举报热线（电话）被越来越多地使用，在很多案件中举报热线（电话）带来很多重要的线索与证据，这有助于推动相关立法进程。

4.3
数据式审计

什么是数据式审计

1. 合规型内部审计技术之一——数据式审计

合规型内部审计有多种审计技术，数据式审计是信息化时代的主流技术。国际审计与鉴证准则委员会（The International Auditing and Assurance Standards Board，IAASB）颁布的 ISAE100《**保证业务**》、ISAE3000《**除历史财务信息审计和审阅之外的保证业务**》，将确认业务的主题分为财务信息、业务信息、行为、流程及制度。同时，结合实务部门已经开展的鉴证业务，审计主题包括以下四类：财务信息、业务信息、特定行为、特定制度。上述四类主题之一的特定行为是审计客体的特定行为或不作为，根据行为的内容和属性，行为分为业务行为、财政财务行为和其他行为，关于行为的规范或要求，即既定标准（法律法规、规章制度），通过系统方法搞清行为的真实情况并判断该行为是否符合既定标准。

2. 数据式审计和非数据式审计

基于审计技术的审计方式分类：数据式审计和非数据式审计。数据式审计是以信息系统内部控制测评为基础，通过对电子数据的采集、转换、整理、分析和验证，运用查询分析、多维分析、数据挖掘等多种数据分析方法构建模型来实现审计目标的审计方式。

（1）数据式审计的三个特征

①数据式审计可以直接利用电子数据，对底层数据进行采集、转换、整理和验证，在此基础上形成审计可用数据，从而进行数据分析。

②数据式审计的审计对象有两个，分别是电子数据和信息系统内部控制。电子数据作为审计对象毋庸置疑，而电子信息赖以存在的信息系统内部控制的可靠与否决定了审计效果，所以也应将其作为审计对象。

③数据式审计的核心方法是电子数据分析，这种方法在电子数据背景下成为审计的核心方法。

非数据式审计是不以数据分析为核心技术的审计方式。在传统的账项审计中，审计对象是凭证等手工数据，此时主要采用的技术方法是审阅法。即使在电子数据背景下，也不使用数据分析作为核心技术，因此不是数据式审计方法。

（2）数据式审计的适用范围

数据式审计是在电子数据的背景下以数据分析为核心的审计方法，数据式审计一般适用于财务审计、绩效审计、合规审计，通常不适用于制度审计。审计业务类型与审计技术的适用性如表4-1所示。

表4-1 审计业务类型与审计技术的适用性

审计对象	审计业务类型归属	审计技术类型	
		数据式审计	非数据式审计
财务信息	财务审计	适用	适用
业务信息	绩效审计	适用	适用
特定行为	合规审计	适用	适用
特定制度	制度审计	通常不适用	适用

由上述分析可知，合规型内部审计可以使用数据式审计作为专门的审计技术与方法。

目前的大数据、云计算等现代审计技术方法是数据式审计的代表，也是信息时代下冲击与挑战的产物。大数据、云计算等新型数据式审计技术的产生与发展，以及审计环境的不断发展变化，不仅在逐渐影响现有的审计技术方法，也丰富了合规型内部审计技术方法，使得审计技术与方法朝着数据化、智能化、及时性和可预见性等更加符合合规型内部审计的目标方向发展与转变。同时，在合规型内部审计中通过运用大数据、云计算等现代审计技术与方法，也可以判断经济活动的合规性与效益性。

3. 审计全覆盖应用于合规型内部审计

2018 年 5 月 23 日召开的中央审计委员会第一次会议提出了拓展审计监督广度和深度，消除监督盲区，这也是审计全覆盖的本质含义。审计全覆盖适用于国家审计领域，也同样适用于内部审计领域，如合规型内部审计。审计理论研究表明，审计环境和审计对象的变化是审计技术方法发展与变革的内在动因，审计环境包括社会文化环境、法律基础环境、经济发展环境和审计人员素质环境等。随着审计环境发生变化，相应的审计技术方法也要进行发展与变革，这样才能使得审计结果更加准确。而对审计环境的变化，互联网、大数据以及云计算等现代审计技术方法有助于解决这一问题。因此，审计环境的变化使得审计目标、对象、内容等也随之发生变化，进而使得审计技术方法发生变化。另外，审计全覆盖背景下新的审计技术方法是互联网、大数据以及云计算等。但是，并不是所有的合规型内部审计都适合采用互联网、大数据以及云计算，在把这些新技术方法运用到合规型内部审计前，要结合具体的审计业务类型。

传统内部审计技术方法很难及时地对被审计单位的会计经营信息做出客观评价，不能满足审计信息需求者的管理决策需要，内部审计难以实现增值目标。因此，内部审计采用现代审计技术方法成为必然。现代审计技术方法是指能够适应信息化的审计环境，能够对海量数据进行筛选分析，发现疑点和审计线索，从而实现审计目标的审计技术、方法的总称。本部分主要介绍大数据和云计算这两种数据式审计方法。

大数据

1. 大数据的含义

大数据比较常见的定义是以下三种。

①最早提出大数据这一概念的高德咨询公司将大数据定义为"具有大容量、快速和（或）多样性等特点的信息资产，为了能提高决策准确性，洞察发现和流程优化，这种信息资产需要新形式的处理方法"。

②互联网数据中心（Internet Data Center，IDC）认为"大数据是为了更经济、更有效地从高频率、大容量、不同结构和类型的数据中获取价值而设计的新一代架构和技术，用来描述和定义信息爆炸时代产生的海量数据，并命名与之相关的技术发展与创新"。

③麦肯锡咨询公司提出"大数据是指其大小超出了典型数据库软件的采集、存储、管理和分析等能力的数据集"。

2. 大数据的特点

目前，学术界普遍认为大数据具有以下五个特点，即"5V"，大量（Volume）、多样（Variety）、快速（Velocity）、价值（Value）和真实（Varacity）。

①大量是指数据量和计算量大。

②多样是指数据形式多样、类型繁多，包括文本数据、图像、视频和机器数据等数据类型。

③快速是指数据增长速度快，并要求实时分析，数据需要高速计算处理，以便快速获取高价值信息。

④价值是指大数据具有价值密度低但商业价值高的特点。应合理利用大数据，以低成本创造高价值。

⑤真实是指数据的质量好。

3. 大数据的分析技术与工具

考虑到大数据的多样特点，分析大数据的技术与工具有多种，包括Excel、SAS、R、SPSS、Tableau 等，目前大数据主流分析处理技术是云计算。

4. 大数据对合规型内部审计的影响分析

目前，内部审计和内部控制部门面临着大数据的审计环境。在大数据环境下，内部审计和内部控制部门创新审计技术方法，对提高内部审计管理科学化水平、提升和提高内部审计工作质量和效率具有重要的理论和现实意义。

（1）优势

由于传统的审计技术方法在审计过程中受到数据、资源、人力以及审计技术方法限制等因素，因此审计人员不得不采用抽样审计。而目前的大数据技术可以突破原有的限制，可以获取的数据增多，数据处理能力也大大提升，同时随着技术的发展情况会越来越好。互联网、大数据以及云计算等现代审计技术能够解决审计所需的信息透明程度不高、人力不足等问题，采集审计所需的大量数据，可以实现抽样审计到总体审计的转变，有助于提升审计效果。

（2）意义

对企业内部控制环境、风险评估、控制活动、信息与沟通等组成要素进行监督，建立企业内部控制有效性或效果的评价机制，对于完善内部控制有着重要的意义。在这种内部控制的监督过程中，大数据至少可以提供两方面的帮助。

①大数据有助于时时进行内部控制监督。大数据的显著特点之一是其流数据、非结构化数据的时效性。在大数据技术下，企业可以实时采集来自内部信息化平台、互联网、物联网等渠道的大量数据信息，以此为基础，对内部控制效果的实时评价就成为可能，定期报告式监督的时效缺陷就可以得到弥补。

②大数据还有助于全面的内部控制监督。大数据另一个显著特点是总

体数据的可得性与可分析性，传统审计中所进行的抽样评估的缺陷在大数据下可以得到避免。基于大数据技术的内部控制评价将更为客观、全面。

（3）应用

在合规型内部审计过程中灵活使用计算机审计技术，有利于高效精准地排查出大量违规问题，提高和提升审计效率和质量。随着被审计的单位信息化程度越来越高，合规型内部审计也正在从"电子数据审计"走向"大数据审计"，即运用数字化审计技术，采集所需数据，与相关的文件、标准、时间期限、计算单位等进行对比。

例如，假贫困户，顾名思义，就是那些住着楼房、开着好车，通过人情、关系、亲戚等"帮忙"每年领着国家各种贫困补贴的一类人。这些人占有国家的扶贫资源，然而那些真正贫困的人因为"不满足贫困资格"而不能领到补贴。

前些年没有联网，贫困补贴的领取存在一定的漏洞，使得一些不符合困难标准、不符合建档立卡贫困户标准的也进入了贫困户的名单，主要有以下五大"假低保户"。

①关系户、人情户。农村低保户中有很多是"关系户"，他们中有些是村干部的亲戚，有些通过送礼和走后门等方式来获得低保名额。

②收入超过国家低保标准的。在评选低保户时，收入必须低于当地最低的生活保障标准。

③在城市购入商品房的。一般来说，能够在城市里买商品房的人有一定的经济能力，不符合贫困户的标准。

④参与赌博等非法活动导致贫困的。赌博是一种国家明令禁止的违法行为，赌博导致贫困不符合领取国家贫困补助的标准。

⑤名下有汽车的家庭。

前些年由于还没有联网，某局审计处在对扶贫资金进行审计时，采取随机抽样的方式，但受限于人力、物力等因素，只能抽取很小一部分的样本，审计覆盖面很窄，只能查出小部分假贫困户。

2009 年开始，民政部开始在 143 个地方试点建立家庭经济状况的核对机制，申请人需要声明自己的家庭收入和家庭财产状况，民政部根据申请人提供的信息，结合掌握的车辆、房产、金融、保险、工商、税务、公积金等信息与有关部门和单位进行信息比对，评价申请人的相关信息是否准确和完整，同时结合调查法、邻里访问、信函索证、民主评议等方面的措施，综合评价申请人是否能够享受低保。

现阶段进行合规型内部审计时应充分利用信息技术，通常采用传统审计与计算机审计相结合的方式，可以提高工作效率。

云计算

1. 云计算的含义

云计算的概念产生于谷歌公司和国际商业机器公司等大型互联网公司处理海量数据的实践。目前关于云计算的定义有很多种，美国国家标准技术研究院（National Institute of Standards and Technology，NIST）2009 年关于云计算给出了以下定义："云计算是一种按使用量付费的模式，这种模式提供可用的、便捷的、按需要的网络访问，进入可配置的计算资源共享池（资源包括网络、服务器、存储、应用软件、服务等），这些资源能够被快速提供，只需要投入很少的管理工作，或与服务供应商进行很少的交互。"

2. 云计算的特征

根据上述定义，云计算具有以下五大特征：

①弹性服务，服务的规模可快速增减，以自动适应业务负载的动态变化；

②资源池化，资源以共享资源池的方式统一管理；

③按需服务；

④服务可计费；

⑤泛在接入，用户可以利用各种终端设备随时随地通过互联网访问云

计算服务。

3. 大数据与云计算的关系

①大数据主要关注实际业务，着眼于"数据"，大数据提供数据采集、挖掘以及分析的技术和方法，大数据强调的是数据存储能力。

②云计算主要关注"计算"，关注 IT 架构，云计算强调的是数据处理能力。

③大数据与云计算这两种技术是相辅相成的，大数据依赖于云计算，云计算的作用要想得到发挥也要以大数据作为基础，正是借助于大数据强大的数据存储能力，云计算的数据处理能力才能发挥作用。

云计算技术使处理工具发生变化，移动互联网使沟通媒介发生变化，大数据提供的数据基础成为新发明和新服务的源泉。大数据要注重应用，其核心技术之一就是能够在不同的数据类型中，进行交叉分析。大数据分析常和云计算联系在一起。移动互联网、云计算、大数据几个技术创新的领域连在一起。

4. 云计算对合规型内部审计的影响分析

随着移动互联网、大数据、云计算等新一代信息技术的广泛应用，社会信息化、企业信息化日趋成熟，多样的、海量的数据快速生成，全球数据的增长速度前所未有。移动互联网、大数据、云计算等技术将对社会经济产生颠覆性影响。

合规型内部审计过程中，利用云计算技术结合大数据技术，可以分析与审计对象相关的所有数据，用总体审计替代抽样审计模式，有助于发现和揭示被审计单位的大量违规和重大舞弊行为。

第 5 章

以组织违法违纪违规为典型特征的解读与案例分析

内部审计寓监督于服务之中，控风险于平常之时。

——于鹏

5.1 / 分清哪些属于组织违法违纪违规

哪些属于违法

1. 违法的含义

违法指国家机关、企业事业单位、社会团体或公民，因违反法律的规定，致使法律所保护的社会关系和社会秩序受到破坏，依法应承担法律责任的行为。

违法的构成要素包括以下几点。①违法是一种危害社会的行为。单纯的思想意识活动不构成违法。②违法必须有被侵犯的客体，即侵犯了法律所保护的社会关系与社会秩序，对社会造成了一定的危害。③违法必须是行为者有故意或过失的行为，即行为人有主观方面的过错行为。④违法的主体必须是具有法定责任能力的自然人或依法设置的法人。

2. 违法的主体

违法的主体必须是具有法定责任能力的自然人或依法设置的法人。违法将直接危害国家主权、领土完整和安全，分裂国家、颠覆人民民主专政的政权和推翻社会主义制度，破坏社会秩序，侵犯国有财产或者劳动群众集体所有的财产，侵犯公民私人所有的财产，侵犯公民的人身权利、民主权利和其他权利。

哪些属于违纪

1. 违纪的含义

违纪即违反纪律，指违反了纪律、违反了规则等有约束力事务的行为，或是违反了有关章程。凡是其行为与组织、团体、单位等对相关人员行为纪律要求相抵触，都属于违纪，但违纪不一定是违法，即违法的范围要大于违纪的范围。违纪主要影响整体形象或者整体工作，危害程度不会太严重，而违法具有社会危害性，如果构成犯罪危害性就更大。

2. 违纪与违法的处罚结果

①违纪主要是内部处理，一般分为警告、记过、降职、免职、撤职、开除。

②违法主要是外部处理，一般分为警告、罚款、行政拘留、吊销许可证等，如果涉嫌犯罪应当追究刑事责任，轻则判处管制、拘役，重则判处有期徒刑、无期徒刑或者死刑。

哪些属于违规

违规是指违反了某些规定，但是"违规"一词中的"规"字并不是指指定的某项规定，这个"规"字是指所有双方协商好达成的规定。广义的"规"指除了法律之外的一切社会规则、规范，既可以是国家制定的强制性规则，也可以是一个民间团体制定的规范，甚至可以是一个游戏规章等。狭义的"规"即法规，指除了法律之外的行政法规、部门规章、地方性法规。违规与违纪相比，违纪的危害程度更高、更加严重。

企业如何进行合规建设

1. 违法违纪违规与合规的关系

违法违纪违规的对立面是合规，企业合规在发达国家已经有60多年的历史，但是至今在我国才存在10多年的时间，我国的企业合规起步较晚并且缺乏经验，仍然处于初级阶段。目前只有部分经济发达地区、少数行业管理中使用合规管理的理念，绝大多数企业尚未建立起合规管理体系。企业合规建设将突破国界，将具有超前的国际视野，不仅是内部合规，还应放眼全球。经济将全球化，我国也将坚持并深化对外开放政策，在这种背景下，推进组织合规体系的建设将是企业做大做强、持续稳定、健康发展的必由之路，而且能够对企业的发展起到保驾护航的作用。

2. 企业的合规建设

企业的合规建设将从以下四个方面开展。

①对法律法规的遵守。企业不仅需要遵守所在国家的法律法规，也需要遵守企业经营所在国家的法律法规。企业的经营符合国家的法律法规也意味着符合了合法性要求，同时企业的经营行为和权益也能受到法律法规的保护。

②对企业规章制度的遵守。合规的企业一般都有一套完整的规章制度来约束相关行为，这不仅是对企业人员行为的约束限制，也是对对外合约的遵守。企业应引导企业员工按照规章开展企业经营活动。

③对企业所涉行业监管政策的遵守。很多行业都有专门的行业监管机构对该行业进行监管，企业在经营过程中不能开展违反相关行业监管规定的政策。

④对社会公德和商业道德的遵守。这要求企业管理者把握新时代企业管理发展的新趋势，从"我要合规"积极主动地转变为"要我合规"。

5.2
合规型内部审计中的重点审计内容

组织违法违纪违规的合规型内部审计内容，本节主要从以下两个方面展开。

①组织违法违纪违规案件的特点。

②组织违法违纪违规行为分析。

"作案者"视角：5 个重要的案件特点

1. 人员相对集中

在分析组织违法违纪违规案件的相关人员时，发现这些人员主要集中在以下两类人之中。

（1）组织中的领导干部

组织中的领导干部在组织中通常掌握一定的权力，大部分人员都能够正确对待自己手中的权力，从事有利于组织的事情，但是也存在部分人员经受不住诱惑，会滥用手中的权力从事违法违纪违规事情，对组织造成伤害。

（2）组织中从事采购、招投标、营销、工程、财务等岗位的人员

这类人员由于岗位的特殊性，平时工作中会接触到较多的财物，尽管大部分人能够抵御住诱惑，但是也会出现部分人员不能经受住外界的诱惑，做出损害组织利益甚至损害国家利益的事情。

2. 具有明显的趋利性

组织的大部分违法违纪违规案件存在明显的趋利性，很多案件都涉及财物，涉案金额有大有小，相关人员经受不住财物的诱惑，通过寻找组织中存在的漏洞为自己或他人获取利益，这部分案件的隐蔽性往往较强，如果只是简单调查很难查出事情的真相，只有深入调查才能查找出问题，最终查清真相。

例如，在国有体制改革中，在"有所为，有所不为""国（国有资本）退民（民间资本）进"等战略指导思想的指引下，国有企业面临着改制的问题。在改制过程中，许多国有企业的管理者经受不住利益的诱惑，通过不断寻找改制过程中存在的漏洞，千方百计地非法侵吞国有资产，造成国家财产的流失。另外，一些民间资本的持有者，为了能够以较低的价格对国有资产进行收购，不惜串通相关的国有企业的管理者，而部分国有企业的管理者经受不住相关诱惑做出了对国家有害的行为，使得一些民间资本的持有者使用较低的资本对国有资产进行购买，严重损害了国家的利益。

3. 存在侥幸心理

侥幸心理，特别是职务性侥幸心理是相关人员明知自己的行为存在违法违纪违规，但认为可以逃脱法规、党纪的追究，存在放任自流或是积极获得不法利益的心理状态。在制度不严密、管理不到位的情况下，有的违法违纪违规人员成了漏网之鱼。侥幸心理是直接诱发违规的心理因素，也容易致使违法违纪违规的发生。"侥幸"也许能够狡猾地躲过"一万"，却很难躲过"万一"。

在组织的违法违纪违规案件中，大多数人明知该行为不可为而为之，究其原因主要是存在侥幸心理，有些认为采取的行为手段隐蔽，即使被查也很难查到；有些认为自己有"关系网""保护伞"，进而为所欲为；有些认为已经研究出相关的对策，即使被查也有应对措施。从某种意义上，侥幸心理是一切违法违纪违规的根源。在违法违纪违规的许多案件中，相关人员正是存在侥幸心理，才在错误的道路上越走越远，部分人员甚至还开拓出贪腐新途径，假借收藏、书画等爱好敛财，对名贵物品、古董字画来者不拒，导致违法违纪违规的产生。

4. 手段隐蔽化程度更高

目前的违法违纪违规的行为呈现越来越隐蔽的特点，审计人员通过常规的审计检查很难查出问题，虽然存在着举报机制，但是由于违法违纪违规行为的隐蔽性越来越强，很多举报者由于不能发现问题之处，而不能进行有效举报。《中国共产党纪律检查机关案件检查工作条例》的第二十八条规定："凡是知道案件情况的组织和个人都有提供证据的义务。……有关组织和个人必须如实提供证据，不得拒绝和阻挠。"手段隐蔽化程度越来越高给审计人员取证造成巨大的挑战。

（1）高智能化

越来越多的违法违纪违规案件呈现高智能化的特点，对审计人员综合素质、业务能力提出了更高的挑战，也对审计过程中需要使用的相关硬件及软件设备提出了更高的要求，使审计人员需要更加重视外部调查以及相关审计证据的取得。

（2）人员结构年轻化

目前很多组织中的人员结构越来越年轻化，组织中出现越来越多的高学历青年员工。这些青年员工相比组织中的老员工在学历上占有明显优势，大部分人也都熟练掌握甚至精通计算机相关知识，知道管理体制和机制上存在的漏洞，防范意识也比较强。这部分员工采用的违法违纪违规手段也更加隐蔽，一些违规问题很难被一般人员发现，发现这些问题通常需要相关人员具有较强的专业能力；这部分员工的作案方式也由不计后果的冲动型转变为深思熟虑的智能型。

5. 无意识化

目前组织中存在的一部分违法违纪违规问题的原因，是组织中的部分员工对组织中的相关制度、职责情况等没有充分了解，日常工作中也没有主动学习这方面的知识。这部分人对党和国家的政策、法律，组织的规定等了解得比较少，法律意识、纪律意识比较淡薄，使得即使在被查出违法违纪违规后还没有意识到自己的行为已经违反了组织的规定甚至是国家的法律法规。

6. 作案主体多元化

分析组织中存在的违法违纪违规案件，单体作案向群体作案转变的趋势越来越明显，单体作案的比例正在减少，群体作案的比例正在增加，并且案件呈现多发性、交叉性、群体性和关联性等特点。集体腐败案件表面上为了集体利益，打着为集体谋利益的旗帜，但是背后的目的是损公肥私。部分违法违纪违规人员对相关法律和政策研究得很透彻，在政策和法律的边缘寻找空子，寻找体制、管理中存在的漏洞，在体制、管理漏洞上做文章。例如，某个组织存在预算外的收入，该预算外收入按照规定应该进行合理入账，但是该组织没有将预算外的收入进行入账，而是通过设置"小金库"，将预算外收入作为福利发给组织内的成员，表面上是为了集体利益，实际上却损害了组织和国家的利益。

一眼看穿组织违法违纪违规的审计要点

1. 组织违法违纪违规行为的特征分析

（1）反腐倡廉机制不到位

有些组织重视业务的发展，而对员工的法制教育、职业道德教育有所缺失。很多组织特别是一些规模较大的组织，尽管也有约束员工行为的相关制度文件，如《反舞弊制度》等，平时工作中也会对组织中容易发生违法违纪违规行为的重点人员进行教育，如采购人员等，但是教育缺乏针对性和有效性，岗位廉政建设以及风险防范教育缺失。有些组织教育重点缺失，很多组织的反腐倡廉的教育中，往往对全部人进行反腐倡廉教育，没有针对特定的群体进行教育，对员工的教育没有区别、没有针对性，很难取得理想的效果。

反腐倡廉过程中存在制度执行意识不强的问题。很多制度设计的初衷是非常好的，制度的研究与制定也花费了大量心思，然而组织中的很多人认为制度建设完成即意味着结束，未将制度的贯彻落实进行下去，将制度束之高阁。

（2）屡审屡犯现象较为突出

①审计过程中有一个普遍存在的问题，即屡审屡犯，同一问题在审计过程中一直存在，没有得到根本解决。

究其原因，很大程度上是目前很多组织对于屡审屡犯问题的惩罚力度较弱，一般以口头惩罚为主，责令在一定期限中进行改正，惩罚力度较弱，甚至缺失惩罚机制，这也使得再犯成本较低，相关人员没有较强的意识对问题点进行整改。较多组织在审计过程中会提出存在的问题点，但是缺乏相关监督机制进行督促整改。由于没有相应的督促整改机制对问题点进行整改跟进，被审计部门相关人员没有引起足够的重视，这也导致审计查出的问题一直存在却得不到解决。若将屡审屡犯问题与部门的绩效挂钩，甚至对严重的问题责任到人，不仅影响个人的工资奖金，甚至影响到个人的升职，屡审屡犯现象会有所减少。

②一些内部审计做得好的组织，通常有较为完善的后续监督整改措施。例如，某家科技型上市公司，将审计整改流程实现了信息化，这大大提高了效率。公司通过对审计整改结果的检查流程进行改革，建立专门的审计整改业务流程，并充分利用 OA 信息系统，将审计整改方案根据问题点、整改措施、整改期限、相关责任人等内容依次录入相应的系统，由责任人将审计整改方案及整改结果的相关资料在系统上进行上传，然后由审核人员审核整改事项是否完成。将审计整改流程实现信息化，实现了对整改项目的全程跟踪、逐个管理，大大提高了审计整改的效率，也提高了审计整改的完成率。

2. 组织违法违纪违规行为的原因分析

（1）员工法律意识薄弱，综合素质有待提高

①员工法律意识薄弱。

尽管我国一直在进行公民的普法教育，但是公民整体的法律素质水平仍亟待提高，特别是一些经济不发达地区的人们的法律意识较为薄弱，存在较大比例的人缺少法制教育。尽管普法教育的途径越来越多，但是一部分人没有积极主动的意识去学习法律知识，甚至存在一部分人对政府部门的相关法律宣传不屑一顾。这些原因也导致了人们的法律意识淡薄，导致违法违纪违规事件的发生。

某些组织中的员工，例如银行中的青年员工，具有较高的文化水平。部分员工自恃清高，有时在工作中会存在侥幸心理，认为自己的工作比较基础，放松了对业务知识的深入研究，不愿意多学业务，在工作中忽视对公司各项规章制度的学习。

部分青年员工法律意识比较淡薄，很少主动学习相关法律，放弃了在工作中不断提高自己，导致在工作中出现违法违纪违规现象。有些员工利用职务之便来谋取相关利益，性质比较恶劣，对组织甚至社会造成不好的影响。

某些组织中的老员工自认为工作经验比较丰富，资历上相比青年员工具有优势，容易形成习惯性思维，对组织中新出的制度或管理规范不以为然，在工作中及业余时间很少主动学习新知识来提高自己，导致在工作中出现违法违纪违规现象。

部分员工虽然掌握了公司的各项规章制度，知道哪些行为是公司的规章制度明确规定不能操作的，但常常铤而走险，做一些不合规的事情。

②员工综合素质有待提高。

公司中，部分人员由于没有形成正确的世界观、人生观、价值观，受到消极腐蚀思想的影响，往往会走上不正确的道路。

a. 部分青年员工的世界观、人生观、价值观被扭曲，出现以公谋私、钱权交易等不好现象，变"公仆"为"主人"，牟利之心膨胀、放任之心

膨胀、贪腐之心膨胀，将领导职权当作谋取私利的手段。

b.组织中的青年员工更加容易受到社会风气的影响，更具个性，有时团队意识较欠缺，也被一些不法分子拉拢。部分青年员工由于超前的消费观念、攀比的心态，常常入不敷出，有时会试图通过钻制度上的漏洞来获取利益，对组织造成不利的影响。

（2）组织管理不善

①组织中存在管理漏洞。

组织中违法违纪违规的发生在一定程度上与组织中存在管理漏洞有关，有些违法违纪违规行为具有较强的隐蔽性和欺骗性，行为人通过寻找组织的制度或者管理上的漏洞来获取利益，这类行为通常很难被发现。有些组织在管理上缺乏现代管理理念，管理模式没有紧跟时代的发展。

②组织管理不严。

个别组织对本组织管理人员管理不严，导致部分员工工作纪律较为松散，工作作风较为散漫。例如，一些组织存在党员干部违反工作纪律、违反工作制度等规定，在工作时间浏览购物网站，浏览娱乐新闻，在计算机或者手机上玩游戏，在工作时间干私事。一些组织在发现这些问题的苗头时没有做到早提醒、早教育、早纠正，没有及时敲响警钟，从而导致小错酿成了大错。

一些还没有出现这些情况的组织，也应该在平时的工作中引以为鉴，进一步严明工作纪律，杜绝类似问题在本组织发生，抓好本组织的日常管理工作。针对存在问题的组织，应该不断加大监督检查力度，严肃查处组织中存在的违法违纪违规行为，不断减少甚至杜绝这类问题在组织中的发生。

（3）内部监督制约机制不力或缺失

违法违纪违规的主要根源是权力方面存在问题，权力过于集中，监管不到位，这都会引起违法违纪违规事件的发生。例如，对领导干部监管不到位，组织中的"一把手"权力往往较为集中，通常情况下较少受到监督，即使受到监督也会存在形式主义，监而不管，督而不查，甚至有些人员集决策权和资金支配权于一身，监督流于形式。

①没有整合各方面的资源。

组织的监督要想发挥较好的功能，必须整合组织中各方面的资源。在实际工作中，由于各方面的原因，组织的监督经常不能发挥较好的功能。a.组织中的审计部门、风险控制部门由于受到层层阻力，较难开展工作，无法深入组织内部查清事实真相。b.组织中的相关领导和特殊岗位人员不配合审计人员的工作，选择逃避监督。

②未尽到监督职责。

组织中员工发生违法违纪违规的原因客观上主要为组织中内部监督制约机制不力或缺失，给某些人员带来可乘之机，执行过程中有松懈现象，某些方面仍然存在不到位的问题。有些组织虽然制度建设比较健全，建立了规章制度来规范和约束员工的行为，但是在监督执行中没有很好发挥效果。有些组织对员工发生违法违纪违规情况处罚力度较轻，处罚金额较小，导致员工重视程度不够，认为即使被查出违法违纪违规也只需承担较轻的责任，这也导致某些组织中员工违法违纪违规现象经常存在。

组织中出现违法违纪违规的案件中，究其原因，有些案件是因为组织中相关人员没有严格把关，没有尽到自己的监督职责。很多组织中虽然也有内部监督机构，但监督人员没有尽到自己的职责，不敢坚持原则，明知有问题，却因为害怕得罪组织中的相关人员，对于工作中发现的违法违纪违规事件没有及时采取措施，也未向上级领导进行汇报。

（4）数据共享平台仍需完善

在组织的违法违纪违规的合规型内部审计中，往往需要运用政府各个部门的相关数据。尽管目前很多政府部门之间已经开始实施数据共享，但是部门间的数据互通互享仍然不够，有些部门基于特定数据的保密性只能向审计人员提供零散、片面的数据，不能发挥大数据的价值。

2015年8月，国务院印发了《促进大数据发展行动纲要》，提出了运用大数据完善社会治理，通过大数据提高政府服务和监管水平，大数据的发展与运用将成为提升政府治理能力的新途径。

2017 年 10 月的十九大报告提出，需加快前沿技术创新，为数字中国、智慧社会建设提供有力支撑。

2017 年 12 月，《实施国家大数据战略加快建设数字中国》报告中强调，要运用大数据提高国家治理现代化水平，建立健全大数据辅助科学决策和社会治理的机制，推进政府管理和社会治理模式创新，实现政府决策科学化，社会治理精准化、公共服务高效化。

政务数据的开放并不意味着将公民的隐私公之于众，而是建立一个数据共享平台。上传的数据可分为公开数据和保密数据，只有获得授权的人员才可以访问相关保密数据。在合规型内部审计中，数据共享可以帮助审计查出相关违法违纪违规事件，促进社会经济的发展。

根据审计工作年度计划，××农商银行开展对全行 2017 年 1 月 1 日至 2019 年 10 月 31 日的信贷结构及投向专项审计调查。本次专项审计调查，以计算机辅助系统为手段，通过对相关贷款业务风险数据合规性排查和模型排查及实际延伸调查相结合的方式，发现有 8 户贷款，共 67.65 万元资金流入房市；有 42 户贷款，共 483.46 余万元被挪作他用。针对审计发现的问题，××农商银行总行领导高度重视，认真研究，对贷款资金流入房市问题的相关责任人员罚款 800 元，并扣减相应的违规积分 4 分；除对贷款资金被挪作他用的问题的 3 名相关责任人员给予约谈外，还对客户经理和主任、分管支行长给予了记过处分、警告处分、批评教育等处分。

同时，完善并出台了《××农村商业银行股份有限公司 2020 年度普惠金融与转型发展考核办法》《××农村商业银行股份有限公司"小微续贷通"业务实施细则》《××农户小额普惠贷款试行办法》《关于促进当前信贷业务发展的若干意见》等五项相关制度文件，进一步促进本行信贷业务稳健经营和健康发展。

3. 有效防范组织违法违纪违规行为的政策建议

对组织中违法违纪违规行为的原因进行分析，针对性地提出以下几点政策建议，有效防范及减少组织中违法违纪违规行为的发生，依次是完善员工的合规教育培训；科学管理，减少管理漏洞；强化监督，提高监督实效；完善数据共享平台。

（1）完善员工的合规教育培训

组织应该通过经常性的以及有针对性的合规教育培训，让员工树立较强的合规意识，提升合规技能及识别发现组织中存在的违规行为。通过定期或者不定期地向员工宣传相关的违法违纪违规案例，对典型案例进行原因分析、风险分析，通过以案说法，让员工深切地感受到违法违纪违规带来的严重后果，引导员工树立正确的人生观、世界观、价值观，自觉强化遵守规章制度和合规意识。同时，组织应该倡导全体人员签订《合规承诺书》，让全体员工明确行为规范。

目前一些组织会对新员工进行专门的合规教育培训，通过真实发生的案例深入浅出地讲述合规理念、合规管理的意义，让合规成为一种习惯，让新员工将职业操守和行为准则各项要求内化于心，外化于行，抵制违法违纪违规行为，倡导新员工争当合规文化的维护者、践行者，使合规真正地成为员工职业生涯的"护身法宝"。

（2）科学管理，减少管理漏洞

在一定程度上，组织中违法违纪违规案件的发生与组织中管理不善有关。为了有效地防范与减少管理中存在的漏洞，必须运用科学管理的手段，促进组织可持续发展。可以从以下三方面来进行。

①在组织中推行科学先进的管理理念，使用科学的现代管理思想来代替传统粗放的管理思想。

②在组织中建立健全内部控制体系，有效减少管理中存在的漏洞，提高管理中的效率。

③在管理中运用先进的科学管理方法，不断推进管理升级。

（3）强化监督，提高监督实效

组织中大多数违法违纪违规案件的发生与失去监督或者监督力度不够有关，要减少组织中的违法违纪违规行为的发生，必须强化监督，提高监督实效。综合运用多种监督形式，进而提高制约和监督的整体效果。在内部监督上，要充分发挥监事会、内部审计部门、员工等多方面的力量。监事会通过对组织中的董事会、理事会重大决策的监督，充分发挥自身的作用。内部审计部门通过加大对组织中重点部门和人员的监督，促使被审计部门或者人员纠错防弊，建立健全组织中的内控体系。同时，要充分发挥员工的监督力量，员工是组织中不可缺少的一部分，让员工参与监督，能够获得更好的效果。

（4）完善数据共享平台

大数据时代，由于一些违法违纪违规案件情况复杂，审理过程中仅凭本组织的数据与资料往往很难发现问题，通常需要运用跨部门的数据，通过跨部门的数据来发现线索。因此有必要完善政府部门间的数据共享平台，实现跨部门间的数据共享。在合规型内部审计中，通过共享的数据有助于查出组织中存在的违法违纪违规问题。

5.3 组织违法违纪违规内部审计通用技术与方法

随着审计力度的不断加大，一些单位的违法违纪违规手段也越来越隐蔽，这对审计人员运用审计技术与方法来发现与揭示存在的问题提出了更大的考验，需要审计人员不断改进内部审计技术与方法。传统单一的审计技术与方法在组织的违法违纪违规内部审计实际运用中受到了限制，同时计算机技术、大数据等技术在审计工作中发挥的作用越来越重要，此外组织违法违纪违规内部审计涉及多个部门，这些都对组织违法违纪违规内部审计技术与方法提出了更高的要求。

以组织违法违纪违规为典型特征的合规型内部审计目前尚无统一的审计技术与方法，组织违法违纪违规内部审计既需要通用的审计技术与方法，又需要专用的审计技术与方法。下面依次对组织违法违纪违规内部审计通用技术与方法、专用技术与方法进行介绍。

第四章合规型内部审计技术与方法提到，通用审计取证的方法包括基本方法和具体方法，基本方法包括顺查法和逆查法、详查法和抽查法。具体方法包括审核、观察、监盘、访谈、调查、函证、重新计算和分析程序等方法。上述方法也同样适用于组织违法违纪违规内部审计。

但是仅仅运用这些传统的审计技术与方法已经很难满足目前的审计需要，审计人员需要灵活使用多种审计技术与方法。通常一项审计内容需要运用多种内部审计技术与方法，才能发现违法违纪违规线索，查清问题。

例如，"小金库"是指凡违反国家财经法规及其他相关规定，侵占、截留、挪用国家和单位收入，未列入本单位财务会计部门账内或未纳入预算管理，私存私放的各项资金。由于具有隐蔽性强等特点，审计人员如果只是仅仅使用单一的审计技术与方法，就很难发现审计线索，审计人员通常需要在上班前或者下班后对被审计单位的现金进行突击盘点，对保险柜的现金进行数量清点，与相关账簿进行核对。如果出现账实不符的情况，还需要采用询问、详查法、递查法、外部调查法等审计技术与方法。

5.4
组织违法违纪违规合规型内部审计专用技术与方法

　　组织违法违纪违规内部审计目前尚无统一的审计技术与方法，除了通用审计技术与方法以外，根据内部审计实践中的使用情况，还可以采取以下几类常用有效的审计技术与方法："红旗"标志法、财产净值法、假设问题存在审计求证法、审前征集线索法、追踪资金流向审计法、举报热线（电话）、数据式审计等方法。

"红旗"标志法

　　"红旗"标志法，也称舞弊风险因素法，是寻找和分析舞弊信号的很重要的方法。在组织违法违纪违规内部审计中，审计人员通常会在总结以往舞弊情况发生的基础上寻找和分析舞弊信号，根据舞弊方面的主要"红旗"，来验证组织中是否存在违法违纪违规行为。

　　例如，管理层舞弊方面的主要"红旗"之一——存在异常交易或大量的调账项目，以该"红旗"为切入点，证实组织中是否存在违法违纪违规行为。一般舞弊方面的主要"红旗"之一——由某人处理某项重要交易的全部业务，这违反了内部控制中的权责分离规定，容易引起违法违纪违规事件的发生。

以中航油巨亏事件为例，中国航油（新加坡）股份有限公司是中国航空油料集团公司的海外控股公司，经过批准，该公司从 2003 年开始做石油套期业务。期间，公司总裁擅自扩大业务范围，违法违规从事石油衍生品期权交易，并同多家银行签订了场外交易合同，造成了 5 000 万美元的保证金支付义务，导致现金流量枯竭，产生巨额亏损。公司总裁为了掩饰公司的违法行为，开始向上级公司提供假账，并且一意孤行，继续向错误方向追加资金，使得中航油事件从一个并不很大的失误成为大案、要案。在整个案件过程中，公司总裁在整个投机过程中，没有遇到任何阻拦与障碍，而在事后还能隐瞒真实信息，也说明该公司在内部控制方面存在重大缺陷，由某人处理某项重要交易的全部业务也是这个案例的"红旗"。

财产净值法

财产净值法是一种对被怀疑对象财产净值进行追踪分析的方法。

在组织违法违纪违规内部审计中，审计人员通常会对怀疑对象的财产净值进行分析，从而确定是否存在赃款及赃款数额。同时，运用财产净值法获得的资料可以作为证据使用，可以协助刑事定罪、民事裁决。财产净值法经常被用于确定赃款数额，在违法犯罪案件中经常使用该方法。

例如，Helen Weeks 是在 Bonne 公司行政管理部门工作近 10 年的秘书，Helen Weeks 表面上的正直和敬业精神为他赢得了极高的声望，被领导和同事视为公司里优秀的员工，不断地被领导委以重任。Helen Weeks 在公司里主要负责项目的可行性研究、客户文件资料的保管，负责与公司外部的市场顾问进行沟通与交流、编制付款凭证以及会计部门往来账目的启用和销账。

Helen Weeks 在 Bonne 公司工作的前 5 年，Jackson 公司一直负责代理 Helen Weeks 所在公司的可行性研究和市场调查工作，后来 Jackson 公司被一家综合实力强大的咨询公司收购，至此 Helen Weeks 所在的 Bonne 公司与 Jackson 公司的合作也终止。于是，Helen Weeks 所在的 Bonne 公司经过管理层决策重新选择了一家综合实力较强的公司来完成自己公司的市场调查工作。然而，Helen Weeks 并未将公司已经与 Jackson 公司解除合作的事宜告知公司的会计部门，Helen Weeks 的上级领导对其非常信任，授权 Helen Weeks 签发 5 万元以下的付款凭证。Helen Weeks 继续向 Jackson 公司签发付款凭单，公司的会计部门也继续向 Jackson 公司进行付款。Helen Weeks 以 Jackson 公司的名义在银行开立了账户，并且将支票全部存入这个银行账户，而这一账户的资金也被 Helen Weeks 用于了个人消费支出。Helen Weeks 近 3 年的财务数据，如表 5-1 所示。

表 5-1　Helen Weeks 近 3 年的财务数据

单位：美元

	第一年	第二年	第三年
资产：			
住房	100 000	100 000	100 000
股票和债券	30 000	30 000	42 000
汽车	20 000	20 000	40 000
信用卡	50 000	50 000	50 000
现金	6 000	12 000	14 000
负债：			
抵押借款余额	90 000	50 000	0
收入：			
薪酬		34 000	36 000
其他		6 000	6 000
支出：			
偿还抵押借款		6 000	6 000
偿还汽车贷款		4 800	4 800
其他生活支出		20 000	22 000

对于 Helen Weeks 存在的上述违法犯罪行为，审计人员通过财产净值法进行证实，如表 5-2 所示。

表 5-2　财产净值法后 Helen Weeks 的财务数据

单位：美元

	第一年年末	第二年年末	第三年年末
资产：			
住房	100 000	10 0000	100 000
股票和债券	30 000	30 000	42 000
汽车	20 000	20 000	40 000
信用卡	50 000	50 000	50 000
现金	6 000	12 000	14 000
资产总计	206 000	212 000	246 000
负债：			
抵押借款余额	90 000	50 000	
汽车贷款	10 000		
负债总计	100 000	50 000	
财产净值	106 000	162 000	246 000
财产净值的变化额		56 000	84 000
加上：所有的支出		30 800	32 800
总计		86 800	116 800
减去：来源已知的收入		40 000	42 000
来源未知的收入		46 800	74 800

　　以上资料可以在法庭上使用，可以协助刑事定罪、民事裁决或对 Helen Weeks 作出裁决，甚至可以促使 Helen Weeks 供认自己的罪行。同时，一名优秀的调查员，在掌握了这些证据以后，是能够成功地让嫌疑人认罪的。Helen Weeks 首先会被要求陈述其收入和其他资金的来源。接着，审计人员会使用证据说明，如果 Helen Weeks 没有额外的隐形收入，Helen Weeks 不可能维持现有的生活水平并且偿还债务。在事实面前，Helen Weeks 很可能会供认自己的罪行。

假设问题存在审计求证法

在组织违法违纪违规内部审计的各个环节都存在一些典型问题，审计人员在审计过程中，针对可能存在的重点问题，首先假设问题存在，然后搜集审计证据。假设问题存在审计求证法，是一种能够提高审计工作效率的有效途径，通过该方法，审计人员的审计活动行为更加有针对性，能够快速查出组织中存在的违法违纪违规行为。

例如，某局审计处怀疑某组织存在"小金库"问题，审计人员在审计实践中通过假设该组织"小金库"的存在去搜集相关的审计证据，从而求证问题的真实结果。假设问题存在审计求证法能够提高审计人员的审计效率。

审前征集线索法

审计线索的提供者往往是知情者，在组织违法违纪违规内部审计中，审前征集线索法由于能够为审计人员提供有效的线索，所以在组织违法违纪违规内部审计中的很多情况下被使用，尤其是存在舞弊行为而审计人员根据现有的线索很难揭示真相的情形。审计人员能够通过运用审前征集线索法寻找有用的审计线索，揭示组织中存在的违法违纪违规行为。

例如，在进行合规型内部审计前，审计组可以通过在媒体上发布审计消息、公布举报热线电话等收集线索，充分发挥广大群众的作用。

例如，审计署驻××特派办在某市进行国土审计前，召开了大型审计进点会，在电视、报纸等媒体上广泛发布审计消息，公布了4部举报热线电话。审计人员40天内就接到了106封举报信，312个举报电话，接待上访达195人次，经查证，发现违法倒卖土地等案件6起，6人次被司法机关逮捕，另外向有关机关移送了70封可信度高的人民来信。

追踪资金流向审计法

对于专项资金或单一资金的追踪检查，审计人员通常按照资金的流转来实施审计，通过资金流转的各个环节来检查资金在各个环节中的使用是否合理合法合规。

在组织违法违纪违规内部审计中，按照资金的流转实施审计是审计人员常用的审计方法之一，通过对资金流转的各个环节的检查，进一步验证资金最终的合法性、有效性。

例如，随着保险行业市场竞争的日益加剧，保费的获取成本也在不断提高，虚列销售费用补贴市场成为保险公司普遍存在且屡审屡犯的问题。费用列支真实性是监管机构和保险公司内部审计共同关注的焦点。保险行业审计虚列销售费用的方法多种多样，追踪资金流向是最快捷、有效的审计方法。审计人员通过对公司经营成果真实性、经营行为合规性的审计，挖掘经营中的重大违法违规行为及系统性内部控制管理风险。审计人员通过对单笔或多笔资金异常流转进行追踪排查，搜索资金的"跑冒滴漏"线索，挖掘被审计单位在承保、理赔、财务等各环节存在的违规操作，进而认定审计事项是否合规。

举报热线（电话）

在组织违法违纪违规内部审计中，设立举报热线（电话）能够多收集大案要案线索，加大审计执法力度。该方法主要针对各单位财政财务违纪、领导干部经济责任、审计人员违规等方面的问题。

例如，某局审计处开通了审计线索热线电话，建立了热线电话登记簿，实行 24 小时值班制，由专人负责热线的接待。该局自审计线索热线电话开通以来，已接到多起反映基层单位财政、财务违规，财会人员违纪电话，审计人员根据举报线索及时进行了审计调查处理，受到了好评。

数据式审计

目前的大数据、云计算等现代审计技术方法是数据式审计的代表，大数据、云计算等新型数据式审计技术的产生与发展，以及审计环境的不断发展变化，都在逐渐影响现有的审计技术方法，使得审计技术与方法朝着数据化、智能化、及时性和可预见性等方向发展与转变。

在组织违法违纪违规内部审计中，运用大数据审计技术能够在大量数据中发现违规资金的疑点和线索，快速锁定疑点，并追寻疑点、定向排查、查实查透。

例如，以组织的违规收费为例，第一步，搜集整理物价收费文件，目前各省财政部门和物价部门的网站对政府性基金、行政事业性收费、考试考务费、医院医疗卫生收费等均公开收费目录，将上述资料导入审计软件作为审计业务数据表备用。第二步，将实际收费的数据导入审计软件作为业务数据，利用计算机语句对上述两者数据进行查询比对，筛选出不匹配的数据，将其作为疑点。第三步，对这些疑点数据进行重点审计。

5.5

案例：大学图书回扣款

案例概况

某局审计处收到一条实名举报线索，该局下属 A 学校的教材科科长在为学校采购教材时私自收了几万元来自学校教材供应商的回扣款。审计人员经过一个多月的内部和外部调查，在调查过程中秘密拜访被锁定的教材供应商，通过询问，证实了这条实名举报线索的真实性。A 学校的教材科科长最终以贪污、受贿罪被依法进行处理。

在案件审理过程中，该教材科科长针对指控，做了无罪辩护。教材科科长声称采购教材时向教材供应商收受回扣已经成为行业惯例，学校的教务处、财务部门、学校领导都知道这件事，也是被默认允许的。

教材科科长称教材科实行津贴自理，除了在采购教材过程中向教材供应商收受回扣，没有其他收入，学校的各级领导也是知道这件事的，自己在采购教材过程中向教材供应商收受回扣也是在履行自己的工作职责，否认了自己的贪污、受贿行为。由于该校教材科实行津贴自理，教材科科长把收到的回扣以岗位津贴的名义发放给教材科的工作人员，该行为也是得到了教材科各个成员的同意的。同时，教材科科长还将收到的近 200 万元的教材供应商提供的回扣款上交给学校财务部门。学校财务部门将这些回扣款作为"小金库"，以岗位津贴、加班费等名义发放给员工，另外这些教材供应商的回扣款还用于支付不便开支的项目。

在案件的进一步审理过程中，教材回扣的"黑幕"和行业"潜规则"也被揭开。由于学校教材的采购数量较大，为了拿到教材的供应商资格，教材供应商绝大多数会提出较大比例的回扣，正版教材的回扣比例一般大于15%，盗版教材的回扣比例一般大于30%。由于盗版教材的回扣比例明显大于正版教材的回扣比例，教材采购员在教材采购过程中也会冒险采购盗版教材，以拿到更大比例的回扣。该校的教材科科长对图书的质量要求较高，采购教材中坚持只采购正版教材，拿到15%的教材回扣款，其中的13%的教材回扣款上交给学校财务部门，剩下的2%的对应的教材回扣款留在教材科进行私分。

审计实施过程与策略

1. 内部调查与外部调查相结合

对于A学校教材科科长私自收取几万元回扣款的实名举报线索，审计人员经过一个多月的内部调查与外部调查，证实了实名举报线索的真实性。

2. 现金盘点露端倪

审计人员通过对学校财务部门进行现金突击盘点，发现现金盘点金额远远大于学校财务部门现金日记账上的数额，财务部门工作人员尽管找出种种理由，但是都不能自圆其说，在事实面前只好向审计人员交代了私设"小金库"用于存放向教材供应商违规收取的回扣款，此款用于学校教职工的岗位津贴、加班费以及其他不便开支的项目等。审计人员对这些教材回扣款的资金流向进行了审计，也证实教材回扣款被用于上述用途。

主要审计技术与方法

1. 举报热线（电话）

本案例的开头是某局审计处收到一条实名举报线索，该举报线索称A

学校的教材科科长采购教材时私自收取几万元回扣款。经查证该举报线索的真实性后，该局便对被举报人依法采取了相关措施。

举报热线（电话）能够多收集大案要案线索，该案例中审计人员通过举报线索发现被举报人违法违纪违规的事实。由于案例中举报者提供的举报信息很详细，并且有很强的针对性，审计人员直接通过举报信息查明了真相。

2. 库存现金盘点法

库存现金盘点法，即对财务、业务等部门保管的现金突击盘点，将实物与账面数核对查证。本案例中，审计人员在有确凿证据证明学校教材科违规收取教材回扣款，并且将回扣款以现金形式存放于学校财务部门的情况下，事先不通知有关人员，对学校财务部门的现金进行了突击盘点，盘点后将现金盘点数与现金日记账上的数量金额核对，发现现金盘点金额远高于财务部门现金日记账上现金余额，现金差异数结合其他有关证据，证明是学校财务部门将正常的现金与"小金库"现金进行了混放。

3. 追踪资金流向审计法

本案例中，审计人员对学校向教材供应商违规收取的回扣款进行了资金流向追踪，首先是确定教材回扣款金额，接着是追踪教材回扣款的流转环节。审计发现这些回扣款被用于学校教职工的岗位津贴、加班费以及其他不便开支的项目等，没有被用于合理合法合规的用途，同时也揭示了舞弊行为。

4. 检查记录或文件

检查记录或文件是审计人员对被审计单位内部或外部生成的，以纸质、电子或其他介质形式存在的记录或文件进行审查。本案例中，审计人员通过对学校教材科、财务部门相关的纸质记录以及文件资料的审查，审计发现学校教材科向教材供应商收受了回扣款，同时将这些回扣款用于不便开支的项目。

5. 询问

本案例中，审计人员经过一个多月的调查，在调查过程中秘密拜访被锁定的教材供应商，采用了询问的审计技术与方法，在收到举报线索后以书面或口头方式向有关人员了解关于审计事项的信息。但通过询问获取的审计证据并不有效、充分，案例中审计人员结合其他证据，证实了被举报者的违法犯罪行为。

审计发现的违法违纪违规事实与政策依据

1. 违规收受"回扣"

本案例中，教材科科长在采购教材时私自收了几万元来自学校教材供应商的回扣款，违反了诸多法规。

违反了 1985 年 6 月**《文化部关于禁止图书发行工作中收受"回扣"的通知》**，其中第三条规定："图书馆和其他需要经常采购图书的单位，不得向书店或出版社索要'回扣'。出版社也不得用向这些单位付'回扣'的办法拉生意。"

也违反了 2004 年教育部发布的第 36 号文件——**《教育部关于严禁直属高校在经济往来中违规收受回扣的通知》**，通知要求：严禁直属高校及其所属单位在经济往来中违规收受各种名义的回扣；学校为学生代购代销的物品，也必须实行明折明扣；严禁在账外暗中收受对方单位或个人给予的各种名义的回扣、手续费，确实无法谢绝而接受的回扣、手续费，必须全部上交学校财务部门，纳入学校财务预算管理，不得私自截留、挪用或私分；为学生代购代销物品产生的折扣收益，除去必要的劳务开支外，应主要让利于学生。

2. 未按规定实行政府采购或公开招标

本案例中，A 学校采购教材没有实行政府采购或公开招标，违反了 2004 年教育部发布第 36 号文件——**《教育部关于严禁直属单位在经济往**

来中违规收受回扣的通知》"各校对基建工程和设备、教材、图书等大宗物资的采购，必须按规定实行政府采购或公开招标"的规定。

3. 违规设立"小金库"

"小金库"是指违反法律法规及其他有关规定，应列入而未列入符合规定的单位账簿的各项资金及其形成的资产。"小金库"的存放形式包括银行存款、有价证券、固定资产、股权和债权等，主要用于发放奖金、补贴实物、请客送礼、挥霍浪费甚至是贪污腐败。"小金库"的存在具有非常大的危害性，不仅会导致会计信息失真，还会造成国有资产的流失，是产生腐败现象的领域。

本案例中，教材科科长将教材供应商提供的回扣款上交给学校财务部门，财务部门将这些回扣款作为"小金库"，以岗位津贴、加班费等名义发放给员工，另外这些回扣款还用于支付不便开支的项目，其中的 13% 的教材回扣款上交给财务部门，剩下的 2% 的教材回扣款留在教材科进行私分。

A 学校设立"小金库"，违反了《中华人民共和国会计法》第十六条"各单位发生的各项经济业务事项应当在依法设置的会计账簿上统一登记、核算，不得违反本法和国家统一的会计制度的规定私设会计账簿登记、核算"的规定。

本案例中审计人员以高度的职业谨慎和过硬的职业技能查处学校财务部门存在的"小金库"，具有良好的启示和借鉴作用。

4. 违规发放津贴、补贴

本案例中，A 学校将向教材供应商收取的图书回扣款以岗位津贴、加班费等名义发放给员工，违反 2013 年实行的《违规发放津贴补贴行为处分规定》中"违反规定发放加班费、值班费和未休年休假补贴"的规定。

案例启示

1. 图书采购领域职务犯罪防范

近几年一些学校的扩招，大大增加了对教材和图书的需求，学校在扩招的过程中参与市场经济也越来越频繁，市场经济中的一些负面效应也影响了教材、图书的采购人员。目前全国范围内的各类学校图书采购领域职务犯罪频发，从制度层面进行全面防范是非常紧迫的任务。

目前一些学校已经通过对图书采购做出相关采购廉洁规定来管理与监督学校图书采购工作，目的是提高经费使用效益，促进廉政建设。很多高校在图书采购过程中通过招标严格执行**《中华人民共和国招标投标法》****《中华人民共和国政府采购法》**等的相关规定。

2. 本案例的几点启示

①图书供应商的选择。图书采购招标过程中遵循公开、公平、公正和诚实守信原则，未经招标确定图书供应商或者未通过研究决定确定图书供应商等行为将不被允许。

②对招标采购工作的相关人员的要求。目前对参与学校图书招标采购工作的相关人员也有规定，学校图书采购人员应该严格遵守国家的法律、法规和所在学校的有关规章制度，做到廉洁自律。很多学校也设置了举报热线（电话），征集相关违法违纪违规线索，举报热线（电话）的设置对学校的图书采购人员也能起到威慑的作用，在一定程度上减少违法违纪违规的行为发生。

很多学生按照图书的原价来支付教材费，他们成了图书回扣的真正承担者、受害者。图书采购的规范化、正规化可以使学生的合法权益不被损害。

第 6 章

以领导干部失职渎职为
典型特征的解读与案例分析

小内审大作为，小协会大娘家。

——徐善燧

6.1
领导干部失职渎职怎样认定

2019 年 7 月 7 日，中共中央办公厅、国务院办公厅印发了修订后《**党政主要领导干部和国有企事业单位主要领导人员经济责任审计规定**》（以下简称"两办新规定"），对新时代内部经济责任审计提出新要求。两办新规定明确了经济责任审计的重点内容是领导干部权力运行和责任落实情况。少数领导干部用权不当、履责不严，不仅扰乱了市场和经济活动管理秩序，致使组织利益受损，也影响了权力的公信力，并产生一系列重大违法违纪违规案（事）件，这些案（事）件中失职渎职类型所占比例较大。准确把握合规型内部审计的精髓，审慎运用失职渎职类定性处罚依据，对于有效防范内部审计风险，提升审计工作质量和提高水平至关重要。

什么是失职渎职

1. 失职

《辞海》对"失职"的解释是"疏于职务，未尽职责"。法律上对失职的解释通常是指一般工作人员对自己工作的不负责任、给单位造成损失的行为，但当行为人是国家机关工作人员或国有企业工作人员，且造成严重损失时，失职就构成了渎职罪。《中华人民共和国刑法修正案（十一）》除了分则第三章"破坏社会主义市场经济秩序罪"专门有一项罪名"国有公司、企业、事业单位人员失职罪"之外，其余均列在第九章"渎职罪", 共涉及 10 个罪名。

2. 渎职

《辞海》对"渎职"的解释是"犯错而有亏职守"。渎职罪是一种规定的类罪名,是指国家机关工作人员利用职务上的便利或者徇私舞弊、滥用职权、玩忽职守,妨害国家机关的正常活动,损害公众对国家机关工作人员职务活动客观公正性的信赖,致使国家与人民利益遭受重大损失的行为。渎职罪列在《**中华人民共和国刑法修正案(十一)**》分则第六章"妨害社会管理秩序罪"及第九章渎职罪,共涉及 24 个罪名。

3. 失职渎职行为

上述人员大多数掌握了一定的公共权力,当这种公共权力的监督相对缺乏时,加上行为人责任心不强、工作不落实,很容易滋生各类失职渎职行为。

有的专断独行、违规决策和违规经营造成大量国有资产流失或资源破坏。

有的内控把关不严,公款私存、私设"小金库"、滥发津补贴等问题屡禁不止。

有的放任不管、贪赃枉法造成了恶劣的社会影响和严重后果。如 2015 年"8·12"天津滨海新区爆炸事故,正是相关单位和责任人员对辖区内瑞海公司存在的安全隐患和违法违规经营问题未及时检查发现和依法查处,最终酿成了 165 人遇难、798 人受伤的悲剧,直接经济损失高达 68.66 亿元。

综合上述观点,失职渎职就是因特定人员履责不到位致使组织利益及财产遭受损失的行为。从技术逻辑来说,合规型内部审计就是对特定行为是否符合既定标准的审计。郑石桥认为,这种特定作为就是特定自然人或组织对其经管责任履行具有重要影响的作为或不作为,因此,本章重点研究领导干部因履行经济责任不到位产生的失职或渎职行为。

领导干部失职渎职常见问题及表现形式

由于所处的行业、部门或单位性质和岗位分工等不同，内管干部的职责存在很大差异，失职渎职行为也千差万别，但从审计实践层面来看，一些问题发生的概率较大、频率较高，仍具有一定典型代表性。以行政事业单位为例，领导干部失职渎职常见问题及表现形式的归纳，如表6-1所示。

表 6-1　行政事业单位领导干部失职渎职类常见问题及表现形式

序号	常见问题	表现形式
1	重大经济事项决策不规范	（1）经济决策制度不健全
		（2）违规决策或决策程序不规范
		（3）经济决策执行不到位
2	内部控制制度不规范	（1）内部控制制度不健全
		（2）制度执行不到位
		（3）不相容岗位未分离
3	预算管理不规范	（1）预算编制不完整、不全面
		（2）无预算列支，超预算安排支出
		（3）预算执法不规范
4	收支管理不规范	（1）收支未纳入法定账簿核算管理
		（2）未及时收缴房屋租金
		（3）支出报销审批不规范
		（4）公款竞争性存放制度执行不到位
		（5）未按规定用途使用资金
5	"三公"经费管理不规范	（1）公务接待管理不规范
		（2）公车使用管理不规范
		（3）因公出国（境）管理不规范
		（4）会议费、培训费支出管理不到位
6	津补贴福利不规范	（1）未按规定发放津补贴等福利
		（2）违规兼职取酬
7	资产管理不规范	（1）资产出租、管理不规范
		（2）新增资产未入财务账，账实不符
		（3）资产处置管理不到位

续表

序号	常见问题	表现形式
8	政府采购管理不规范	（1）未进行招标
		（2）存在投标单位陪标嫌疑
		（3）拆分项目规避政府采购
		（4）政府采购政策执行不到位
9	购买服务管理不规范	（1）购买服务未按规定程序
		（2）服务内容或方式不规范
		（3）验收管理不到位
		（4）存在违规承接和转分包情况
10	机构编制管理不规范	（1）长期借用下属单位人员
		（2）事企融合，人员混岗、经费混用现象突出
11	下属单位监管不严	（1）向下属单位转移收支等
		（2）下属单位财务管理混乱，资产管理不规范

如何让审计程序形成有效闭环

领导干部失职渎职合规型内部审计来源于领导干部经济责任审计，主要解决"要审谁""怎么为""审什么""怎么审"四个问题。

1."要审谁"

现行干部管理体制下,经济责任审计对象一般分为外管干部和内管干部。

外管干部是由上一级组织部门管理的干部，内管干部又称内部管理领导干部，是由经济组织内部组织部门管理的干部。对于内部审计而言，这个"谁"就是内管干部。由于受管辖权的限制及审计力量不足和限制，政府审计机关没有把内管干部纳入其经济责任审计对象范围，但这并不意味着对内管干部的经济责任审计没有必要。

我国的经济组织的类型众多，内管干部数量庞大，且大多数为担任人、财、物管理等重要岗位或部门负责人，内部审计对该部分特定对象审计监督恰好补足了国家审计无力监督"空白"，强基导向和为民理念更加得以彰显。内管干部包括哪些人员，目前学术界尚无统一的概念，但浙江省已经在制度建设上进行了先行探索。

2016 年 5 月 5 日，浙江省纪委等联合印发的《浙江省部门和单位内部管理领导干部经济责任审计办法（试行）》（浙审责〔2016〕36 号）第二条指出："内管干部，是指按照干部管理权限由党政工作部门、审判机关、检察机关、事业单位、人民团体和国有及国有控股企业内部管理的，负有经济责任事项的下级单位的正职领导干部，或者主持工作一年以上的副职领导干部。"除此之外，2011 年 7 月 28 日，中国内部审计协会发布《内部审计实务指南第 5 号——企业内部经济责任审计指南》（以下简称《指南》）对企业内管干部做出了明确规定。《指南》第二条指出，企业内管干部主要包括企业主要业务部门的负责人、企业下属全资或控股企业的法定代表人（包括主持工作一年以上的副职领导干部）等。

2. "怎么为"

失职渎职行为是经济责任法定职责或其他职责履行不到位产生的结果，集中体现为不履行职责和不正确履行职责两大类，也就是俗称的"不作为""乱作为""缓作为""慢作为"。

（1）不履行职责

不履行职责即拒绝履行法律、法规以及其他规范性文件规定的法定职责。如未贯彻执行经济法律法规、推进部门事业总体发展和政府采购政策，内部管理制度未建立或未执行，未对下属单位进行监管等。

（2）不正确履行职责

不正确履行职责即不按法律、法规以及其他规范性文件规定的要求履行职责，通常表现为选择性执行和滥用、超越职权执行。如未经民主决策直接决定批准组织实施重大经济事项、部门预算执行率低、国有资产监管失控致使国有资产大量流失、未经批准兼职取酬、利用企业上市等内幕消息为本人或特定关系人牟利、贪污挪用单位的资金资产或其他物资等。

3. "审什么"

简而言之，"审什么"就是审"经济责任"，重点是经济管理责任、财经法纪责任、廉洁从政（业）责任。两办新规定第三条指出："经济责任，是指领导干部在任职期间，对其管辖范围内贯彻执行党和国家经济方针政策、决策部署，推动经济和社会事业发展，管理公共资金、国有资产、国有资源，防控重大经济风险等有关经济活动应当履行的职责。"第五十条指出："有关部门、单位对内部管理领导干部开展经济责任审计参照本规定执行……"这也是开展内管干部经济责任审计的法理依据。《**浙江省部门和单位内部管理领导干部经济责任审计办法（试行）**》第三条指出："经济责任，是指内管干部在任职期间因其所任职务，依照法律、法规和有关内部管理规定对所在部门、单位（以下简称所在单位）的财政财务收支以及有关经济活动应当履行的职责、义务。"2011 年中国内部审计协会发布的《**内部审计实务指南第 5 号——企业内部经济责任审计指南**》第三条指出："经济责任，是指企业内管干部在任职期间因其所任职务，依法对所在企业或部门（以下简称企业内管干部所在企业）的财务收支及有关经济活动应当履行的职责、义务。"

综上所述，内管干部经济责任来源于两个层面。

①领导干部因其所担任的职务必须履行的法定职责和义务。

②对本单位或部门财政财务收支及有关经济活动应当履行的职责和义务。

4. "怎么审"

领导干部失职渎职合规型内部审计是一种兼具各种审计类型特点和内容的复合型审计，与其他类型审计有较多相同点，如理论基础、审计程序、审计技术方法等与其他类型审计高度一致，又有明显区别，如审计内容、评价体系、定性依据和专门方法等与其他类型审计不尽相同。本章第二节、第三节、第四节将对其做详细介绍。

6.2 合规型内部审计中的重点审计内容

根据两办新规定，领导干部经济责任审计以其任职期间"三资"（资金、资产、资源）的管理、分配和使用情况基础，以权力运行和责任落实情况为重点，充分考虑领导干部管理监督需要、履职特点和审计资源等因素，依规依法确定审计内容。领导干部失职渎职合规型内部审计在已明确的经济责任基础上进一步分解、剥离和精准评价，其专业性、针对性更强，与领导干部这个"关键少数"群体的关联更加紧密。由于内部审计各单位具体情况不尽相同，一般认为，领导干部失职渎职合规型内部审计内容大致包括以下五方面内容。

政策与部署执行情况的审计重点

贯彻落实上级部门有关方针政策和决策部署是内管干部经济责任审计的首要内容，彰显鲜明的政治使命和价值担当。内管干部作为中层力量，对上担负着贯彻落实党和国家方针政策和决策部署的责任，对下推动本部门和下级分管单位科学发展的重任。合规型内部审计重点聚焦内管干部权力运行，揭露失职渎职、庸政懒政及铺张浪费等问题，促进权力关进制度的"笼子"，体现了内部审计在促进各项决策部署落细落地、推进单位治理体系完善和治理能力提升等方面的重要作用。

内管干部贯彻执行方针政策和决策部署主要从以下三个维度来理解和把握。

1. 从宏观层面看

从全面建成小康社会到基本实现现代化，再到全面建成社会主义现代化强国，是新时代中国特色社会主义发展的战略安排。内部审计是组织内部一种独立客观的监督和评价活动，也是我国审计监督体系和治理体系的重要组成部分之一，在"四个全面"战略布局下，其政治属性更显紧迫和必要。具体来说，要紧紧围绕党和国家战略安排，坚持以马克思列宁主义、毛泽东思想、邓小平理论、"三个代表"重要思想、科学发展观、习近平新时代中国特色社会主义思想作为自己的行动指南，牢固树立"四个意识"，坚持做到"两个维护"，不断加大对"关键少数、关键领域、关键环节"的监督力度，充分发挥内部审计在维持社会良好运行、规范财政资金使用、促进经济高质量发展、推进廉政建设中的作用。

2. 从中观层面看

主要是严格执行党规党纪和法律法规。

①党规党纪是指以党章为根本遵循的党内各类法规制度总集成，包括准则、条例、规定、办法及十八大以来新出台的有关严明政治纪律和政治规矩、组织纪律、落实八项规定、反对"四风"等规范性文件。

②法律法规是指现行有效的法律、行政法规、司法解释、地方法规、地方规章、部门规章及其他规范性文件。

3. 从微观层面看

①本部门、行业制定的经济社会发展规划和战略，这是评价内管干部是否失职渎职的主要依据之一。

②上级下达的任期经济责任指标、考核结果和评价意见，如经济和业务指标、财务指标、利润完成数等。

③经济发展过程中应当履行的各类社会职责和义务，如安全生产、产品质量、环境保护、资源节约、维护社会稳定、员工权益保护等。

④专业机构意见和公认的业务惯例或者良好实务指导意见。

⑤内部工作规定及相关文书材料。其包括内部规章制度、暂行办法、党委（支部、总支）会议纪要、办公会议纪要、内部通报、领导重要批示件和交办事项文件或记录等，这也是评价内管干部履责情况的重要依据。

要完成以上审计内容，审计人员一般要收集以下资料。一是政策文件类，包括上级主管部门或系统内发布的涉及本单位的规章制度和考核文件、考核指标下达书、批复书、集体讨论会议记录或会议纪要、领导讲话、领导干部职务任免文件等。二是财务报告类，包括任职期间的财务收支资料，工作计划、方案、业务规划及总结等决策部署文件，合同、协议及相关部门出具的检查报告、审计报告等资料。三是其他资料类，包括年度考核结果及个人述职述廉报告等等。同时，根据党政工作部门、事业单位、人民团体及企业性质的不同，有选择地收集相关审计资料。

内控建立与执行情况的审计重点

对内控的审查评价是判断和甄别领导干部失职渎职行为的一项重要指标。由于第 8 章"以内控失效为典型特征的解读与案例分析"将对其做详细介绍，本章将不赘述。

重大经济事项决策与执行情况的审计重点

管理学大师德鲁克认为，"不论管理者做什么，他都是通过决策来进行的"，可以说，决策是管理者的基本职能和特征。决策活动始终贯穿领导干部任期全过程。科学、准确的决策能力是一名优秀领导干部必备的特质之一，体现着领导干部判断、分析和解决问题的能力，应对风险挑战和复杂形势的能力，科学预见经济发展和灵活应变的能力。

重大经济事项这一概念来源于"三重一大"制度。1996 年 1 月，第十四届中央纪委第六次全会公报首次提出"三重一大"制度，即"认真贯彻民主集中制原则，凡属重大决策、重要干部任免、重要项目安排和大额度资金的使用，必须经集体讨论作出决定"。2005 年 1 月，中共中央印发**《建立健全教育、制度、监督并重的惩治和预防腐败体系实施纲要》**（中发〔2005〕3 号）第六款第十三条提出，凡属重大决策、重要干部任免、重大项目安排和大额度资金的使用，必须由领导班子集体作出决定。该纲要重申和强调该项制度，并使之成为开展党风廉政建设和反腐败工作的指导性文件。对重大经济事项决策及执行情况的审计是领导干部经济责任审计的主要内容，也是领导干部失职渎职合规型内部审计的中心环节。审计中要重点关注以下三方面问题。

（1）重大经济事项如何确定

重大经济事项应当根据有关规定和本单位实际情况确定，大致分定量事项和定性事项两大类。

①定量事项。一般认为，数量大、金额大、风险大的事项为重大经济事项，与之关联的资金为大额资金。定量标准一经确定并固化为制度后，不得随意更改。

②定性事项。定性事项主要指涉及本系统、本单位发展方向及全局性的事项，如预算编制与分配、大额资金支出、重要基础和信息化项目、资产处置、对外投资、融资、大宗物资和服务采购、机构调整，以及下属单位的改制重组、产权转让、合并分立等。另外，与领导干部履责关联度较高，特别是审计报告中应当承担"直接责任"的行为也确定为重大经济事项，如领导干部直接决定、批准、组织实施或强令指使通过的经济事项等。

（2）重大经济事项如何决策

主要抓住三个环节审查决策程序的合规性。

①决策前，要经过充分调研和专家论证，必要时进行技术咨询和决策评估。

②决策中，要充分发扬民主，听取每位参会人员的意见和建议。对需要表决的，实行逐项表决，按照少数服从多数原则形成正式决定。

③决策后，要形成会议纪要，经主要领导签发后按分工和职责组织实施，必要时向上级报告或备案。检查决策记录能否体现会议全过程，参会人

员的表决意见记录是否完整、准确、详细，是否经签字确认后存档备查。

（3）重大经济事项如何执行

①执行要点。对照上述决策方案和实施计划，审查其完成及执行是否达到预期目标，以及是否取得较好的社会效果、经济效果和法律效果等。重点关注领导干部违反程序或疏于监管，造成重大损失浪费或资产流失等问题。按照两办新规定精神，评价执行效果时应坚持事业为上、实事求是、依纪依法、容纠并举等原则；要把领导干部在推进改革中因缺乏经验、先行先试出现的失误和错误，同明知故犯的违纪违法行为区分开来；把上级尚无明确限制的探索性试验中的失误和错误，同上级明令禁止后依然我行我素的违纪违法行为区分开来；把为推动发展的无意过失，同为谋取私利的违纪违法行为区分开来。

②所要收集的资料。要完成以上审计内容，审计人员一般要收集以下资料：上级批示件、单位的会议制度和相关议事规则、可行性研究报告、目标责任书、单位领导的职责分工文件、党委（支部、总支）会议纪要、办公会议纪要、述职述廉报告、年度工作总结等。对于行政事业单位而言，还包括"二上二下"财政预算编制方案及批复、决算草案、用款计划表、财政授权支付入账通知书、"三定"（定员、定编、定职责）方案，房屋、车辆及人员编制指标数等文件资料。其中，"二上二下"指部门预算编制和审批程序。其中部门编报预算建议数，简称"一上"；财政下达部门预算控制数，简称"一下"；部门在预算控制数内编报预算草案并上报，简称"二上"；财政正式批复部门预算，简称"二下"。

财政财务收支管理情况的审计重点

1. 财政财务收支管理

（1）财政财务收支活动

财政财务收支活动是一个单位最基础的经济活动形式，财政财务收支审计是最传统的审计形式，是其他一切审计活动的基础。

（2）经济责任审计

经济责任审计同样有赖于财政财务收支审计才能做出评价。对于内管干部而言，加强本单位、本部门的财政财务收支管理，确保收支的真实性、合法性和效益性，也是其应当履行的主要经济职责。

（3）领导干部失职渎职合规型内部审计

除了遵循一般经济责任审计的规律和要求之外，还应重点关注与领导干部履行财政财务收支活动相关的经济责任的落实情况，核实实际执行情况与应履行职责之间的差距，准确评定履责绩效，并为界定领导干部应承担的经济责任提供依据，最终促进其科学理财、依法行政和规范经营。

2. 重点把握的三个维度

围绕上述目标，在领导干部失职渎职合规型内部审计中着重从以下三方面审查财政财务收支状况。

（1）从真实性角度

关注领导干部任职期间财务状况和经营成果是否真实、完整，账实是否相符，会计核算是否准确等。

（2）从合规性角度

关注各项财政财务收支情况是否符合国家法律法规、党的纪律、方针政策以及内部规章制度。从违规财政财务行为中找出失职渎职行为，这既是传统审计查错纠弊功能的体现，也是合规型内部审计的核心特质。就行政事业单位而言，要从预算、收支、资产采购、往来款项管理中找出违规之处，确认违规行为。

（3）从绩效性角度

关注专项经费的使用，包括"三公"经费支出，津补贴、奖金福利的发放，以及大额支出是否履行必要的程序，有无存在铺张浪费甚至造成重大损失的问题，上述问题可结合重大经济事项决策及执行情况同步实施。

3.审计资料

要完成以上审计内容，审计人员一般要收集以下书面资料或电子数据：总账、明细账、现金日记账、银行日记账及银行对账单等；会计报表及会计报表说明资料；会计凭证、票据领购簿、票据领销登记资料、票据存根；有关协议、合同、产权证明等资料。对于行政事业单位而言，还包括"一上""二上"申请资料，年度预算批复表，收费项目审批文件及收费许可证，各类收费票据，公务卡结算凭证，政府采购计划及年度集中采购目录、操作规程、验收记录等文件资料。

执行廉政纪律情况的审计重点

领导干部本人执行廉政纪律情况是领导干部失职渎职合规型内部审计体现廉政特色的内容，属于廉政审计的范畴。廉政审计是为保证公共权力拥有者廉洁从政行为，而进行监督所采取的审计活动的总称，本质是反腐败审计。廉政审计主要对领导干部执行廉政规定情况和个人廉政自律行为进行审查和评价。廉政工作在实践中属于"一票否决"的特定情形，其审计评价结果往往会影响领导干部的奖惩、任免。

1.重点问题

领导干部失职渎职合规型内部审计作为廉政审计的延伸，应重点关注以下3方面问题。

（1）滥用职权谋取私利的行为

利用职权或者职务上的影响为他人谋取利益，纵容、默许配偶、子女及其配偶等亲属、身边工作人员和其他特定关系人利用党员干部本人职权或者职务上的影响谋取私利；收受可能影响公正执行公务的礼品、礼金、消费卡和有价证券、股权、其他金融产品等财物；违反有关规定在经济组织、社会组织等单位中兼职，或者经批准兼职但获取薪酬、奖金、津贴等额外利益；侵占、贪污或长期无偿使用管理服务对象的钱款、住房、车辆等行为。

（2）违反廉洁从政（业）规定的问题

违反有关规定从事经商办企业、买卖股票或者进行其他证券投资、有偿中介等营利活动，违反管理规定超标准或者以虚假事项套取现金，用公款支付、报销应由个人支付的费用，以会议、培训名义进行公款宴请、公款旅游活动，未经审批使用财政性资金举办营业性文艺晚会等。

（3）根据政工人事、纪检监察部门意见或群众反映，需要审计查证的事项

上级核查发现未按规定报告个人重大事项，刻意隐瞒房产、股票或基金，信访举报"小金库""账外账"或隐瞒账外欠款等，相关部门移送的有关贪污、挪用、私分公款、行贿受贿和挥霍浪费问题线索。上述问题和线索大多与职务犯罪有着千丝万缕的联系，需要审计人员具备较强的违法违纪违规案件发现和查处能力，实践中往往要与相关部门共同协作，优势互补，形成监督合力，共同提高监督实效。

2. 审计资料

要完成以上审计内容，审计人员一般要收集以下资料：领导干部廉洁档案各项内容，包括年度收入扣除所得税、养老保险、医疗保险、职业年金等后的工资及各类奖金、津贴、补贴等实际所得，各类讲学、写作、咨询、审稿、书画等劳务所得及纳税证明，在企业和社会组织兼职取酬情况，本人、配偶、共同生活的子女财产申报情况，因公出国（境）、公款消费、公务支出、会务用车、会议培训费报销凭证，专题民主生活会发言材料，年度履行党风廉政建设责任制的报告，领导干部个人重大事项报告等其他相关材料。

6.3 领导干部失职渎职内部审计通用技术与方法

领导干部失职渎职内部审计作为经济责任审计的类型之一，既具备一般领导干部经济责任审计的共同点，又具备"履责、明责、定责"的特点。其审计技术与方法可以分为取证方法和定责方法两种。根据审计载体的不同，取证方法又分为通用取证方法和专门取证方法，其中，通用取证方法包括以下内容。

1. 基本取证方法

2013 年 8 月 26 日，中国内部审计协会发布《第 1101 号——内部审计基本准则》，第十七条指出："内部审计人员可以运用审核、观察、监盘、访谈、调查、函证、计算和分析程序等方法，获取相关、可靠和充分的审计证据，以支持审计结论、意见与建议。"上述审核等八种取证方法即为适用于所有内部审计类型的通用方法，除此之外还包括充分运用信息化手段和大数据分析技术，推进非现场审计。这些技术与方法不仅是新时代内部审计实现增值功能的有效途径，而且对于提高工作效率、准确及时发现问题症结、缓解审计力量不足等也具有现实意义。

2. 审计调查方法

在具体运用上述方法时，应根据审计进度、审计成本和审计风险有所侧重，有时候需要综合使用，发挥整体功能，以达到精准评价经济责任"人格化"目标。以调查法为例，一般分为审阅调查法、重点调查法、问卷调查法、访谈调查法等，应针对不同的阶段运用不同方法。

①审前调查主要运用审阅调查法和访谈调查法，充分听取各方面的意见和查阅有关资料，梳理被审计领导干部的重要决策、重点工作，以确定下一步审计实施重点。

②进点实施审计时，需要运用问卷调查法，这又涉及问卷设计的问题。通常有两种办法，即卡片法和框图法，其中卡片法是先有具体问题，后有问卷结构，框图法是先有问卷结构，后有具体问题。这两种方法的思维逻辑正好相反，一个是归纳，从具体问题到整体结构，另一个是演绎，从整体结构到具体问题。至于问卷内容，应重点围绕经济决策、经济管理、经济效益、业务管理和廉政建设等事项，并结合不同经济组织和被审计领导干部的特性进行确定。

实践中，问卷调查法往往与访谈调查法等其他方法一并使用，有利于获得较为完整的审计证据。

6.4

领导干部失职渎职合规型内部审计
专用技术与方法

政策与部署执行情况的审计方法

专用取证方法是在通用取证方法的基础上，根据审计内容或事项不同，分别运用不同的取证方法进行识别、排除或确认的过程。以行政事业单位为例，上级部门有关政策与部署贯彻执行情况审计的专用取证方法如下（其中内控失效审计取证方法将在第 8 章专门介绍）。

①检查党和国家有关经济方针和决策部署是否得到贯彻落实。查阅台账资料，核对上级有关文件和决策部署落实情况。

②检查国家或上级部门制定的发展规划和战略是否得到贯彻落实。查阅台账资料，核对上级相关发展规划和战略文件落实情况，重点关注是否根据发展战略制订年度计划和编制全面预算，是否对发展战略的实施情况进行监控和定期分析。

③检查本单位事业发展和任期经济责任指标是否实现。查阅工作台账、业务案卷和相关财务资料，梳理出各类考核指标和任务数，计算和分析考核任务完成情况，分析不一致的原因。

④检查本单位履行社会发展责任是否符合规定。查阅台账资料，核对相关社会职责和义务的制度、措施、操作规范和应急预案等建立及执行情况。

重大经济事项决策与执行情况的审计方法

①检查重大经济事项的内容是否符合国家有关法律法规，是否符合科学发展目标和上级决策部署要求。查阅台账资料，按重要性原则确定抽查的标准并抽取一定数量的重大经济活动决策事项，对照相关法律法规、上级文件和政策部署，看是否存在盲目拍板、违规决策、越权审批的问题。

②检查重大经济事项决策是否建立相应的议事规则和决策机制。查阅党委（支部、总支）、办公会及相关会议纪要，了解单位"三重一大"议事规则及决策程序、流程。

③检查决策的程序和流程是否符合法律法规和内部控制制度的要求。梳理出审计期内发生的重大事项决策、重要项目安排、大额资金使用的清单进行穿行测试，以验证决策的程序。综合运用收集财务数据、统计数据资料、审阅分析、个别谈话等审计方法，检查有关决策程序的合规性。

④检查是否遵循民主集中制原则，是否坚持可行性论证、风险评估、集体讨论和会议决定制度。查阅原始会议记录、有关论证和评估资料，结合调查问卷、访谈、座谈等方法，全面客观判断决策的科学性、民主性。

⑤检查会议记录和纪要的准确、完整性。查阅原始会议记录，重点关注参会人员及其意见、结论、签字确认等内容，必要时对部分参会人员进行访谈。

⑥检查决策确定的各项目标是否完成，执行效果是否达到预期目标。查阅立项性文件、初始计划任务、合同、验收报告、财务台账或有关资料，与相关会议记录逐一核对，查看重大经济事项或目标任务的实现情况。

财政财务收支管理情况的审计方法

1. 预决算业务

重点围绕预决算编制的完整性、预算安排的合理性、预算执行的有效性、决算报告的真实性和正确性进行审查和评价。

（1）预算编制方面

取得上年度预决算报表，检查"一上"预算编制时是否参考上年度预算执行情况，是否符合国家政策和本部门发展需要，是否包括本部门收支全部内容。取得财政下达的"一下"控制数文件，与"二上"预算编制数进行比较，分析不一致的原因。预算执行中是否存在因项目目标完成、项目提前终止或预计年内难以形成实际支出，致使指标被财政提前收回的情况，分析变动原因。

（2）收入预算方面

检查部门预算收入的构成，重点关注公共预算、政府性基金预算和财政专户资金增减变化情况。运用分析性复核的方法，编制收入预算审核分析表，与上年度预算执行情况进行比较，分析变动原因。

（3）支出预算方面

①将单位人事部门提供的人员编制数、实有人数和规定标准等资料，与报送数做对比，分析人员经费预算计算是否准确，是否在财政下达的控制数内，有无虚报冒领的情况。

②取得项目申报文本，检查项目申报主表及明细表，项目可行性研究报告、项目评审报告等资料，重点了解项目申报的背景及条件是否符合国家政策规定和财政资金的支持方向，实地了解项目的进展情况，判定项目申报的必要性和合理性。

③调查了解财政专项资金使用目标、范围和对象，重点了解专项资金取得的绩效是否达到主要目标。将项目"二上"预算数与财政批复数进行比对，核实单位是否自行扩大开支范围。

（4）预算执行方面

①审查预算分配方案是否具体、明确，重大开支是否通过集体研究决定。审查主管部门是否按规定及时向所属单位批复预算。有无在本级预留、截留下级部门预算资金，有无随意调整预算科目与项目、擅自改变预算资金用途。

②审查有无按照预算管理权限和所属单位职责任务等分配预算资金，有无细化落实到具体单位和项目。

③审查与下级单位往来、银行存款等账户，查阅资金拨付、入账时间，对照项目完成计划和实施进度资料，确定拨付金额与项目完成量是否一致。

④查阅项目资金、专项资金的使用范围和用途等文件资料，审查非税收入的征收是否合法，是否严格执行"收支两条线"制度，确定是否存在应征未征或随意减免的问题。

⑤审查支出明细账户，核实支出的真实合规性，并与年初计划比较，判断是否存在挤占或挪用项目资金。查阅拨款的依据及预算批复，调查收款单位的入账记录，查阅经济业务的合同、签证、验收、入库等资料，调查对方的入账记录。

⑥审查异常的往来款项，厘清资金的流出流入，判断经济业务的真实性。查阅年度政府采购目录及限额和相关集中统一采购规定，审查支出账户购置设备、货物等会计凭证记录事项，查阅相应的购销合同、购置审批、验收记录及付款方式等资料，确定是否存在违规采购行为及其金额。

（5）预算监督方面

审查单位有无建立预算考核制度，重大支出项目有无跟踪问效机制，调阅预算绩效评价材料和相关审计报告，查看内部审计部门是否参与单位本级预算管理监督。

（6）决算方面

审查单位是否按规定编制决算，账表、表表是否相符，决算内容是否完整，数字是否真实准确。检查各项收入是否符合国家政策规定，是否足额缴入国库或财政专户，各项支出是否按规定的标准和范围列支，预算执行率是否符合规定标准。

2. 收支业务

加强财政财务收支管理，保障组织正常经营运行，是领导干部应当履行的主要经济职责。审计人员应重点围绕收入支出的真实性、完整性、合法性进行审查和评价。

（1）真实性方面

①审查收入是否统一管理，核对年度各项收入预算的编制和上级预算批复情况，核对各项收入明细账余额之和与总账余额是否相符。

②审查支出是否挤占、挪用各类专项资金，是否存在编造虚假名目、冒领套现的情况。对异常大额支出进行抽样审计，结合抽查结果和询问经办人员、查阅业务档案等推断真实情况。

（2）完整性方面

①核对各项收入是否足额、及时入账，是否有隐瞒、截留收入、设置账外账和私设"小金库"行为，是否将单位收入暂存外单位，是否在往来款项中列收列支。

②核对年末收入结转是否完整。审查收费票据，查看使用过的票据是否完整无缺，有无将收入不记账、收多记少以及私分、借支公款等问题；是否在下属单位列支费用，包括工资、福利、"三公"经费和购买固定资产等；"三公"经费支出是否超预算、控制措施是否执行到位。

（3）合法性方面

①审阅收费文件及收费许可证，查看收费项目、标准、范围是否依照国家有关法律、法规的规定，有无擅自扩大收费范围、提高收费标准，甚至收支挂钩、"搭车"收费等情况。

②检查"收支两条线"和公款竞争性存放规定落实情况。

③检查支出核算是否执行相关财务制度规定，是否存在超预算安排支出等。成本或费用支出与经营活动和收入匹配的合规性情况，成本控制是否有效，税金计交、折旧计提是否准确，是否存在"小金库"、账外账、虚报冒领、套取资金等违反财经法规和损失浪费等现象，有无在下属单位领取工资、兼职取酬和"吃空饷"等行为。

3. 资产业务

《行政单位财务规则》（中华人民共和国财政部令第 71 号）第二十八条指出："资产是指行政单位占有或者使用的，能以货币计量的经济资源，包括流动资产、固定资产、在建工程、无形资产等。"审计人员应重点对货币资金、固定资产和库存物资管理情况进行审查和评价。

（1）银行存款和现金方面

①检查银行账户的开设情况，必要时函证或实地走访相关银行获取对账单，重点关注基本存款账户和银行利率是否符合公款竞争性存放规定，核对银行存款日记账和银行存款总账，查看账账是否一致。

②核对银行存款日记账与银行对账单，查看两者余额是否相符，是否存在未达账项，有无编制银行存款余额调节表进行调节。

③核对银行存款日记账与银行存款收付凭证，查看账证是否一致。在出纳人员、会计主管在现场的情况下，突击监盘库存现金，将实存数与现金日记账余额进行核对，分析不一致的原因，并按规定做出相应调整和处理。

（2）固定资产方面

对固定资产的审查和评价，采取"从账到物"和"从物到账"相结合的方法进行。

①固定资产计价是否正确，凭证手续是否齐备，出租出借、回收处置是否履行相关程序和手续，变价收入是否正确及时入账。接受捐赠的固定资产和已投入使用但尚未办理竣工决算的在建工程是否按规定入账。

②固定资产管理信息系统、财务账和实物（卡片）账是否按规定清查盘点和定期核对，账实、账账是否一致。

③实地抽查部分固定资产，与财务账进行核对，确定其是否存在；按照倒序方法，抽取部分财务数据，与实物账进行核对。

（3）库存物资管理方面

①实地监盘库存物资，将实存数与总账、明细账进行核对，分析盘盈、盘亏及账实不符的原因，对于长期挂账、数据异常波动等事项按规定调整和处理。

②核对库存物资的计价方法，检查其前后期是否一致。

③抽查库存物资的入库单和发出凭证，核对出入库情况，与"生产成本"科目和"主营业务成本"科目结转额进行核对，分析不一致的原因。

4. 会计基础和其他业务

会计基础工作既是会计工作和经营管理工作的基本内容，也是合规型内部审计的重要组成部分。近年来发生的重大违法违纪典型案例表明，部分领导干部对会计基础工作的失控漏管，甚至带头违反财经纪律，往往是造成单位财务管理混乱的重要原因。审计人员应重点对会计基础方面、不相容岗位分设方面及往来款项管理方面进行审查和评价。

（1）会计基础方面

检查会计凭证、会计账簿、会计报表和其他会计资料的内容和要求是否符合国家统一会计制度的规定，会计核算是否按规定的会计处理方法进行，内部会计管理各项制度，如岗位责任、财产清查、计量验收、成本核算、财务分析等是否执行有效。

（2）不相容岗位分设方面

查阅机构设置文件和"三定"方案，实地访谈相关人员，检查出纳与会计的支票、钱、账、章是否保管到位，检查采购人员的计划、采购、付款、验收与保管工作，检查合同订立与审批，项目实施与决策等不相容岗位是否按规定分设，其职责分工是否明确。

（3）往来款项管理方面

获取或编制往来款项明细表或账龄分析表，选取部分款项进行函证，根据函证情况判断债权数的真实性和可回收性，未回函的采用替代程序继续检查，重点关注3年以上长期挂账款项是否落实定期清理制度，坏账的计提和冲销是否符合相关规定，是否履行相关手续和程序。

执行廉政纪律情况的审计方法

1. 执行廉政纪律情况

（1）明确审计重点

在审计进点会上向被审计单位发放问卷调查表，现场回收并整理后进行统计分析，并查看党组织会议记录，找相关人员座谈，核查领导干部履行党风廉政建设责任制情况。结合内设政工人事、纪检监察部门、经济责任审计联席会议成员单位意见或信访举报情况，确定初步问题线索和重点审计方向。

（2）开展线索核查

根据已掌握的资料和履行必要的报批程序，制订具体审计实施方案，有针对性地开展特定事项审计工作。在核查台账资料的基础上，通过召开座谈会、个别谈话、实地观察和外出调查，必要时对内设部门、下属单位或以前以后年度开展延伸审计，以及综合运用账面数据、统计数据、审阅分析和大数据等手段，查清事情的来龙去脉，把问题查深、查透、坐实。

（3）强化协同联动

加强与政工人事、纪检监察等部门和政法等机关的密切协作，实现资源共享、信息互通。按规定程序报批后，依法依纪依规对审计发现的问题线索及时予以移交，必要时可提请相关部门提前介入调查。

2. 定责方法

（1）责任界定

责任界定既是经济责任审计区别于其他类型审计的"特选项目"，也是衡量和评价领导干部履行经济责任情况的重要参考依据。两办新规定将领导干部原来应承担的3种责任修改为领导责任和直接责任两种责任。2021年1月21日，中国内部审计协会根据两办新规定修订了《第2205号内部审计具体准则——经济责任审计》，该准则第二十二、第二十四条将领导干部履责行为应承担的责任同样区分为领导责任和直接责任两种责任，具体内容与两办新规定基本一致。

《第 2205 号内部审计具体准则——经济责任审计》要求审计人员做到"三个区分开来"，正确把握事业为上、实事求是、依纪依法、容纠并举等原则，厘清工作失误和失职渎职的区别，科学定责、从轻定责、合理免责，以激励和保护领导干部主动担当有为、积极谋事创业。

（2）综合评定

由于领导干部介入经济事项程度不同，不同层级的岗位职责不同，受外界因素制约和影响不同，因此产生的失职渎职行为也不尽相同。合规型内部审计渎职行为往往对应直接责任，失职行为对应领导责任，但实践中多种行为经常交织在一起，难以区分，审计人员需要全面分析和综合评定才能得出准确结论。

（3）直接责任行为

领导干部经济责任审计重点关注的失职渎职行为共 10 项，其中应负直接责任行为 6 项。

①直接违反有关党内法规、法律法规、政策规定的。

②贯彻党和国家经济方针政策、决策部署不坚决、不全面、不到位，造成公共资金、国有资产、国有资源损失浪费，生态环境破坏，公共利益损害等后果的。

③未完成有关法律法规规章、政策措施、目标责任书等规定的领导干部作为第一责任人（负总责）事项，造成公共资金、国有资产、国有资源损失浪费，生态环境破坏，公共利益损害等后果的。

④未经民主决策程序或者民主决策时在多数人不同意的情况下，直接决定、批准、组织实施重大经济事项，造成公共资金、国有资产、国有资源损失浪费，生态环境破坏，公共利益损害等后果的。

⑤授意、指使、强令、纵容、包庇下属人员违反有关党内法规、法律法规、政策规定的。

⑥不履行或者不正确履行职责，对造成的后果起决定性作用的其他行为。

（4）领导责任行为

除此之外，还应把握以下 4 项应负领导责任行为。

①民主决策时，在多数人同意的情况下，决定、批准、组织实施重大经济事项，决策不当或者决策失误造成公共资金、国有资产、国有资源损失浪费，生态环境破坏，公共利益损害等后果的。

②违反单位内部管理规定造成公共资金、国有资产、国有资源损失浪费，生态环境破坏，公共利益损害等后果的。

③参与相关决策和工作时，没有发表明确的反对意见，相关决策和工作违反有关党内法规、法律法规、政策规定，或者造成公共资金、国有资产、国有资源损失浪费，生态环境破坏，公共利益损害等后果的。

④疏于监管，未及时发现和处理所管辖范围内本级或者下一级地区（部门、单位）违反有关党内法规、法律法规、政策规定的问题，造成公共资金、国有资产、国有资源损失浪费，生态环境破坏，公共利益损害等后果的。

6.5
案例一：行政单位领导干部失职渎职

案例概况

G局为D市（地级市）A执法管理局直属副处级单位，截至2020年12月末，共有10个内设机构，核定行政编制数1 006人，实际在编人数924人。批准编外用工数200人，实际在岗人数178人。财政核定车辆编制数136辆，实际使用车辆196辆。A局为D市财政一级预算拨款单位，财务独立核算。

王某于2017年11月起任G局局长（行政级别为副处级），任职期间主持全局工作，分管后勤工作，经A局批准兼任某社团副会长。

A局审计处抽调人员组成审计组，于2021年3月1日起对王某开展任期经济责任审计。审计重点是贯彻执行上级方针政策和决策部署情况，内部控制制度的建立和执行情况，公务支出、公款消费，特别是"三公"经费和会议培训费使用情况。审计人员从细微处寻找突破口，从大量的基础调查和实地核查中发现王某违规套取会议费私设"小金库"、兼职取酬和违规出租房产造成国有资产流失等系列问题的线索，并将此案移送纪检部门处理。

审计实施过程与策略

1. 审前调查锁疑点

审计组走访相关部门，收集领导干部职责分工、制度建设、决策管理、财务收支、资产管理、建设项目及政府采购资料、电子数据等。

（1）审前调查情况

2018 年以来，王某从其兼任社团领取津补贴共计 8.12 万元。G 局位于 D 市有办公楼一幢、店面房 5 间（面积约 100 平方米），其中王某办公室使用面积 28 平方米。据组织部门提供的个人重大事项报告，王某 2018 年至 2020 年工资津贴收入合计 65.99 万元。G 局后勤科为内设会计机构，配备财务人员 4 名，分别从事会计、出纳、票据和物资管理岗位，设行政经费、食堂、工会和收费专用账户等 4 套账。G 局财务管理制度规定，0.5 万元以下（含 0.5 万元）由后勤科长张某审批，0.5 万元—1 万元（含 1 万元）由常务副局长赵某审批，1 万元以上由局长办公会议集体研究决定。

G 局公用经费账"经费支出——因公出国（境）费用"明细账列支王某赴美交流费用 1.5 万元，报销凭据为某出国代理公司开具的发票，以及相关批件的复印件。进一步延伸审计发现，工会账列支王某出国经费 1 万元。由于两者入账时间高度一致，审计组初步判断可能存在王某出国经费超标的情况。

（2）出国经费情况

带着上述疑问，审计人员分别走访当事人查证核实。2019 年 3 月，市政府组团赴美交流城市园林管理，王某作为考察团成员出访，市财政部门核定其出国经费 1.5 万元，实际发生 2.5 万元，其中 1.5 万元在公用经费账上报销，超出部分（1 万元）经常务副局长赵某审批后在工会账上列支。

2. 账面核查露端倪

据公用经费账"经费支出——商品服务支出——其他"明细账，2018

年 9 月至 2019 年 5 月支付某车辆保险费、油费、维修保养费、过路过桥费等共计 9.2 万元。

该车非财政核定车辆，财务人员向审计人员解释，该车系下属某企业借用，由王某个人使用。该局门卫孙某也确认，王某平时驾驶该车辆上下班，审计人员根据孙某提供的线索，在该局地下车库找到了该车。考虑到广大员工为 D 市文明城市创建付出的辛苦劳动，为充分体现组织的关心关爱，经局长办公会议集体研究决定，2018 年 1 月至 12 月，G 局发放 "过节费" 共 4 次，共计 36.96 万元，发放标准为每人每次 1000 元。

3. 刨根问底追源头

（1）租户是谁

为进一步核实 "三公" 经费支出情况，审计组决定重点检查内部食堂和会议培训费。食堂账面除了公用经费定期拨入收入以外，还有租金收入 10 万元。据该局提供的租房协议，2018 年 2 月，G 局未经评估和市场竞价，直接将 5 间店面房统一租给钱某，租期 2 年，年租金 10 万元 [2 万元 /（间·年）]。

审计人员在购房网上查询同地段商铺租金，市场价约为 5 万元 /（间·年）。根据协议提供的地址，审计人员直接找到租户了解，原来这 5 间店面房均是从钱某处转租的，每间年租金 5 万元。该局局长办公会议记录显示，三分之二的参会班子成员持反对意见，决策事项未通过。审计人员找常务副局长赵某谈话获知，王某会后专门向赵某介绍钱某，说钱某是其远房亲戚，有租房意向。赵某考虑再三，决定将 5 间店面房统一租给钱某。

（2）会议费去哪儿了

审计发现，2019 年 1 月和 10 月，G 局以会议费名义共支付某大酒店 30 万元，报销凭据为该酒店出具的餐饮发票，但未见审批表、参会人员签到表、会议通知及酒店消费明细单据等资料。审计人员延伸调查该酒店，未能获得相关会议详细资料，后找酒店财务经理黄某询问，得知除发票为酒店提供外，其余为虚构事项，该局主要以会议费名义套取资金后挂账，供王某公务接待和个人使用。截至 2020 年末，该款项已列支 20 万元，剩余金额 10 万元仍挂账。

主要审计技术与方法

1. 审计准备阶段

在审前调查的基础上，制订审计工作方案。审计工作方案围绕上级部门有关政策与部署贯彻执行情况、内部控制的建立及执行情况、重大经济事项决策及执行情况、财务收支管理情况、领导干部本人执行廉政纪律情况等五方面开展。

具体实施内容包括送达审计通知书、发布审计公告、召开审计进点会等。其中，召开审计进点会又分两个阶段进行。

①第一阶段由审计组宣读审计委托书、介绍审计工作方案，王某报告任期履行经济责任情况，并对提供资料的真实性、完整性做出书面承诺。

②第二阶段对王某开展民主测评，现场发放和回收测评表，并找个别人员谈话，考察王某廉政情况。

2. 审计实施阶段

根据审计实施方案确定的审计目标、审计范围、审计内容和工作要求，开展就地审计或送达审计工作。审计期间，审计人员综合运用审核、观察、监盘、访谈、调查、函证、重新计算和分析程序等方法，获取相关、可靠和充分的审计证据。

①通过查阅党委（支部、总支）、办公会及相关会议纪要，了解重大经济事项和流程，核对相关财务台账。查证程序或实体方面是否存在与"三重一大"集体决策制度不符的问题。

②通过审核财务资料收集出国费、接待费、会议费、培训费和公务用车经费开支情况，调取相关报批方案，与批复书、经费预决算资料进行对

比分析，核查是否存在公车私用和超标准接待、列支会议培训费、列支出国费等问题。

③调取经费开支资料（含工资和津补贴），根据发放依据、发放范围和发放标准进行验算，确认是否存在超标准、超范围发放津补贴等问题。

④通过检查文件资料、询问、现场观察、重复执行等方法对内部控制情况进行测试，重点核查是否存在不相容岗位未分离、选择性执行制度等情况。

⑤通过核对各项收入明细账余额之和与总账余额，确定各项收入是否足额、及时入账，是否存在在往来款项中列收列支情况，结合相关举报线索，关注账外资金的流向。

⑥突击盘点出纳和食堂库存现金，找个别人员访谈，并延伸审计关联单位，确认是否有公款私存、设置账外账和"小金库"等情况。函证银行账户，抽取审计日的银行对账单、银行存款日记账及总账进行核对，确认是否有隐瞒、截留收入情况。

上述问题，应及时制作审计取证单并交 G 局签证，并根据取证单签证意见和审前调查情况编制审计工作底稿。

3.审计报告阶段

根据审计工作底稿，召开集体审理会议，对相关内容逐项定性定责后，形成审计报告征求意见稿。将审计报告征求意见稿送达 G 局及王某征求意见。根据书面反馈的意见做进一步修改，最终形成正式审计报告。

审计报告主要反映审计对象履行经济责任情况，审计发现的问题及判定依据、责任界定，处理意见和审计建议等内容。无法在审计报告中反映的问题以风险告知或管理建议书方式，书面告知 G 局及王某。对于上述涉及重大违法违纪违规的问题线索，履行规定程序和手续后，向纪检监察部门或政工人事部门及时移送。

审计发现的失职渎职事实与政策依据

1. 违规领取兼职报酬

王某从社团领取津补贴共计 8.12 万元，违反《**中华人民共和国公务员法**》第四十四条"公务员因工作需要在机关外兼职，应当经有关机关批准，并不得领取兼职报酬"的规定。王某对上述问题负直接责任，G 局应将其获取的报酬收缴后上缴国库，并将相关违法违纪违规线索移送上级纪检部门处理。

2. 办公室面积超标准

王某办公室使用面积 28 平方米，违反《**党政机关办公用房建设标准**》第十一条"市级机关副处级办公室使用面积不超过 18 平方米"的规定。王某对上述问题负领导责任，G 局应将超出部分的办公用房面积腾退并移交机关事务管理部门。

3. 工会费违规列支超标准出国经费

工会账列支王某出国经费 1 万元，违反《**党政机关厉行节约反对浪费条例**》第八条"党政机关应严格执行预算，严禁超预算或无预算安排支出"和《**基层工会经费收支管理办法**》（总工办发〔2017〕32 号）第二十二条"不准截留、挪用工会经费"的规定。王某对上述问题负直接责任，G 局应严格执行预算，严禁转嫁费用。

4. 超编制配备公务用车

G 局超编制使用公务用车 60 辆，违反《**党政机关公务用车管理办法**》第六条"党政机关公务用车实行编制管理。车辆编制根据机构设置、人员编制和工作需要等因素确定"和《**党政机关厉行节约反对浪费条例**》第二十六条"党政机关应当从严配备实行定向化保障的公务用车，不得以特殊用途等理由变相超编制、超标准配备公务用车"的规定。王某对上述问题负领导责任，G局应按不同来源渠道对超编车辆做出处理。

5. 违规借用下属单位车辆

2018年9月至2019年5月支付外单位车辆运行费9.2万元，违反《党政机关厉行节约反对浪费条例》第二十六条"党政机关不得以任何方式换用、借用、占用下属单位或其他单位和个人的车辆"的规定。王某对上述问题负直接责任，G局应将车辆退还相关企业，车辆运行费应由王某个人承担，视情将相关违法违纪违规线索移送上级纪检部门处理。

6. 违规发放节日费

2018年1月至12月，G局发放"过节费"共4次，共计36.96万元，违反《违规发放津贴补贴行为处分规定》第四条第十款"借重大活动筹备或节日庆祝之机，变相向职工普遍发放现金"的规定。王某对上述问题负领导责任，G局应收回违规发放的节日费，并将相关线索移送上级纪检部门处理。

7. 出租房产未经财政部门审批，租金未纳入预算管理

G局未经审批将5间店面房统一租给钱某，并将收取的租金10万元入食堂账管理。违反了《行政单位国有资产管理暂行办法》第二十四条"行政单位拟将占有、使用的国有资产对外出租、出借，必须事先上报同级财政部门审核批准"和第二十五条"行政单位出租、出借的国有资产，其所有权性质不变，仍归国家所有。所形成的收入，按照政府非税收入管理的规定，实行'收支两条线'管理"的规定。王某对上述问题负领导责任，G局应严格执行国有资产出租规定程序，并按照政府非税收入管理的有关规定，将房租收入上缴财政专户。

8. 未经公开竞价出租房产

G局未经评估和市场竞价出租房产，违反了《XX省行政事业单位国有

资产管理暂行办法》第十七条"经批准同意对外出租的国有资产，应按照公开、公平、公正的原则，通过市场竞价对外出租"的规定。王某对上述问题负领导责任，G 局应当履行国有资产公开招租手续。

9. 重大经济决策执行不到位，造成国有资产流失

王某未按集体决策的要求执行，变相强令赵某决定将 5 间店面房统一租给钱某，造成少收租金 15 万元，违反《行政事业单位内部控制规范（试行）》第十四条"重大经济事项的内部决策，应当由单位领导班子集体研究决定。重大经济事项的认定标准应当根据有关规定和本单位实际情况确定，一经确定，不得随意变更"的规定。王某对上述问题负直接责任，G 局应严格执行重大经济事项决策制度，对王某涉嫌违法违纪违规线索移送上级纪检部门处理。

10. 虚列支出设立"小金库"

G 局通过虚列会议费将 30 万元资金转到账外，形成"小金库"，违反了《中华人民共和国会计法》第十六条"各单位发生的各项经济业务事项应当在依法设置的会计账簿上统一登记、核算，不得违反本法和国家统一的会计制度的规定私设会计账簿登记、核算"的规定。王某对上述问题负直接责任，G 局应予以纠正，按原渠道退回资金，并将相关线索移送上级纪检部门处理。

案例启示

1. 合规型内部审计的新变化

两办新规定不仅对领导干部，还对内部审计人员提出了更高的要求，合规型内部审计外延和内涵明显扩大，从单纯的审财务、审核算向审流程、审责任、审决策、审制度、审规矩转变，业务触角从财务延伸到业务和党建，政治性功能越来越凸显，特别是"三公"经费、会议费、培训费、差旅费管

理，违规兼职取酬及中央"八项规定"精神执行等情况已成为逢审必查内容。

上述案例表明，违反中央"八项规定"、"三重一大"制度、财经纪律和廉洁纪律，设置账外账、"小金库"等问题往往是行政事业单位审计难点问题，究其原因，领导财经意识淡薄、内部控制制度不完善、监督检查不到位是三大根源。加大对重点人员、重点岗位、重点领域、重点项目的审计监督力度，促进领导干部依法用权、秉公用权和廉洁用权是今后合规型内部审计工作的重中之重。

2. 本案例的几点启示

①做好审前调查工作，大量的基础调查材料和充分信息研判，是高质量完成审计任务的前提。

②熟练掌握和运用各类法律法规，特别是各种工作流程和程序，是准确识别和评价问题的关键。

③灵活运用多种技术方法。本案例中审计人员就是综合运用账面资料分析复核、疑点线索比对、关键人员访谈、国有资产实地勘察等方法，并结合逻辑分析，最终获取确凿完整的证据。

④加强协作配合，形成"拳头"效应。审计查处案件是一个极为复杂的工作，当前形势下，审计手段仍然十分有限，关键时刻审计人员要与相关部门协作配合，借助各方优势，以达到事半功倍的效果。

6.6 案例二：事业单位领导干部失职渎职

案例概况

J 医疗设备保障中心（以下简称"J 中心"）为 W 市（地级市）B 卫健局下属公益类自收自支事业单位，机构规格相当于行政副处级，下设 4 个内设科室，核定人员编制 95 人，实际在编人数 104 人。拥有公务用车 3 辆，油卡实行"一车一卡"管理。刘某自 2017 年 1 月起任 J 中心主任，任职期间主持中心工作，分管财务工作。中心财务管理制度规定：2 万元以下由刘某审批，2 万元以上由中心办公会议集体研究决定。

B 局审计处抽调组成审计组，于 2020 年 5 月 9 日起对刘某开展任期经济责任审计。审计过程中，审计人员运用大数据审计方法成功唤醒"沉睡者"，最终发现 J 中心驾驶员孙某"私车公养"线索，取得了较好的审计效果。

审计实施过程与策略

1. 群众举报辨真假

审计进点后，有人向审计组反映和举报刘某违规发放福利的问题。为了查清事实，审计人员对 J 中心提供的资料进行了仔细查看和比对，并走访刘某和相关人员，进行调查取证。

审计发现，2019 年 2 月，刘某为了规避应缴纳的调节金（核定绩效工资总量之外），提出某奖金分配方案并经 J 中心集体研究通过。会计人员徐某分两次将扣除个税后的 20 万元奖金以困难补助名义分两次通过银行转账发放到中心编外人员工资卡内，编外人员收款后再将上述资金转账至在编人员工资卡，并按分配方案确定比例进行分配。据"经费支出——工资福利支出——住房公积金"明细账，2017 年 6 月至 2018 年 6 月，J 中心按照 18% 的比例缴纳住房公积金，超出规定标准 6%，超标准缴纳 11.68 万元。2017 年 1 月起，J 中心实行绩效工资，2018 年 1 月发放 2017 年终一次性考核奖 69.27 万元。审计期间，刘某主动组织退赔全部奖金 20 万元。

2. 跟踪追查破难题

就在审计核实福利费发放时，审计组又有了进一步的发现。

2018 年 1 月至 2019 年 12 月，B 卫健局原副局长白某退休后未经批准担任该中心顾问，并取得兼职收入 6 万元，以"经费支出——工资福利支出——其他工资福利支出"明细账列支。2017 年 9 月，经 J 中心办公会议集体研究决定，并经上级部门批准，J 中心集资 150 万元（其中员工集资 100 万元，J 中心投入资金 50 万元）成立一家汽修厂，用于内部员工私家车辆修理，后因经营管理不善，2019 年 8 月，J 中心决定以 130 万元转给外单位，至 2020 年 1 月收回转让款 130 万元，造成投资损失 20 万元。

3. 数据分析显威力

对比以前年度，审计人员发现车辆运行费用不正常，2018 年"经费支出——商品与服务支出——公务用车运行维护费"明细账列支 B 局车辆维修费和保险费 3.6 万元，同比增加 30%，同时该年度燃料费支出同比增加 25%。审计组经过仔细考虑，决定采用大数据审计方法。审计人员利用数据挖掘算法，将审计思路转化为数据分析模型，并将燃料费等数据导入相关软件进行关联分析，发现三笔支出标注为异常，延伸核实，该中心驾驶员孙某利用单位油卡为其私家车加油 3 次，涉及金额 900 元。

主要审计技术与方法

1. 灵活运用审计方法

审计流程与案例一相同，审计技术方法在传统的审核、观察、监盘、访谈、调查、函证、重新计算和分析程序等方法基础上有所增加，具体如下。一是根据举报反映的问题线索，实行精准"靶向治疗"。目前，举报作为辅助手段在审计工作中发挥着越来越重要的作用，但对于疑点线索，审计人员需要梳理分析，确定调查方向和重点，进行逐一核查。对查实的问题，审计人员应当实施必要的审计程序，使之转化为法定的审计证据。二是运用大数据审计方法唤醒"沉睡者"。审计人员在公务用车运行费审计中充分运用大数据挖掘技术发现"私车公养"线索。

2. 利用大数据审计流程及其方法

①审计人员首先通过相关汽车网站获取车辆型号、排量、油箱容量、轮胎规格、油耗及保养间隔时间，其次获得加油地点，从油耗、车辆加油量可以推导加油间隔时间函数，并设置一个阈值，实际加油量如果超过阈值则判断为异常。

②案例中审计人员导出该 3 辆车 2018 年度加油情况，主要保留加油时间、加油量、加油地点 3 个参数，制作单位车辆使用情况数据表（Excel）。

③审计人员在前期已经根据互联网上的车辆基本信息，将该中心公务用车车型的参数做成一个 SQL 数据库，每个车型对应一张数据表。审计人员将单位车辆使用情况数据表导入 SQL 数据库，然后根据车型进行逐一碰撞。

条件设置一，是加油量超过油箱容量，输出报警。

条件设置二，是前次加油量超过油箱 85%，下次加油量超过两次加油时间间隔（单位小时）与百公里油耗的积的 200%，输出报警。

经过数据碰撞，产生 4 条数据，3 条为同一桑塔纳公车油卡 5 月至 7 月连续 3 个月加油共计 180 升，费用 900 元；另 1 条为帕萨特公车油卡间隔 2 小时，分别加油 55 升，花费 275 元和加油 105 升，花费 525 元。经与 J 中心沟通，并查询加油当日出车单及加油地点，审计人员确认 4 条异常数据均与油卡管理有关，其中前 3 条为驾驶员孙某用油卡为私家车加油，调阅相关监控得以印证；第 4 条为帕萨特公车与桑塔纳公车一起出行，其中一辆由于未携带油卡，只能用他车的油卡加油，延伸核实后做了调账处理。

审计发现的失职渎职事实与政策依据

1. 未经批准超编使用编外人员

J 中心未经市机构编制部门审核同意，超编制使用编外用工 9 人，违反中共中央办公厅和国务院办公厅《关于进一步加强和完善机构编制管理严格控制机构编制的通知》第五项"各地区各部门要严格执行机构编制规定，不准超编进人"的规定。刘某对上述问题负领导责任，J 中心应严格按规定全面清理编外用工。

2. 实行绩效工资后仍发放年终奖

J 中心发放 2017 年终一次性考核奖 69.27 万元，违反《事业单位工作人员收入分配制度改革方案》第二项"事业单位实行绩效工资后，取消现行年终一次性奖金，将一个月基本工资的额度以及地区附加津贴纳入绩效工资"的规定。刘某对上述问题负领导责任，J 中心应按原渠道退还发放的年终一次性考核奖。

3. 超标准缴纳住房公积金

J 中心超标准缴纳住房公积金 11.68 万元，违反该单位所在地区《机关事业单位住房公积金实施方案》第二条"经费自给事业单位和个人按照缴纳基数的 10% 左右缴存住房公积金，最高不超过 12%"的规定。刘某对上述问题负领导责任，J 中心应按原渠道退还多缴公积金。

4. 虚列支出违规发放福利

J中心以困难补助名义套取资金，超标准发放绩效工资 20 万元，同时造成在编人员少缴纳调节金 20 万元的问题，违反了《事业单位工作人员收入分配制度改革方案》第二项"国家对事业单位绩效工资分配进行总量调控和政策指导。事业单位在核定的绩效工资总量内，按照规范的程序和要求，自主分配"和所在地区《关于印发市级事业单位绩效工资实施办法的通知》第二条"公益类自收自支单位绩效工资超过基准线水平××%，应按超出额度××%比例缴纳调节金"、第六条"实施绩效工资后，事业单位不得在核定的绩效工资总量之外自行发放津贴补贴或奖金，不得突破核定的绩效工资总量，不得违反规定的程序和办法进行分配"的规定。刘某对上述问题负领导责任，J中心应将规定比例补缴调节金。

5. 退休领导干部违规领取兼职报酬

白某取得兼职收入 6 万元，违反中共中央组织部《关于进一步规范党政领导干部在企业兼职（任职）问题的意见》第二项"辞去公职或退（离）休后三年内，不得到本人原任职务管辖的地区和业务范围内的企业兼职（任职）"和第三项"按规定经批准在企业兼职的党政领导干部，不得在企业领取薪酬、奖金、津贴等报酬"的规定。刘某对上述问题负领导责任，J中心应将白某兼职收入收缴并上缴国库，对其涉嫌的违法违纪违规线索移送上级纪检部门处理。

6. 盲目对外投资，造成国有资产损失

J中心决策失误造成投资损失 20 万元，违反《行政事业单位国有资产管理办法》第三十九条"行政事业资产的占有、使用单位，有下列行为之一的，国有资产管理部门和主管部门有权责令其改正，并按管理权限，由上级机关或所在单位追究主管领导和直接责任人员的责任……对用于经营投资的资产，不认真进行监督管理，不履行投资者权益、收缴资产收益的"的规定。刘某对上述问题负领导责任，J中心今后应严格执行国有资

产监管规定，不断提高经营管理水平，实现国有资产保值增值。

7. 承担外单位车辆运行费

2018 年报销 B 局车辆维修费和保险费 3.6 万元，违反了《党政机关厉行节约反对浪费条例》第二十六条"党政机关不得以任何方式换用、借用、占用下属单位或其他单位和个人的车辆"的规定。刘某对上述问题负领导责任，J 中心应严格公务用车管理，退还外单位报销的车辆运行费。

8. 违规报销油费

孙某违规用单位的油卡为私家车加油 3 次，金额 900 元，违反《党政机关公务用车管理办法》第十六条"党政机关应当加强公务用车使用管理，严格按照规定使用公务用车，严禁公车私用、私车公养"的规定。刘某对上述问题负领导责任，J 中心应严格公务用车管理，责令孙某退还违规报销油费 900 元，视情对其涉嫌的违规违纪线索移送上级纪检部门处理。

案例启示

1. 行政事业单位的公共属性

行政事业单位承担了管理社会事务、协调经济发展、提供公共产品和公共服务等重大任务，公共属性是行政事业单位与其他组织的本质区别。行政事业单位内部审计也区别于一般企业的内部审计，带有浓厚的公共色彩。除了政治性和公共性，合规性也是其必须考虑的重要因素之一。

无论是从管理对象、经费来源渠道，还是从财政保障、会计核算方式来说，事业单位内部审计业务比行政单位更加复杂和多样。特别是教育、文化和卫生等公益性事业单位，由于机构庞杂、经费多元、人员众多，加上内部控制不力和监管不到位，往往是舞弊问题的"重灾区"。

2. 本案例的几点启示

（1）打造智慧审计模式

大数据时代极大地改变了传统审计取数模式，大数据审计技术能够大大提高数据的处理速度和精准度，可以帮助审计人员快速找到突破点，特别是在数据量很大、无法依靠人工进行比对的情况下，可以起四两拨千斤的作用。创新能力是传统内部审计获得核心竞争力和实现长期价值创造的重要驱动因素。如何运用数据分析手段提升创新能力，是审计人员迫切需要解决的问题。

（2）紧盯关键堵点、痛点

对外投资、绩效工资、应交税金、成本核算、经营收支等既是事业单位特有的会计核算和财务管理方式，也是审计关注的重点领域和环节。案例中 J 中心经营不善造成国有资产损失，审计人员应重点审查领导干部是否违反程序或疏于监管，如决策前是否经过充分调研和专家论证，是否进行过技术咨询和决策评估，决策后的执行绩效是否达到预期等，这也关系到领导干部失职渎职责任如何认定问题。

（3）敏锐感知异常事项

审计人员要做有心人，用多问、多思、多比较的态度和精神去寻找和捕捉疑点线索，善于从外围调查与账内信息的相互联系中挖掘蛛丝马迹。寻找和捕捉疑点线索应当成为审计人员基本的技能之一。

第7章

以员工舞弊为典型特征的解读与案例分析

内部审计是企业发展的基石。

——陆世钧

7.1 / 员工怎样舞弊

　　舞弊正日益成为全球性的重大问题，注册舞弊审查师协会（Association of Certified Fraud Examine，ACFE）《2020 年 ACFE 全球舞弊调查报告》披露，ACFE 预计，舞弊给世界各类组织带来的经济损失约为全年总收入的 5%，本次调查报告舞弊案例涉及的直接经济损失超过 36 亿美元。报告还显示，在过去的 20 年里，越来越多的组织采纳或加强各类反舞弊手段的应用。合规型内部审计作为反舞弊重要防控手段之一，对于降低舞弊带来的经济损失以及更快地检测出舞弊行为，都有非常明显的效果。由于舞弊的种类繁多，产生的原因不尽相同，本节重点对行政事业单位员工舞弊相关内容进行研究，分析其常见的审计内容，并有针对性地提出审计技术与方法为合规型内部审计研究提供有益借鉴。

什么是舞弊

　　舞弊是一个相对比较宽泛的概念，迄今没有统一的定论，传统文化和现代学科均对其有不同的解释。

1. 如何理解舞弊的定义

　　《辞海》对"舞弊"的解释是"用欺骗等方法做违规的事"。国际内部审计师协会（Institute of Internal Auditors，简称 IIA）在 2010 年发布的《**内部审计专业实务标准**》中的第 1210.A2-1 "**舞弊的识别**" 中指出："舞弊包含以故意欺骗为特征的一系列违法违纪行为。舞弊可以为组织谋利，也可以给组织带来损害。组织内外部的人都可以进行舞弊。"

我国 1997 年 1 月实行的《**独立审计具体准则第 8 号——错误与舞弊**》对舞弊的定义为 "导致会计报表产生不实反映的故意行为"。

2007 年 1 月实行的《**中国注册会计师审计准则第 1141 号——财务报表审计中对舞弊的考虑**》第六条规定："被审计单位的管理层、治理层、员工或第三方使用欺骗手段获取不当或非法利益的故意行为。舞弊是一个宽泛的法律概念，但本准则并不要求注册会计师对舞弊是否已经发生作出法律意义上的判定，只要求关注导致财务报表发生重大错报的舞弊。"

2014 年 1 月施行的《**第 2204 号内部审计具体准则——对舞弊行为进行检查和报告**》第二条指出："本准则所称舞弊，是指组织内、外人员采用欺骗等违法违规手段，损害或者谋取组织利益，同时可能为个人带来不正当利益的行为。"

综上，尽管理论界对舞弊没有统一的定论，但对其基本含义的认定大致相同，即利用欺骗手段获取某种私利的行为。

2. 舞弊的特征

当前，舞弊形态呈多元化、复杂化、隐性化，并产生了较大的社会危害性。从法律犯罪构成要件角度来看，舞弊的特征主要表现在以下几方面。

（1）主体方面

舞弊可以由一人实施，也可以由数人实施。实施者可能是组织内部人员，也可能是组织外部人员，也可以是组织内外人员。

（2）主观方面

实施者具有主观故意，明知自己的行为会损害组织利益，或者希望、放任这种损害结果的发生。这也是区别舞弊与错误的关键，后者往往是非主观故意。

（3）客体方面

舞弊是以损害个人或组织的利益来谋取不当利益的，最终对社会具有危害性。

（4）客观方面

实施者采取了不正当甚至是非法的手段，这种手段是不符合国家法律法规或违反组织规章制度的行为。

"小偷"视角：一般员工舞弊特点及行为方式

舞弊可以按不同标准、不同状况进行分类，通常与职务行为紧密关联。按照行为主体的不同，员工舞弊可分为一般员工舞弊和管理层舞弊，这种分类有利于深入剖析舞弊的根源，寻找防范舞弊的有效途径。

一般员工舞弊是指组织内部的某些员工利用组织内部控制不严的漏洞，采取涂改或伪造单据、账册及其他手段，以达到贪污、盗窃或挪用资财目的的行为。

1. 一般员工舞弊的特点

一般员工舞弊是组织中常见的舞弊行为，与管理层舞弊有明显的区别，其特点是：舞弊发生在本组织能接触到资产的员工群体中，组织的管理层、各业务部门、各环节都有发生舞弊的可能，虽然绝大多数舞弊的金额不大，然而经过长期量变，常会实现质变的突破，数额十分惊人，看似伤害性不大，实则破坏性极强。

另外，一般员工舞弊和管理层舞弊的目的有着根本不同，一般员工舞弊为了自己私利而损害了组织利益，管理层舞弊为本组织的利益而损害其他组织的利益。前者追求个体利益，后者更强调集体认同。

2. 一般员工舞弊的行为方式

绝大多数员工由于具有靠近"一线"、接近资产的特殊便利，因此常利用这种优势谋取私利。如财务人员为自己报销费用、采购人员利用客户交往捞取回扣、薪酬管理人员擅自多计工资和津贴、工程人员通过虚增维修成本索取好处等。一般员工舞弊往往通过伪造单据、越权处理、与他人共谋或串通等方式进行。内部控制缺陷和敏感物资控制不严是这类舞弊发生的常见环境条件。

"小偷"视角：管理层舞弊特点及行为方式

管理层舞弊是管理层蓄谋的舞弊行为，通过编制虚假的会计信息来欺骗债权人、政府及社会公众等利益相关者。一般表现为粉饰财务报表、虚计经营成果和财务状况，进而影响股价和分红，也有可能表现为利用职权为自身谋取利益，但往往被复杂的业务交易掩盖。

1. 管理层舞弊的特点

与一般员工舞弊相比，管理层舞弊具有以下特点：实施主体一般拥有较高的职位和层级，具有相当大的权力，其行为难以通过内部控制加以预防和发现；参与的组织之间通过大规模和集体化等方式建立关联关系，主观上具有集体合谋的故意。

2. 管理层舞弊的行为方式

实施手段，以掩盖错误形式；发布夸大成绩的虚假财务报告，以骗取利益相关者的信赖，使其蒙受巨大的利益损失；且活动轨迹较为隐蔽。近年来国内外发生的一系列财务报告舞弊案件表明，高层管理人员几乎都充当了主角，管理层舞弊的危害程度远大于一般员工舞弊，性质更恶劣且影响更广泛。

注册舞弊审查师协会《2020 年 ACFE 全球舞弊调查报告》指出：挪用资产是最常见的员工舞弊，发生率最高（占比 86%），造成的损失中位数为 10 万美元，财务报表舞弊作为管理层舞弊的主要形式，占比仅为 10%，但造成的损失中位数达 94.5 万美元，远高于其他类型舞弊所带来的损失。

什么是舞弊内部审计

舞弊后果的严重性受到社会各界的广泛关注，从政府部门到企事业单位，舞弊现象无所不在。舞弊是审计的永恒主题，审计自产生之初便与舞弊结下不解之缘。舞弊内部审计作为一种重要控制手段，对于除弊、兴利及增值目标的实现具有建设性意义。

1. 如何理解舞弊内部审计

关于舞弊审计的概念，理论界并未形成共识，目前主要从注册会计师、专项审计和内部审计三个角度来划分。

①注册会计师以财务报表审计为基础，运用其职业判断和职业怀疑发现和揭示可能出现的重大错报。

②舞弊专项审计不仅需要识别和评估舞弊风险，还需进行舞弊调查，通常也涉及司法部门的协助和内部控制的建议。

③舞弊内部审计是内部审计人员采用检查账簿和实物资产、调阅资料、座谈、观察等方法，以查错纠弊为目的，对舞弊行为实施的监督活动。

本章对舞弊的研究正是从内部审计角度来进行的。舞弊内部审计的目标不仅包括查错纠弊，还包括预防舞弊，这也是审计"免疫系统"理论价值所在。

2. 保持职业谨慎

由于对组织环境和业务比较熟悉，内部审计人员往往比外部审计人员更容易发现舞弊问题，这也是内部审计服务内向性的特点决定的。但内部审计人员也应保持足够的职业谨慎，充分关注可能存在的异常行为。《**第 2204 号内部审计具体准则——对舞弊行为进行检查和报告**》第五条和第七条分别指出"内部审计机构和内部审计人员应当保持应有的职业谨慎，在实施的审计活动中关注可能发生的舞弊行为，并对舞弊行为进行检查和报告""由于内部审计并非专为检查舞弊而进行，即使审计人员以应有的职业谨慎执行了必要的审计程序，也不能保证发现所有的舞弊行为"。这些都说明舞弊审计工作具有较大复杂性和风险性，审计人员对此要引起高度重视。

7.2 / 合规型内部审计中的重点内容

一般员工舞弊的审计突破口：货币资金侵占

一般员工舞弊作为一种以职务便利为基础的舞弊行为，侵占资产是其最常见的舞弊类型。侵占资产又可分为货币资金侵占和存货及其他资产侵占两大类。本节将详细讲述货币资金侵占的内容。

货币资金是资产中流动最强、控制风险最高的资产，大多数的员工舞弊行为都与此有关。货币资金侵占包括现金盗窃、截留收入和支付舞弊三种类型。

1. 现金盗窃

（1）现金盗窃舞弊的特点

现金盗窃舞弊是以非法占有为目的，故意窃取库存现金、银行存款和其他货币资金的行为。一个值得关注的特点是该行为大多发生在收款和付款环节。随着国库集中支付和公务卡制度改革深入推进，现金结算量大幅度减少，直接盗窃现金的成本和难度进一步加大，间接盗取银行存款逐渐成为现金盗窃舞弊的主要方式。近年来行政事业单位一些重大舞弊案件表明，部分员工往往利用会计核算上的漏洞和内部控制上的薄弱环节来达到窃取货币资金的目的。另一个值得关注的特点是舞弊手段越来越隐蔽，不易引起注意，周期越来越长，比较难以发现。

（2）现金盗窃舞弊审计的内容

①审查内部控制活动的建立和执行情况。

重点关注职责分离情况，特别是现金收支、现金清点、银行存款、银行存款余额调节表编制等职责是否分离，如银行对账单和对账工作是否由出纳以外的人员来领取或负责；是否实施定期轮岗交流或强制性休假制度，关注和检查财务人员休假、出差或离开情况下，岗位如何交接；适时运用突击盘点现金程序，看账实是否相符，是否使用连续编号的凭证；定期分析备用金的使用和变化情况、其他异常波动情况。

②复核和分析现金日记账和银行存款日记账。

追查现金日记账和银行存款日记账中的贷记可疑分录，同时关注经营收入和坏账准备的借记分录。

③深入分析现金收入和记录流程，确保现金收入的安全。

每天的收入是否全部存入银行，应收款项交易是否附印证文件或凭证，交易中包含的时间、金额等要素是否得到确认，现金日记账余额与库存现金余额是否相符，现金收入和应收账款复核工作是否落实专人负责。

④深入分析销售收入、销货成本、销货退回及折让之间的关系，发现不恰当的退款和折扣。

如果销售收入与退回、折让之间存在非线性关系或相关比例关系异常，则舞弊可能性增大，可结合其他程序进一步追查和确认。

⑤审查出纳业务。

严格监督所有接触现金或银行存款的出纳人员，重点关注单位支付密码器或网银 U 盾（密钥）密码是否定期更换或修改，会计、出纳和监盘人员的职责是否分离，窗口柜员是否及时完整地将收付记录和现金提交适当负责人，汇总现金总额与盘点金额是否一致。

2. 截留收入

截留收入舞弊又称前端舞弊，是指资金在入账之前被盗取的行为。与现金盗窃不同，所有参与现金收取过程的员工都有截留收入的机会，包括销售人员、柜员以及其他直接向客户收取现金的人员。主要手法有：销售收入不入账、低估销售收入和应收账款、盗窃寄来的支票和延迟入账等。

截留收入舞弊审计的内容包括以下几方面。

（1）审查内部控制活动的建立和执行情况

重点关注销售、收款和记录等职责分离情况，交易记录是否及时完整、要素是否齐全，账簿记录系统的接触是否有前置条件限制，调节和验证是否落实专人负责。

（2）审查销售业务变化情况

通过计算相关财务比率，分析销售账户和存货盈亏变化情况，获取相应的舞弊线索。

（3）审查现金、银行存款和存货记录

重点关注应收账款和存货的注销记录，应收账款的会计分录对方科目不是"银行存款"或"现金"的记录，从中发现舞弊的线索。

3. 支付舞弊

支付舞弊是指通过虚构事实、隐瞒真相的方法来转移资金的行为。根据付款方式的不同，又分为账单舞弊、工资舞弊、费用报销舞弊、支票舞弊四类。其中，账单舞弊是以虚假采购或假公济私方式违规取得现金，工资舞弊是以虚构人员或修改工时等方式多付薪酬，费用报销舞弊是采用虚构支出或虚增支出等不正当手段套取资金，支票舞弊是指偷取支票占为己有或开出多张相同支票进行重复付款。

支付舞弊审计的内容包括以下几方面。

（1）审查内部控制活动的建立和执行情况

重点关注职责分离情况，人才招聘的背景审查是否流于形式，重要岗位人员是否存在不诚信、劣迹或违法犯罪记录，支票的管理是否规范，如空白支票和已使用支票的存放、未使用支票的注销销毁、遗失或被盗支票的报告等，检查银行存款调节和付款程序是否执行到位，检查应付账款异常交易是否落实相应控制措施。

（2）检查银行账户管理情况

银行账户设立及使用是否符合法规规定，银行账户开立数量是否过多，长期不用或失效的银行账户是否及时办理销户。对银行对账单进行函证，并对银行存款余额调节表进行分析，结合内部控制检查情况，重点关注是否存在人为修改银行对账单的行为。

（3）检查支票管理情况

关注是否建立支票登记簿，支票号码、开具时间、收款人、金额、领用人等要素是否完整齐全，是否建立管理人员签字样本。对于支票上可疑的收款人，应追踪检查相应的印证文件或凭证；对于退回的支票应关注是否经过背书，背书人与收款人是否一致；对于作废支票，关注是否加盖作废印章，确保未被重复使用。

（4）检查公务支出、公款消费相关账户

通过比较实际支出与经费预算、当期与前期支出、同比与占比数据变化情况，分析可能存在的异常波动，并结合费用明细清单等资料进行筛选甄别。

（5）检查虚假薪酬支付情况

重点关注是否存在"虚假员工"，审计人员可运用大数据调取工资系统、社保系统和考勤系统进行比对，从中判断和发现异常现象，如少数员工社保停缴但工资依旧发放，有的经常在非工作时间加班，有的未按规定扣减个人所得税，有的身份证号相同，但姓名不同、签名不同等，以验证薪酬支付合理性。

一般员工舞弊的审计突破口：存货及其他资产侵占

与货币资金侵占的高风险性相比，存货及其他资产侵占发生概率相对较小，但两者所造成的损失和危害是相同的。

1. 存货及其他资产侵占的类型

存货及其他资产侵占主要包括滥用和盗窃两种类型。

（1）滥用

滥用是员工未经授权批准而擅自使用单位财产的行为，滥用主要涉及机器、设备等非现金资产，其成本在现实中很难量化。有的可能是微不足道的，如部分员工工作之余使用单位计算机处理私人事务，之后完好归还；有的可能是影响巨大的，如有的员工工作期间使用单位设备经营自己产业，并利用单位已有客户资源构建自己的销售网络，使单位业务遭受损失并逐渐失去市场份额。

（2）盗窃

盗窃是员工以非法占有为目的，偷盗单位资产的行为。盗窃的方式有很多，有不在会计记录上做掩盖而直接拿走的简单偷窃，也有伪造文件和账簿的复杂手法，如资产领用和转移、采购和接收、虚假发货等。

2. 存货及其他资产侵占舞弊审计的内容

（1）审查内部控制活动的建立和执行情况

存货或其他资产的申请、验收、发生、报废、变卖等职责分离，检查、采购和仓储职责分离，采购申请、验收报告、领料单、发运文件、永续盘存记录等文件进行连续编号控制，采取物理隔离、安保防护和非经授权人员不得接触资产等保护措施。

（2）实施销货成本及其明细项目分析程序

当出现销货成本随销售数量不成比例地增加，且采购价格、数量和质量没有发生改变的情况，基本可以判断存在舞弊行为。对销货成本的明细项目进行分析性复核，可进一步缩小审查范围。此外，审计人员可通过财务比率，如存货周转率的变化来捕捉疑点，搜寻线索。

（3）检查相关文件记录

永续盘存记录里未被解释的分录可能意味着存在盗窃损失，审计人员应关注永续盘存记录存货减少的印证材料，如相关销售发票、原始文件或凭证。

此外，应关注销售与发运文件的匹配情况，以发现舞弊线索。

（4）实地盘点存货

尽管存货的盘亏有时为盗窃引发的，但不能得出一定存在舞弊的结论，应进一步实施必要的审计程序并排除正常的损耗、自然灾害和计量差错等因素，这样才基本可确认舞弊行为发生的可能性。

管理层舞弊的审计突破口：业绩舞弊

20 世纪末 21 世纪初，国内外相继发生了一系列管理层舞弊丑闻，如中国的银广厦、蓝田股份案，美国的安然、世通、施乐公司事件等。这些舞弊行为不但引发了"诚信危机"，而且导致了严重经济后果。从涉案的行业和系统分布来看，管理层舞弊主要集中于各类企业，行政事业单位发现的管理层舞弊较少。管理层舞弊表现形式不是直接侵占，而是业绩舞弊。

1. 管理层舞弊的特征

无论是从实施主体还是从舞弊手段来看，管理层舞弊都不同于一般员工舞弊。管理层舞弊一般具备以下四个特征：

①以财务报告作假为主要手段；

②参与主体层级较高，通常能绕开内部控制的约束；

③可能需要员工配合，形成集体舞弊；

④行为隐蔽，往往很难提前被发现。

上述财务报告作假主要操作手法是通过不恰当确认收入的方式粉饰经营业绩或财务状况，实现财务报表或经营成果表现良好，以达到误导外部利益相关者的目的，具体有两种方式：一是做大当期收入或资产，如提前确认收入、虚构收入和利用非持续性业务夸大收入或高估资产，二是做大后期收入或资产，如将当期收入推迟至后期确认或低估资产。

2.虚增利润常见舞弊手段

根据会计配比性原则，收入或资产变化的同时也会影响相配比的成本费用变化，上述两种方式也可能表现为当期费用推迟至后期确认或后期费用提前至当期确认。

2002年5月中国证监会对银广夏的行政处罚决定书显示，该公司自1998年至2001年期间累计虚增利润77 156.7万元，其中：1998年虚增1 776.1万元，由于主要控股子公司天津广夏1998年及之前年度的财务资料丢失，利润真实性无法确定；1999年虚增17 781.86万元，实际亏损5 003.2万元；2000年虚增56 704.74万元，实际亏损14 940.1万元；2001年1—6月虚增894万元，实际亏损2 557.1万元。这些虚增的利润主要来源于虚构的经济业务，无论是收入和费用，还是当期和后期，当年银广夏打通上下游"全链条"，从原材料购进到生产、销售、出口等环节均伪造了全部单据，包括销售合同和发票、银行票据、银行对账单、海关出口报关单等，以此向虚假客户进行销售，虚增主营业务收入共计10亿多元。

除此之外，利用大量的交易事项也是虚增利润的常见手段之一，具体表现为以下几点：

①采用大大高于或低于市场价格的方式，进行购销活动、资产转换和股权置换；

②低息或高息发生资金往来，调节财务费用；

③收取或支付管理费用或分摊共同费用调节利润；

④关联交易的非关联化；

⑤非货币性交易的货币化等。

7.3 / 员工舞弊合规型内部审计专用技术与方法

舞弊内部审计涉及公共管理、公共政策、经济管理、心理分析等方面知识，其技术与方法是管理技能、犯罪心理、法律法规、计算机处理等业务技能的集成。

不可忽视的现代舞弊内部审计方法

常规的审计方法包括检查、观察、盘点、函证、重新计算、分析程序等。这些方法对于发现一般的财务舞弊是行之有效的，但由于舞弊的多样性和隐蔽性，审计人员需要根据具体情况灵活运用不同的审计方法，特别强调的审计方法有内部控制测试、分析性复核和举报。

除了传统的审计方法，现代科技方法和管理手段在舞弊内部审计中的应用日趋广泛。

1. 博弈思维

审计人员首先要合理运用博弈思维，针对对方的不同意图，采取不同的心理策略，找到利益链最薄弱环节，打开缺口，达到事半功倍的效果。

2. 专家服务

内部审计是一项专业性很强的工作。如何运用专业技能和手段迅速发现和揭示问题，以较高的行业政策水平准确定性和处理问题，需要利用不同领域的专家提供专业服务。这些专家可以由内部审计机构从组织外部聘请，也可以在组织内部遴选或指派。

3. 灵活运用侦查学

侦查学在舞弊内部审计的应用越来越广泛，将情报研判、信息查询、勘验鉴定等技术用于舞弊内部审计研究和实践，有助于减少审计过程的各种障碍，以获取充分的具有证明力的舞弊证据。无论是传统还是现代的审计方法，审计人员始终要保持职业怀疑精神，在跟随谎言去追寻真相的过程中，逐一排除合理怀疑，做出职业谨慎判断。

让"潜伏者"现形：哪些方法能有效识别舞弊信号

世界万物不是孤立存在的，而是有机联系在一起的，一些异常征兆或特殊信号的出现，往往意味着事物悄然发生变化。对舞弊行为来说也一样，无论是一般员工舞弊还是管理层舞弊，都是特定条件下多种因素共同作用的结果，其行为出现后也会通过一定的方式表现出来。审计人员如果能在舞弊之初提前介入，及时识别这些异常征兆或特殊信号，就可以有效遏制舞弊行为的发生。在查找舞弊标志过程中，审计人员往往会采用一些特殊的方法，如"红旗"标志法、制造错误法和数据分析法。

1. "红旗"标志法

由于第 4 章"合规型内部审计技术与方法"已对"红旗"标志法做过详细介绍，本部分重点讲解如何标注和识别这些舞弊信号，即"红旗"标志。舞弊内部审计实践中主要"红旗"标志的总结归纳，如表 7-1 所示。

表 7-1　舞弊主要"红旗"标志

舞弊类型	主要"红旗"标志
一般员工舞弊	1. 核心岗位员工有不良记录
	2. 关键人员有大额负债或吸毒、赌博等不良嗜好
	3. 不相容岗位未能分离，同一人可以处理某项重要交易的全部业务
	4. 会计信息系统失效或监督机制失灵
	5. 过高或不适当的绩效薪酬
	6. 过着高水平生活却财产来源不明
	7. 拒绝转换、升迁或其他工作机会
	8. 主动接触审计人员，到处打听审计消息，表现得异常热情
	9. 审计时推脱、扯皮和逃避
	10. 管理层对关键人员的过度信任
	11. 缺乏充分有效的内部控制结构
管理层舞弊	1. 管理层诚信存在明显问题，有长久诉讼及不诚实记录
	2. 决策者变动或高级主管更换频繁
	3. 相关管理人员压力或期望业绩异常
	4. 资金出现短缺，影响经营周转
	5. 会计政策突然变更
	6. 管理层薪酬与经营成果挂钩
	7. 存在异常交易或大量的账项调整
	8. 会计报表项目或财务指标异常或发生重大变动
	9. 市场竞争异常激烈，盈利大幅度下降
	10. 存在为支持高股价和满足盈利预期的迫切需要
	11. 管理层监督缺失，经常凌驾于内部控制之上
	12. 内部审计功能无效，审计人员难以获得充分适当的审计证据

上述"红旗"标志的完整性和准确性受到制作者的经验、专业知识、工作阅历等相关因素的影响，特别是部分涉及心理和文化的因素，难以定性和计量，存在一定的主观性和局限性。因此，审计人员必须运用多种方

法多维度、多层次进行综合研判，最大限度地发现和预防舞弊。

2. 制造错误法

审计人员在实施舞弊内部审计时，模拟错误的环境以观察能否通过内部控制系统，以此评估内部控制系统的可信赖程度。其方法原理就是学习舞弊者的思维方法，像舞弊者那样想问题：在这一内部控制的链条中，哪里是最薄弱或最容易被攻破的环节。使用这种方法时，审计人员将自己定位为舞弊者，尝试用各种手段逃避组织约束，实施舞弊。这种方法要求审计人员对被审计单位的治理结构、组织架构、组织文化、人力资源政策和各项控制措施等比较熟悉，通常由富有经验的审计人员负责实施。审计人员在实施舞弊审计时，不能仅仅停留在财务账目和相关文件资料的检查上，还应深入一线，到现场走访和调查。

3. 数据分析法

本福特定律（也称为本福特法则）认为，数据有一种内在规律，所有随机变量只要样本足够大，每一样本首位数字为 1 ~ 9 的概率在一定范围内具有稳定性，以 1 开头的样本占样本总量的 30%，以 2 开头的样本占样本总量的 17% ~ 19%，以 9 或 8 开头的样本始终占 5% 左右。审计人员可根据这一统计规律分布来发现舞弊线索，如把 10 000 张发票开头数字的分布与本福特定律相联系，若发现 50% 的发票是以数字 9 或 8 开头，则有可能存在舞弊。使用这种方法也有一定的局限性，其前置条件有两个。

①数据是随机排列的。

②数据不能经过人为修饰。

7.4 案例一：一般员工舞弊合规型内部审计

案例概况

G 单位为某市 A 人社局下属正科级行政单位，主要负责承接各类人事考试和培训等业务，实行"收支两条线"，按照规定收取相关费用，收入全额上缴市财政。由于地处偏远郊区，几年来没有接受过系统的审计检查。根据年度审计工作安排，2019 年 5 月 12 日，A 局审计处安排审计组对 G 单位 2018 年度财务收支情况进行例行审计巡查。审计人员根据发现的内部控制缺陷确定审计重点，并通过深挖细查发现该单位"2 只硕鼠"和长达 3 年的贪污公款行为。

审计实施过程与策略

1. 厘清思路，重点分析

G 单位共有 2 名财务人员，财务力量配备较为薄弱，其中出纳白某因产假休息一年，其岗位暂时由职工李某代替。王某 2011 年至 2017 年一直从事会计岗位，自 2018 年 10 月起借调至 J 单位工作，由于一时找不到合适的人选，仍由其暂时负责 G 单位财务工作，银行对账和领取银行对账单交由李某负责。

据同事反映，王某平时较阔绰，与工资收入不吻合。审计人员通过进一步的内部控制测试发现，财务岗位职能划分不清、岗位之间缺少相互牵制，存在一人多岗情况，货币资金及财务核算管理等存在控制漏洞，多个网银U盾初始密码没有修改，银行账户开设数量过多等。

根据上述发现，审计组决定以与货币资金控制风险关联度较高的业务为重点开展审计巡查。审计人员兵分两路，一组人员负责调查开户银行，调取银行对账单，另一组人员负责对2018年相关账面资料进行审查。

2. 锚定账户，苦苦寻找

银行账户调查情况如下：G单位共开设账户6个，分别为基本户（账户尾号014）、零余额账户（账户尾号022）、工会专户（账户尾号0011）、食堂专户（账户尾号0016）、非税收入专户（账户尾号0017）、基建专户（账户尾号007）。

其中两项业务引起审计人员的关注。

（1）基本户（账户尾号014）

2019年2月8日发生过一笔20万元代发工资转账支出，但李某提供的2019年2月银行对账单无对应记录，审计人员编制银行存款余额调节表后发现存在差额20万元。审计人员将代发工资清单多个签名与其他报销发票上的签字进行比对，发现所有笔迹均不相符，但与李某笔迹极为相似。审计人员通过电话联系代发工资清单上某位员工进行核实，他说于2018年12月离职，在职期间工资已全部结清。后经银行工作人员确认，李某提供的银行对账单上的银行印章系伪造拼凑而成。

（2）食堂专户（账户尾号0016）

2019年3月至5月发生交易3笔，分别为提取现金10万元、20万元和15万元，合计45万元，但现金支票上的财务专用章、法人章均与预留支付印鉴一致。审计人员立即联系上该单位负责人赵某，赵某肯定地说："食堂业务基本上以转账为主，很少直接提现，再说我2019年3月开始外出培训一个月，并不在单位。"审计人员进一步延伸调查发现，上述支出转入李某花（系李某女儿）储蓄账户后提现。

审计组经过分析，初步认定出纳李某存在贪污公款嫌疑。

3. 柳暗花明，峰回路转

（1）穷追不舍无进展

会计王某闻讯赶来，热情接待了另一组审计人员。王某说他经常往返于两个单位之间，工作量很大，每天要加班到深夜。当审计人员提出要查看 2018—2019 年相关账面资料时，王某表示 2019 年 3—4 月凭证账册还未装订，比较凌乱，目前只能提供 2019 年 1—2 月的资料。审计组坚持一定要见到这些资料，王某神情紧张，以各种理由推三阻四，这更增添了审计人员的疑问。在审计人员的一再坚持下，王某不得已提供了会计资料。

从资料核查情况来看，该单位账面除了存在一些常规性问题好像没有什么深层次问题。

（2）峰回路转露破绽

但是，基建专户（账户尾号 007）2018 年 10 月末一笔金额 100 万元电子转账记录引起了审计人员的注意，而记账凭证里却找不到相应的记录，复核两遍此差异仍存在。出于职业敏感，审计人员决定继续扩大审查范围，逐月核对货币资金收支，结果令人吃惊：自 2018 年 10 月至 2019 年 4 月每月月末均发生一笔相同金额（100 万元）的转账业务，这些业务有一个共同特点，即只有电子账，无明细账记录，合计金额 700 万元。审计人员跟踪资金流向发现，这些钱不约而同转至刘某个人储蓄账户。经报告 A 局主要领导，审计人员立即办理了查询王某亲属关系和账户协查手续，公安机关提供的户籍信息显示刘某系王某母亲，而刘某的银行卡平时就由王某个人持有。根据以上情况，审计组初步判断王某存在挪用公款重大嫌疑。

4. 各个击破，真相大白

审计组分别找出纳李某和会计王某谈话，一开始两人说话躲躲闪闪、避重就轻，拒不承认，当审计人员讲清查出的事实和证据，并就此事性质晓以利弊，李某难以自圆其说，彻底坦白了贪污公款 65 万元违法事实。

李某承认，2018 年初其父亲患重病、女儿在国外读大学、妻子又待业导致经济紧张，加上内部监督缺失，如财务专用章和法人章随意放置、会计人员经常不在岗、代发工资无人审核，于是萌生了贪占之心。他采用谎称支票作废、偷盖印鉴等手段窃取公款，用于日常家务开支。为了掩盖犯罪事实，他利用负责银行对账的便利，不但将真的银行对账单藏起来，而且根据真实银行对账单上显示的信息伪造了银行对账单，并加盖假银行印章以应付上级检查。

5. 法网恢恢，疏而不漏

在巨大的心理压力下，王某也交代了 700 万元公款的去向。据王某回忆，他于 2017 年初用自己工资玩网络赌球，一开始投注也不大，后来却越赌越输。到 2017 年底，已将近两年的工资全部输光，并欠下 50 万元信用卡卡账。为了归还欠款，王某铤而走险打起套取国家资金的主意，他利用自己长期担任基建会计的便利，加上分管领导对他十分信任（告知 U 盾初始支付密码并经常委托其操作相关手续），先将基建户 100 万元公款转出，打入事先替其母刘某办理的银行卡中，之后再转入自己账户套现。

由于内部监督流于形式，这一操作竟然蒙混过关。为了翻本，他继续将这笔资金投入网络赌球，仍是血本无归。之后，王某便一发不可收拾，更加疯狂地频繁挪用资金，作案的数额越来越大，累计达 700 万元，绝大部分用于赌球和吃喝玩乐。

为了躲避监管，他故意选择了夜间单位无人时进行转账操作。其也发现出纳李某通过修改工资表，编制代发工资清单的方式套取公款的现象，但由于自己做贼心虚，不敢过问。至此，此案终于水落石出。根据审计程序，审计处报经 A 局主要领导同意后，将案件线索及证据材料移送纪检部门查处。李某和王某最终受到了相应的法律制裁，相关领导和责任人员也受到不同程度的党政纪处分。

主要审计技术与方法

这是一起典型的货币资金侵占舞弊审计案例。审计人员除了熟练运用检查、观察、盘点、函证、重新计算、分析复核等常规审计方法外，还根据每个阶段变化情况制订不同的审计策略，并适时采用一些特殊方法。重大舞弊行为的发现主要依靠审计人员的细致、敏感以及职业怀疑态度，所以在实施进一步审计程序获取证据过程中，职业怀疑始终起着至关重要的作用。

1. 扎实做好审前准备，初步确定审计重点

审计组首先调查以往审计线索，通过相关部门了解到，该单位比较偏远、财务力量较为薄弱等现状，决定从内部控制入手快速了解该单位的管理情况，并根据发现的内部控制缺陷确定审计重点。

2. 评估被审计单位内部控制现状

审计组通过"红旗"标志法和内部控制测试分析发现，该单位货币资金及财务核算管理等存在控制漏洞，特别是会计和出纳岗位风险较高，财务监管缺失，容易给别有用心之人留下可乘之机。

3. 外查内调，一丝不苟地开展疑点核查工作

审计证据获取方法的设计和选择、证据有力的分析和辨别都需要高超的职业判断力。本案例中，银行流水存在异常、代发工资清单虚假签名、电子账与财务账不符，这些疑点线索不仅需要审计人员利用职业怀疑逐项逐笔核实，还要审计人员科学分析与其他证据之间的关联性，坚持获取公正客观的资料予以佐证，依法固定并形成完整的证据链。这些大量的工作除了需要审计组内部通力协作、严守保密纪律，也要获得开户银行和公安机关等外部单位的支持配合。

4. 领导重视，做实访谈，打好关键之战

严格执行审计准则和职业规范，加强审计质量控制，对发现的重大问题及时报告，积极争取主要领导的支持是做好内部审计工作的根本。主要领导始终态度鲜明、高度重视，是本案例审计工作顺利开展的强有力保

障。另外，开展谈话时可以借鉴经济犯罪侦查技术，掌握一定询问技巧和
突破被调查人员心理防线，促使其承认违法事实，也是一种有效方法。

审计发现的舞弊事实与政策依据

上述案例主要涉及货币资金侵占的现金盗窃和支付舞弊两种类型，主
要舞弊事实如下。

1. 虚列工资套取财政资金

李某以虚列工资形式从基本户中套取财政资金 20 万元用于个人开
支，违反了《财政违法行为处罚处分条例》第六条 "国家机关及其工作
人员有下列违反规定使用、骗取财政资金的行为之一的，责令改正，调
整有关会计账目，追回有关财政资金，限期退还违法所得。对单位给予
警告或者通报批评。对直接负责的主管人员和其他直接责任人员给予记
大过处分；情节较重的，给予降级或者撤职处分；情节严重的，给予开
除处分：（一）以虚报、冒领等手段骗取财政资金；（二）截留、挪用
财政资金……" 和《中华人民共和国刑法》贪污罪相关规定。

2. 利用职务便利侵吞财政资金

出纳李某和会计王某分别利用职务便利侵吞窃取公款 45 万元和 700
万元，违反《中华人民共和国刑法》贪污罪和挪用公款罪相关规定。

3. 内部控制存在重大缺陷

（1）不相容岗位未分离

出纳李某兼任银行对账和领取银行对账单工作，会计王某可以操作网
上银行业务交易的执行与审核授权业务的全过程，导致付款控制环节失控。

（2）岗位职责及分工不明确

会计王某长期借调外单位，未办理交接手续，对出纳白某休假的职务

交接不明确，也未对关键岗位实行定期轮岗。

（3）支票印鉴保管不善

出纳李某支票和印鉴使用未经恰当授权，使用情况缺乏登记留底，网银 U 盾密码保管不当使得王某有机可乘。

（4）对货币资金使用情况缺乏必要的监督检查

未定期开展账账核对工作，未抽查银行对账单、银行日记账及银行存款余额调节表，未对资金保管情况进行监督，违反了《**行政事业单位内部控制规范（试行）**》相关规定。第十五条："单位应当建立健全内部控制关键岗位责任制，明确岗位职责及分工，确保不相容岗位相互分离、相互制约和相互监督。单位应当实行内部控制关键岗位工作人员的轮岗制度，明确轮岗周期。不具备轮岗条件的单位应当采取专项审计等控制措施。"第四十一条："单位应当建立健全货币资金管理岗位责任制，合理设置岗位，不得由一人办理货币资金业务的全过程，确保不相容岗位相互分离。"第四十三条："单位应当加强货币资金的核查控制。指定不办理货币资金业务的会计人员定期和不定期抽查盘点库存现金，核对银行存款余额，抽查银行对账单、银行日记账及银行存款余额调节表，核对是否账实相符、账账相符。对调节不符、可能存在重大问题的未达账项应当及时查明原因，并按照相关规定处理。"

案例启示

1. 舞弊三角理论实证分析

（1）从压力因素来看

本案例中会计王某和出纳李某都有巨大的经济压力，前者是网络赌博背负巨额债务，后者是家庭经济紧张，都有动机作案，但两人都不具备足够的偿债能力，于是利用职务上便利侵吞公款，以此来缓解压力。

（2）从机会因素来看

G 单位领导财政纪律意识淡漠，以信任代替监督，内部控制存在重大隐患，监督制约机制形同虚设，这使得王某和李某的违法行为屡次"成功"。近年来，部分行政事业单位的货币资金遭挪用、贪污和诈骗等案例屡见报端，而这些舞弊案例的发生往往与内外监管缺失相关。

（3）从借口因素来看

两人都有合理化的借口。王某认为他只是暂时借用这笔资金，只要用赢回来的钱填补这个"亏空"就行了。李某认为他这样做是有苦衷的，理由是正当的，单位不一定会知道。正是这种盲目侥幸心理形成的自我合理化导致两人最终走上犯罪之路。

2. 本案例的几点启示

（1）减少舞弊动机

领导干部带头执行各项规章制度，严守职业操守，决不能以信任代替监督，并不断加强人性关怀，增加职业认同感和归属感。

（2）完善单位治理

定期开展货币资金使用情况专项检查，对银行对账单管理情况进行彻底清查，并及时修订和完善包括公章管理在内的相关管理制度，对重点岗位人员定期交流轮岗，合理设置审批权限，堵塞资金管理漏洞。

（3）消除舞弊借口

开展宣传教育和业务培训，下发各类问题清单，编发典型案例，通过以案说法，以案警示来切实增强规矩意识、制度意识和法治意识，同时不断加大惩处力度，深化职业道德修养，加强对异常交易的持续监测，进一步加大对员工异常行为的监督力度，做到早发现、早预防、早控制。

7.5
案例二：管理层舞弊合规型内部审计

案例概况

A 服务中心（以下简称 "A 中心"）为某市 Z 局下属自收自支事业单位，实行企业化管理，主要经营各类安防工程建设配套材料并提供专业检测等服务。

张某自 2015 年 4 月起任 A 中心主任。根据上级有关转制文件规定，A 中心于 2019 年 6 月底之前完成与 Z 局的 "脱钩" 工作，转制为某区国有独资公司。

为确保转制工作顺利过渡，同时避免国有资产流失，2019 年 3 月，Z 局派出审计组对 A 中心进行专项审计。审计人员通过一批 "消失" 的电线，追查出该中心财务造假、截留国有资产和恶意串通招标等问题，涉及金额 700 万余元。

审计实施过程与策略

1. 审前调查，疑云重重

（1）A 中心审前调查

为进一步摸清 A 中心经营管理现状，审计组决定按照审计程序进行审前调查和内控测试。由于市场竞争日趋激烈，该中心自 2015 年以来一直处于保本微利状态，连续 4 年主营业务收入波动不大，年均收入保持在 300 万元左右，净利润率也大致保持为 5%，但 2018 年突然扭亏为盈，实现盈利 200 万元。为了存放电线、光纤、摄像头等专用物资，A 中心在场内仓库的基础上，在某区郊区另租用一个场外仓库，用于物资中转。A 中心管理层实行年薪制，总体薪酬水平与盈利目标完成情况挂钩。

（2）张某审前调查

个人重大事项报告反映，张某在当地拥有 3 套房产，刚大学毕业的儿子在上海贷款购买一房产，市价 800 万元，其妻子为该局编外职工，两人的年工资收入明显难以支持购买 4 套房产。

张某任职期间，采取了多项新举措，取得了一定成绩，但暴露出来的风险隐患也不少，有多人次向纪检部门匿名举报张某存在违反廉政纪律等问题。内控测试结果显示该中心内部管理制度薄弱，如仓库保管员和材料采购员由陈某一人兼任，财务制度规定 5 万元以下的开支由张某直接审批，5 万元以上的开支由主任办公会会议商讨决定，但实际 5 万元以上的开支未经集体决策，而是由会计王某审核交张某一人审批后支付。中心班子其他领导对张某的"一言堂"作风也颇有微词。

2. 拨开迷雾，初战告捷

（1）拙劣的"表演"

剔除正常的损耗、自然灾害和计量差错等因素，审计人员对盈利 200 万元心存疑问，决定将审计重点放在存货管理、业务收入和支出的完整性、真实性审计上，从存货价格和支出环节入手。审计人员在场内仓库对主要物资——电线库存情况进行核查，陈某提交的电线发出成本表只有数量金额，单价信息不固定，陈某一会说按照先进先出法计价，一会儿说按照个别计价法。

（2）巧妙地"拆招"

为还原真相，审计组对照上一年的生产成本扩大审计范围，同步进行核查，确定期初的成本单价后按照一致性原则，对当期的电线领用成本全部重新测算。审计人员发现该中心在电线领用上违背会计核算一致性原则，由原来的加权平均法改为移动加权平均法和后进后出法，仅此一项少计成本100万元。审计人员同时发现，上述材料成本差异没有根据价格进行相应调整，该项少结转成本100万元，两项业务共少计成本虚增利润200万元，"扭亏为盈"的真正原因是财务造假。

3. 蹊跷业务，疑点再现

（1）无人过问的30万元

审计人员在核查2018年车辆运行费时发现两张5 000元光纤、电线运输发票，合计金额10 000元。通常情况下，运输费由物资供应商在招标时纳入报价，很少由建设单位自行承担。审计人员仔细查看相关招标合同，合同条款上清楚写明运输费由供应商承担。进一步检查运输合同，发现A中心于2018年9月以10 000元价格委托某物流公司将一批价值30万元物资从场内仓库搬至租用仓库中转。进一步延伸查明，这批物资为某大型体育活动安防工程配套材料，由于活动临时被取消，这批物资购置后就无人过问，一直处于闲置状态，但场内和租用仓库出入库登记表均未有该批物资的书面记录。

（2）意外回购的物资

这些材料去哪儿了呢?

审计人员发送询证函，供货单位回函称已按合同要求准时交货。接着找到保管员陈某了解情况，陈某回忆说，这批物资到货后并未验收入库，是因为张某打过招呼，他说C公司愿意以原价回购这批物资，为了避免损失浪费，就委托物流公司直接运至C公司仓库。审计人员核查审计日止的收款或银行对账单，均未发现C公司30万元货款记录。后经多次沟通，审计人员最终在C公司仓库找到这批闲置物资，其中部分包装还是崭新的，未曾拆封过。审计人员从与陈某的闲聊中获知C公司法人代表正是张某儿子。

4. 内外勾结，铁证如山

（1）淘汰的旧机器

根据上述发现的存货问题，审计组决定扩大范围，对固定资产进行全面监盘。审计人员在实验室角落发现两台安防检测专用设备，价值80万元。经了解，该两台设备为A中心2017年10月从D公司以市场询价方式采购的专用器材。但在投入检测的过程中，这两台设备多次出现故障。后经专家鉴定，这两台设备系行业淘汰多年的旧机器，D公司仅仅更换一些零部件、重新喷涂了油漆就将其出售给了A中心，其实际价值不及售价的五分之一。

（2）隐藏的"子公司"

审计人员不禁起了疑心，对2018年1月以来从D公司采购的各类材料和设备进行统计，涉及金额500万元。利用技术测试和专家咨询，对部分材料和设备价格、性能进行比较，发现D公司产品与同类型材料性价比相比，要低很多。审计人员借助天眼查系统查询发现，D公司与C公司的法人代表居然是同一人，均为张某儿子。工商登记信息还显示，D公司注册成立日期为2017年10月，与上述安防检测专用设备采购时间惊人吻合。为什么这家公司能在众多项目招标中胜出，审计人员又大胆怀疑是否有串标围标情况。但在串标围标行为中各参与单位往往关系错综复杂，调查难度很大。

（3）中标背后的"秘密"

审计人员多次问及相关采购情况，陈某认为所有的项目采购均履行了严格的招投标手续，程序相当规范。由于仅根据账面资料难以摸排出更进一步证据，审计人员按照疑点不排除不放过的原则，决定采用大数据手段，将每个项目的各参与投标单位纳入统计字段，检查参标单位之间的关联，同时调阅排查表中所有项目的招投标档案，包括立项资料、招标文件、投标文件、项目合同、监理报告、付款等资料。

经过全面深入审阅发现，参与投标的D、E、F、G四家公司中有三家委托同一单位编制投标文件，相关投标文件异常一致，如施工方案高度重叠，产品性能质量、技术参数、售后服务等内容基本相同；报价也呈规律性差异，如某工程项目合同造价 37 万元，D 公司报价 36.8 万元，E 公司报价 36.6 万元、F 公司报价 36.4 万元、G 公司报价 36.2 万元，四家公司报价差额相同，均为 0.2 万元，且上述公司的投标人社保记录有相互之间的社保信息，种种异常迹象表明，投标人可能存在串通行为。

5. "变脸"戏法，蛀虫现形

张某得知审计组正深究有关材料采购的情况后，连忙向审计组领导主动承认错误。审计人员随后启动了对张某的调查谈话程序，谈话情况表明，2017 年底，张某提前获悉 A 中心转制信息后，迅速以儿子名义出面注册成立 D 公司，并串通其他供应商中标后，将原 A 中心大部分业务"移花接木"至 D 公司继续营利。

至于粉饰利润的问题，张某坦白是受薪酬激励机制影响，为获取高额奖励授意会计王某进行财务造假。审计进点之后，他与王某商量好应对之策：如果查出来就诚恳道歉，寻找各种理由推脱，如果查不出来，就隐瞒到底，两种选择都不影响既得利益。

2019 年 10 月，审计处报经 Z 局主要领导同意后，将张某违法违纪违规线索移交纪检部门处理。后经该市人民法院审理，张某因贪污、滥用职权罪，导致国有资产流失，鉴于认错态度良好，主动退还资金，判处有期徒刑 5 年，其他相关责任人员也受到不同程度的党政纪处分。

主要审计技术与方法

这是一起典型的财务造假和存货侵占舞弊案例。

审计人员主要运用内控测试、分析性复核等方法，同时结合大数据、"红旗"标志法和内部举报线索，精准定位找到问题和突破口。

（1）做好充分的审前调查

在摸清经营管理和行业发展变化情况的基础上，要关注以往审计中发现的问题、举报线索和被审计对象的"红旗"标志，并结合内控测试效果，从中梳理出的线索问题，确定舞弊审计的重点。

（2）适时调整审计策略

审计实施过程中，如发现审计风险、审计范围、审计方式不能满足舞弊审计的要求，应该适时调整审计工作方向。本案例的舞弊审计重点就经过从收支真实性到存货完整性再到固定资产效益性三次调整，最终取得预期的效果。

（3）用好信息化手段这把"利剑"

内部审计要实现高质量发展，必须依托审计信息化和数字化的转型。随着信息化技术在组织管理中得到广泛应用，各类信息和数据的处理存贮方式发生了根本改变。本案例中，审计人员充分运用大数据技术获取可疑数据，辅以商业查询系统及询问法、核对法等审计方法，有效揭示出三家公司串通招标的猫腻。

（4）抓住存货这个关键细节

与货币资金相比，存货种类多、规格乱、堆放散的特点使得审计人员往往容易忽略其重要性而减少抽查样本，可能使隐藏的问题被跳过。对于存货，审计人员要重点关注计价方法、成本核算和收入确认一般性原则，抽查出库单、发运单及销售合同及补充协议等资料，检查销售收入成本明细账、存货总账分类账及相关会计凭证，从中找到利润增加的原因是人为调低发出材料成本，这也是财务作假常见手法之一。

审计发现舞弊事实与政策依据

1. 会计利润不实

为追求经营业绩，张某授意会计王某，随意调整存货计价方法，致使虚增利润 200 万元，违反了《事业单位会计准则》和会计核算相关规定。

2. 非法侵占和截留国有资产

张某擅自将大宗物资 30 万元转移至其儿子公司，形成账外资产，违反《中华人民共和国刑法》和国有资产管理相关规定。

3. 恶意串通招标作弊

张某利用职务便利串通投标公司作弊，造成国家资产大量流失，违反《中华人民共和国刑法》《中华人民共和国政府采购法实施条例》《政府采购货物和服务招标投标管理办法》的相关规定。

4. 内部控制存在薄弱环节

一是不相容岗位未分离，仓库保管员陈某兼任材料采购员，不符合实物控制原则。二是固定资产验收把关不严，未组织专人对所购材料和专用设备进行验收，致使固定资产流失或长期闲置。三是重大经济事项集体决策执行不到位，5 万元以上开支由张某一人审批和决策。上述行为违反了《行政事业单位内部控制规范（试行）》相关规定。

案例启示

1. 道德风险与舞弊防范

管理层越来越成为审计中的高风险领域，主要原因是管理层舞弊自身的复杂性和管理层舞弊审计的困难性。内部控制是防止和发现舞弊的第一道防线。一般来说，组织内部控制越薄弱，逾越内部控制的风险越大，舞弊就越可能发生。从本案例不难看出来，张某作为 A 中心主任，无视重大经济事项集体决策制度，并直接授意会计人员进行财务报表作假，所以管理层舞弊并非一般内部控制制度能有效防止的，还要加强管理层特别是"一把手"道德操守的控制。

根据舞弊三角理论，张某的压力来自谋取以业绩考核和高水平生活为基础的个人利益最大化。"一把手"如果不能控制这种欲望，一旦监管缺失，就会铤而走险，越过内部控制这道防线，所以道德风险怎么强调都不为过。

2. 本案例的几点启示

（1）始终保持职业谨慎和敏锐的视角

对本单位或系统内业务比较熟悉，对各种操作的明规则、潜规则也有所了解，这是内部审计人员的独特优势。内部审计人员要善于利用这种优势，对于明显不合理的疑点要深挖细查，如本案例中财务指标异常、多人次举报、高水平生活与收入不对称等问题，其背后往往隐藏着巨大的利益链条。

（2）从细微处入手，不放过每一个细节

审计过程中，内部审计人员不放弃任何蛛丝马迹，细查深挖，并进行综合分析形成完整的审计证据链。本案例中，内部审计人员抓住两张可疑运输发票这一关键线索，进一步核查仓库相关资料，最终取得了张某非法侵占账外物资的关键证据。内部审计人员对存货盘点及投标文件的查证，就是在与被审计单位的沟通和博弈中不断印证审计判断的过程。

（3）内查外调，调动各方面力量

受职能定位所限，内部审计部门可采取的内查外调资源有限，需要广开思路，充分利用各种资源。本案例中内部审计人员将线上数据挖掘与线下精准求证相结合，对列入怀疑对象的各公司的关联关系进行对比分析，得出初步结论，提高当事人沟通的主动性和针对性。在三家公司投标格式、报价和计算错误高度一致的关键证据面前，陈某辩无可辩，心理防线全面崩溃。在此基础上，审计组迅速启动对张某的谈话程序，一举揭开其舞弊伪装，从而揭开了其蓄谋侵吞国有资产的黑幕。

第 8 章

以内控失效为典型特征
的解读与案例分析

内部审计是企业"免疫系统"的第一道防线。

——苗武庭

8.1
内控为何会失效

内控是企业通过制定制度、实施措施和执行程序，确保实现控制目标和防范及管控风险的一个过程。内控的目标是保证企业管理合规性、资产安全性、报告真实性，提高经营效率性，促进企业健康发展。因此，只有内控目标全部实现才能说明内控有效，若未全部实现则说明内控失效。

了解内控失效的主要原因，心中有数

内控失效是指内控对企业合法、守纪、执规的实现不能提供合理保证，给企业带来风险的一个过程。内控失效的原因主要有以下几点。

（1）内控意识不够强

部分单位工作人员虽然按章办事，但他们不提高自我约束的意识，不注意控制风险，只会让内控管理失效。

（2）内控制度不健全

部分单位内控制度缺乏全面性，仅有财务制度，没有其他业务层面的内控制度。没有健全的内控制度，使得工作人员内控意识淡薄，相对增加了企业的管理风险。

（3）监督机制不完善

部分企业没有建立相应的财务内控审计监督制度和内部审计部门。有些部门虽已建立，但是独立性受到影响，内部审计效果不尽如人意。没有

健全有力的监督，企业各项目标的实现程度无法有效衡量。

总结成两个层面的内控失效才更清晰

COSO 委员会提出内控系统是一个整体，包括控制活动、控制环境、风险评估、信息沟通以及监督。一般而言，内控的某些要素，如控制环境，更多地对被审计单位整体层面产生影响，而其他要素可能更多地与特定业务流程相关。本部分主要从组织层面内控失效和业务层面内控失效两个方面进行阐述。

1. 组织层面内控失效

组织层面内控失效是指单位没有贯彻执行内控建设，尚未联系自身实际，制定细则，内控建设流于形式。目前，有些单位没有健全的组织机构和人员配备，无法组建稳定的内控环境，从而无法有效保证业务层面的内控。

2. 业务层面内控失效

业务层面内控失效是指单位由于风险意识薄弱、监督机制不完善，所以内控执行不到位。业务层面的内控是单位内控的核心，只有控制好组织业务层面的内控，才能有效监督单位的每一笔经济往来，确保财政资金合法合理地使用，为社会提供优质的服务。

3. 内控活动具体内容

《行政事业单位内部控制规范（试行）》提出，单位内控活动分成组织层面内控活动和业务层面内控活动两个部分。

①组织层面内控活动，主要有两大内容：组织框架设计和管控模式设计。

②业务层面内控活动，主要有六个内容：预算业务控制、收支业务控

制、政府采购业务控制、资产管理控制、建设项目控制和合同管理控制。

单位内控体系结构如图 8-1 所示。

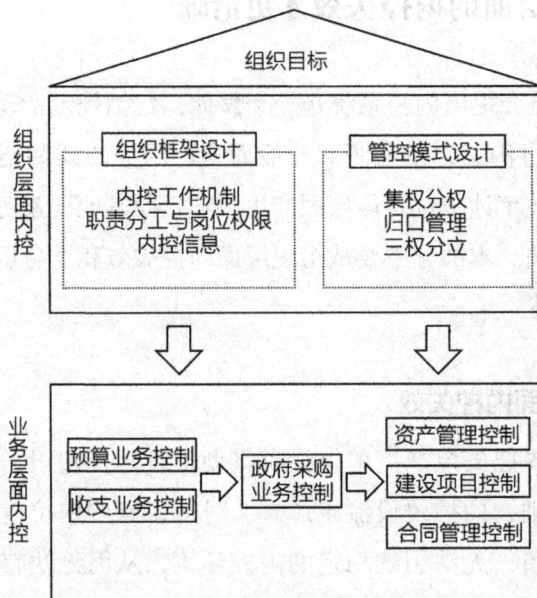

图 8-1 单位内控体系结构

8.2 组织层面内控为何会失效

组织层面内控失效是指单位内控活动因组织框架设计和管控模式设计不合理而失效。

组织框架设计不合理

组织框架设计不合理主要体现为：内控工作机制不健全、职责分工与岗位权限不明确及内控信息不通畅。

单位应当单独设置内控职能部门或者确定内控牵头部门，负责组织协调内控工作。组织框架设计不合理影响跨部门协同性，影响单位内控建设的整体质量。

1. 内控工作机制不健全

《行政事业单位内部控制规范（试行）》指出，单位在单独设置内控职能部门的同时，应当充分发挥财会、内部审计、纪检监察、政府采购、基建、资产管理等部门或岗位在内控中的作用。然而，很多单位的内控工作机制缺乏合理性。很多财务部门没有权力直接参与单位重大经济活动，无法直接进行业务管理，从而忽视了某些经费支出和工程项目等内部管理，使单位的工作重心发生偏差，无法有效地发挥其辅助决策和监督控制的作用。

2. 职责分工与岗位权限不明确

单位应当建立健全内控关键岗位责任制，明确岗位职责与分工，确保不相容岗位相互分离、相互制约和相互监督。有些单位机构职责边界不明确，岗位设置存在职能重叠，多部门管理可能会导致单位管理无序，增加声誉风险。在内控管理原则上，关键岗位应实行轮岗制度，但是很多单位存在一人身兼数职的情况，这增加了单位运行风险和舞弊风险。

3. 内控信息系统不通畅

单位自身的业绩与发展是单位内控重点关注的内容之一，然而由于内控的基本理念没有深入强化，很多单位信息系统相互之间具有独立性。如财务、资产管理和合同管理系统相互独立，数据资源不能高效整合，导致内控机制不能嵌入系统，影响内控建设的信息化。如有些领导认为控制财务部门等于内控，没有必要专门建立内控系统。还有些单位建立内控信息系统仅仅为了应付相关部门的检查，没有实质内容，流于形式。

管控模式设计不合理

管控模式设计不合理主要表现为集权分权控制不规范、归口管理控制不统一和三权分立控制不制衡。

1. 集权分权控制不规范

很多单位的"三重一大"集体决策和分级授权相关制度都是文件性条款，可操作性较差。未根据这些制度对单位集权分权进行梳理，导致有些业务太烦琐，浪费人力、物力和财力，造成执行业务交叉，出现无人监管的现象，工作效率低下。

2. 归口管理控制不统一

归口管理是根据单位实际情况，按照权责对等的原则，采取成立联合工作小组并确定牵头部门或牵头人员等方式，对有关经济活动实行统一管理。内控信息系统不通畅、部门与部门沟通不到位，影响归口部门设置，影响经济业务的重点领域，导致单位内控无法产生及时有效的可靠信息。

3. 三权分立控制不制衡

单位在进行每项业务的权力分配时，要把决策权、执行权和监督权归属到三个不同的机构，达到权力制衡。无论哪种权力没有分配或者哪两种权力合并都可能使权力滥用，导致腐败。如未建立单位决策的问责机制，加大了决策的风险性。部分单位并非每天每项业务都提及上级对下级的日常监督，这是单位对监督权的疏忽。

8.3 业务层面内控为何会失效

组织层面的内控和业务层面的内控都很重要，但是业务层面的内控是单位内控的核心点，涵盖了整个单位的所有经济业务。一旦业务层面的内控失效，无法有效监督单位的经济业务，无法确保每笔财政资金的有效使用。业务层面内控失效的具体表现，如表 8-1 所示。

表 8-1　业务层面内控失效的具体表现

业务层面内控失效内容	内控失效具体表现
预算业务控制	1.预算编制方法不严谨
	2.预算考核约束力较弱
	3.预算执行进度不达标
收支业务控制	1.收支业务岗位安排不严谨
	2.资金结算方式控制不完善
政府采购业务控制	1.政府采购规划不统一
	2.政府采购审核不谨慎
	3.政府采购方式不规范
资产管理控制	1.资产后续管理意识薄弱
	2.资产管理机制不完善
	3.资产归口管理不统一

续表

业务层面内控失效内容	内控失效具体表现
建设项目控制	1. 项目管理流程比较混乱
	2. 财政资金不能有效落实
合同管理控制	1. 合同归口管理不统一
	2. 合同签订条件不明晰
	3. 合同审批程序不规范

预算业务控制存在的问题

预算管理是指单位内部统筹，外部统一出口的管理方式。由于预算管理的统一性，内控失效直接体现在其基本流程中，主要是预算编制、预算执行调整及考核三个核心过程存在缺陷。目前存在的问题主要有以下三点。

1. 预算编制方法不严谨

许多单位预算仅仅根据上年度的收支决算情况和当年的财政状况大致编制，未考虑细分预算指标，导致后期突发性项目开展不顺，影响单位行政职能的实现。

2. 预算考核约束力较弱

由于预算编制不严谨，财务部收到各部门的预算后，并未及时将预算调整情况反馈到各部门，相应地，预算执行分析调整机制、评估跟进制度也未能跟上。预算考核约束力弱容易造成部门之间计划缺乏协调性，发生资源的浪费和分配的冲突。

3. 预算执行进度不达标

①预算年度是公历 1 月 1 日至 12 月 31 日，上级把预算下达给单位，

但当单位安排完预算时往往快年中了，意味着要在短短几个月用完一年的预算，影响了预算执行的进度。

②有些单位个别部门的业务项目在预算以外，没有预算作为依据，管理部门对这些额外的支出进行审核时，程序复杂、周期长，往往影响预算执行进度。

收支业务控制存在的问题

单位收支业务是单位资金流转过程的经济活动，是单位内部重点监督的对象。收支业务内控失效的主要内容有以下几点。

1. 收支业务岗位安排不严谨

收入方面，有些单位收入业务未统一管理，没有做到收入应收尽收，出现私设"小金库"现象。支出方面，有些单位领导没有严格执行审批程序，出现虚列支出、套取项目资金的行为，**如虚开发票或虚列员工名单**。这些问题都与员工岗位安排有关，破坏了信息的真实性。

2. 资金结算方式控制不完善

单位一般都有严格的报销制度，但时间一长，往往有些单位出现"走过场"的现象。一般财务人员看到有主管领导签字后，就不再仔细审核费用报销的有关资料。主管领导对单位资金结算方式控制不完善，容易滋生腐败。

政府采购业务控制存在的问题

政府采购业务是单位因各项业务活动通过政府采购产品、项目和服务的活动。政府采购是财政资金使用的重要方式，是内控失效的高发地带。具体的内容有以下几方面。

1. 政府采购规划不统一

政府采购范围从办公用品到大型的机器设备，范围非常广泛，但是许多单位在编制预算时，对于小件的办公用品随意性较大，没有强制目录，而是规定金额去采购，影响整体预算。

2. 政府采购审核不谨慎

在设置采购岗位时只设置了一个采购管理人员，缺乏管理层和归口管理部门，导致采购业务没有系统性，审批不规范，容易让采购人员收取回扣。采购审核不严谨使得资金支出的合理性和科学性难以得到保障，一些不合理的支出难以及时发现并予以纠正，出现不合规的现象。

3. 政府采购方式不规范

单位采购方式多样化使得采购过程中手续复杂，经过多个环节和多方审核，看起来符合采购制度，实则是单位人员为了操作方便，随意改变采购方式，导致采购物品质量和服务得不到保证，采购成本无形增加，间接损害了国家的利益。如采购标的来源单一的货物应选择单一来源采购，实际上有些单位为了程序简单，选择询价模式。有的单位采购验收不及时或者对验收过程中异常情况没有及时汇报也会造成资产损失。

资产管理控制存在的问题

本书所指的资产管理是对固定资产和流动资产中的存货进行管理控制。资产管理控制包括资金控制，以及实物资产、无形资产和对外投资管理。单位资产管理控制主要是对实物资产的配置、登记、保管、使用、清查盘点和处置业务流程的控制。目前许多单位已经成立资产清查核资小组，但仍存在以下问题。

1. 资产后续管理意识薄弱

单位普遍重视资产前期的购置，而忽视对资产的后续管理。未及时登记入账可能会使个别单位人员私自变卖资产。不合规的购置、不合理的手续可能会存在违规清理相关账户的现象，造成单位资产流失。

2. 资产管理机制不完善

财务部对单位资产处置有明确的文件规定，需要根据要求严格履行程序。但部分单位不能根据本单位的实际情况科学规范地制定资产管理机制，导致资产管理制度执行不能落到实处。如缺乏资产损坏赔偿制度导致资产损坏落实不到负责人；盘点制度不全面可能引起账实不符。

3. 资产归口管理不统一

许多单位没有做到统一、规范、专业的管理，缺乏资产归口管理部门。单位资产购买、入库、出库都由一个人完成，严重违反不相容岗位分离管理的原则。资产管理控制的人员经验尚浅，不能够严格把关资产质量，导致资产质量使用率不高，影响单位工作效率。

建设项目控制存在的问题

建设项目是单位自行或委托其他单位进行的建造和安装的项目。建设项目内控失效是指不健全的项目内部管理制度和不规范的项目管理流程使项目进度延迟或中断，甚至导致项目工程失败。

1. 项目管理流程比较混乱

部分单位并未建立建设项目管理制度，即使有建立，有些单位在操作过程中也存在较大问题，包括在建设项目过程中存在环节不透明、论证不充分、管理不严格、验收不合规、完成效率较低等问题。如招标投标控制机制失效和审核人员的判断偏差可能导致招标失败。

2. 财政资金不能有效落实

有些招标流于形式，存在违法乱纪的风险，单位财政资金运用不充分会存在很大的舞弊风险，对单位的信誉会有不良的影响。有些单位在项目竣工结算环节，项目资金还没到位，导致工程进度延迟或者中断，造成资金损失。

合同管理控制存在的问题

合同管理是指对合同签订、履行、变更、纠纷处理、存档等环节确定相关的控制方法，合规合法地管控防范合同风险，维护单位合法权益的行为。合同管理控制风险主要有以下几点。

1. 合同归口管理不统一

很多单位的合同是由各部门自行管理的，部门自行管理混乱，对合同的管理没有实行专人专管，一旦发生合同纠纷，需要签订合同的部门自己找出合同，自行与对方单位拟定，确定相互之间的权利和义务。这样的合同管理往往会造成责任不清、影响工作效率。

2. 合同签订条件不明晰

由于合同形式的多样性，合同没有统一的范本，因而在签订的合同中出现许多不规范的条例和不齐全的合同因素。如未签订合同事由、没有签订日期或缺委托代理人签字。这些现象都可能对合同的后期管控造成风险。

3. 合同审批程序不规范

签订合同前要先审批，但在日常工作中，仍然出现先签合同后审批的现象，导致业务人员到财务室报销时补办审批表的现象时有发生。这种先花钱后审批的情况使资金管理混乱。

8.4 组织层面内控失效合规型内部审计专用技术与方法

内部审计部门审查的目的是通过内部审计工作发现单位隐藏与忽略的问题，改进单位的内控工作，优化内控。内部审计部门应熟悉掌握合规的审计技术与方法，运用规范的审计程序对单位进行详细分析、监督与控制，及时有效地预防内控失效。

建立风险定期评估机制

单位应当建立经济活动风险定期评估机制，对业务活动存在的风险进行全面、系统和客观评估。每年至少一次进行经济活动风险评估，外部环境、经济活动或管理要求等发生重大变化的，应及时重新评估经济活动风险。进行组织层面的风险评估时，应当重点关注表 8-2 中的六个方面。

表 8-2 组织层面风险评估重点关注的内容

序号	组织层面风险评估关注重点	内容
1	内部控制工作的组织情况	是否确定内部控制职能部门或牵头部门
		是否建立单位各部门在内部控制中的沟通协调和联动机制

续表

序号	组织层面风险评估关注重点	内容
2	内部控制机制的建设情况	经济活动的决策、执行、监督是否实现有效分离
		权责是否对等
		是否建立健全议事决策机制、岗位责任制、内部监督等机制
3	内部管理制度的完善情况	内部管理制度是否健全
		执行是否有效
4	内部控制关键岗位工作人员的管理情况	是否建立工作人员的培训、评价、轮岗等机制
		是否具备相应的资格和能力
5	财务信息编报情况	是否按照国家统一的会计制度对经济业务事项进行账务处理
		是否按照国家统一的会计制度编制财务会计报告
6	其他情况	—

完善内控工作机制

单位要进一步完善内控工作机制，需要注意以下几点。

1. 确保不相容岗位相互分离

优化升级单位组织机构，确保组织层面内控制度建设符合单位实际要求。合理设置内控关键岗位，明确划分职责权限，实施相应的分离措施，形成相互制约、相互监督的工作机制。

2. 明确内部授权审批控制

明确各岗位办理业务和事项的权限范围、审批程序和相关责任，建立重大事项集体决策和会签制度。相关工作人员应当在授权范围内行使职权、办理业务。

3. 统一归口管理

单位根据实际情况，按照权责对等的原则，采取成立联合工作小组并确定牵头部门或牵头人员等方式，对相关经济业务实行统一管理。

加强内控信息化建设

在数字化时代，许多单位运用信息化软件辅助办公，但是各部门的系统数据不能进行传输和共享。

在信息化建设方面，相关人员可针对单位业务实际情况开发一套与内控有关的经济业务活动的信息化系统，将业务办理嵌入流程中，从最初业务申请，到业务中间环节的审批，再到对执行完成情况进行跟踪监测，都可以在信息化平台上完成，实现业务模块的系统联通，减少人为操作因素，保护信息安全，更全面地反映经济业务的整个流程，对业务信息的合规性起到监督作用，形成完整的信息流。

8.5
业务层面内控失效合规型内部审计专用技术与方法

单位进行经济业务层面内控应当重点关注以下七个方面：预算管理情况、收支管理情况、政府采购管理情况、资产管理情况、建设项目管理情况、合同管理情况和其他情况。

建立健全预算编制

对于预算流程中存在的核心缺陷，结合相关制度，依据不相容岗位相分离原则，应对预算编制、预算执行调整和预算考核进行控制。

1. 落实各部门预算编制的职责

为了使经济资源最大程度上合理合规，各业务部门应该及时参与单位的预算编制中。可组建预算领导小组，确保预算编制工作的有效开展，对预算工作的重要事项进行决策。各部门提高预算管理意识，明确需要承担的具体职责，并在实际工作中坚决落实本岗责任。

2. 建立预算管理系统

对于预算调整情况不能及时反馈，信息化系统中嵌入预算管理系统，可有效解决预算调整情况不能及时反馈造成各部门缺乏协调性的问题。前期将预算编制的制度政策、定额定员标准及历史数据录入系统中，为后期预算管理工作和执行过程提供基础数据。同时，单位应加强对预算管理部门人员的业务培训，落实完善系统建设，确保单位预算编制的合规性。利用预算管理系统可及时研究不同财务数据之间以及财务数据与非财务数据之间的关系，分析出相关信息的不一致性。

3. 完善部门之间的协调机制

预算小组成员的选择和预算系统的建设是有效落实预算执行的基础。预算小组要求各部门预算指标的设定与实际工作相符，与结转和结余资金管理、资产管理和政府采购业务相结合。这样才能确保预算执行进度的一致性。

加强收支业务控制

有效的内控是指单位加强收支业务控制，建立健全收支内部管理制度。

1. 严格执行"收支两条线"管理

收入方面，将相关经济业务的资料上传内控管理系统，运用网上无纸化审批报销，及时提交财务部门审核，简化审批流程，避免私设"小金库"的现象。支出方面，授权审批制度完善化、重大项目规范化和大额支出集体决策程序化，以避免资金舞弊的现象发生。

2. 严格控制资金的结算方式

根据资金使用规范条例，按照《现金管理暂行条例》《支票使用与管理规定》《单位公务卡管理办法（试行）》等相关管理规定的要求，对相关的支出项目务必使用公务卡结算，对于不符合规定的业务，上传资料时，系统可自动识别非合理的结算方式，自动做退票处理。规范使用资金的结算方式，合理合规控制单位资金结算，有效地监控资金的流动和去向。

政府采购业务控制

政府采购业务是单位日常经济活动中一项重要的业务。加强政府采购防范意识，控制政府采购风险，对单位内控的合规性有着重要的作用。

①建立健全单位采购管理制度，明确采购归口管理部门、参与部门和人员在采购管理中的职责。按规定要求编制采购预算，合理安排采购计划，保证政府采购计划的合规性。

②采购环节上，加强采购流程环节的管理。通过单位的内控系统与财务系统和固定资产系统的衔接，检查相关的记录与文件，重点管控采购流程中的薄弱环节。

③请购环节上，合理确定单位采购的需求，规范申请程序，严格按照预算的执行进度和工作计划，结合内控系统，提出采购申请。预算外项目需要先调整预算再办理手续。

④验收环节上，制定明确的采购验收标准，规范政府采购验收程序。结合单位采购项目特点，设计项目验收方案，规范验收标准，根据验收标准设计验收程序和方法。

重大采购项目，应当成立验收小组，由采购部门、财务部门及领导代表共同参与验收工作。

资产管理控制

依据《行政事业单位内部控制规范（试行）》中的规定，单位应对资产管理的风险点进行控制，建立有效的资产管理内控。

1. 完善资产管理制度

单位资产管理制度要强化定期对特殊资产进行资产评估，如整体或部分租赁给非国有单位的资产，变卖、置换的固定资产等。值得注意的是，单位应委托具有资产评估资质的资产评估机构进行资产评估。同时，制度中应明确每年要定期更新固定资产卡片信息并及时传递至相关部门。

2. 明确岗位职责权限

单位在资产控制的岗位设置上应坚持不相容职务相分离原则，包括资产的保管和清查、资产的采购与审核、资产的保管和核算、资产的核算和审核、资产的使用和处置等不相容职务，最大限度地确保资产的安全和有效使用。

3. 优化资产管理流程

对于资产后续管理的忽视，建议加强资产入库的验收，并及时登记资产卡片。

①资产卡片必须严格按照规定详细登记资产信息，包括序号、资产名称、型号、种类、使用部门、负责人、资产增减变动情况等。

②会计在审核相关资料时，务必核实相关资料的附件是否齐全、是否符合相关制度要求。

③资产领用环节中，必须由相关负责人核实后方可办理领用手续，及时办理领用登记手续。

④单位应不定期或者定期盘点资产，由固定资产管理部门负责，发布盘点方案，其他相关部门参加，开展盘点工作，并填制财产清查盘点表，确认是否账实相符。若账实不符，应及时查明原因，形成资产清查报告，提交相关领导部门审核，进行账务处理，同时要及时更新资产卡片信息，确保账实一致。

建设项目控制

单位应当依照国家及地方的资产管理有关规章制度，结合单位实际情况，建立健全建设项目内部管理制度。

1. 重视单位建设项目流程

为了提高建设项目的合规性，单位应建立建设项目管理机制，重点明确规定招投标机制的合理性和审批程序的合法性。招标环节是建设项目管理中的重要环节之一，许多风险来源于招标环节的失效。招标环节，应通过制定建设项目招标管理办法，依据标的金额和属性确定招标要求，按公开公平公正原则发布招标公告。

2. 及时落实建设项目资金

单位应当按照审批单位下达的投资计划和预算对建设项目资金实行专款专用，观察相关人员正在从事的活动或执行的程序，严禁截留、挪用和超批复内容。会计部门还要加强与承建单位的沟通，准确掌握建设进度和资金落实情况，加强价款支付审核，确保建设项目资金的合理使用。

合同管理控制

合同管理控制的每个环节都很重要，合同管理失控会对单位造成严重的后果。因此，单位应该从提高管理人员素质和加强合同签订审核两方面着手，严格按照国家法律并结合自身实际情况，合理合规地管理合同。

1. 提高管理人员素质

针对合同管理无归口的情况，建议设立单位合同管理岗，建立合同纠纷协调机制，可由总务处牵头。线上线下培训并举，对合同管理人员进行培训，提高专业素质，规范合同范本，全面掌握合同签订中的注意点，加强合同管理控制，保护单位的合法权益。

如某些单位借阅合同手续不全，可使用合同借阅审批表，相应领导同意后，方可借阅。收回后相关负责人应做好借阅归还登记。

2. 加强合同签订审核

①在合同签订的过程中，实时监控合同签订的每个流程，确保合同的各项条款合法合规。

②签订后，合同管理人员要及时将合同的签订方、项目、金额等重要经济信息上传至内控系统，方便其他部门掌握，为单位后期的经济活动做准备。如采购部门上传收集到的供应商的信息，为采购提供参考依据。

③合同履行环节，管理人员对合同执行的情况进行跟踪监控，出现异常情况要及时上报和处理，降低损失。

8.6
案例一：组织层面内控失效

案例概况

1.S 局的概况

S 局为某港航海洋渔业局的下属预算单位，单位性质为行政单位，主要负责对辖区港航企事业单位执行国家有关法律法规和港航发布的规章制度等工作。目前，S 局内设职能科室 5 个，分别是：办公室、港航口岸建设科、渔业产业科、渔政监科和机关党委。现有行政人员 12 人，全额事业编制人员 55 人，自收自支事业编制人员 40 人。S 局组织结构如图 8-2 所示。

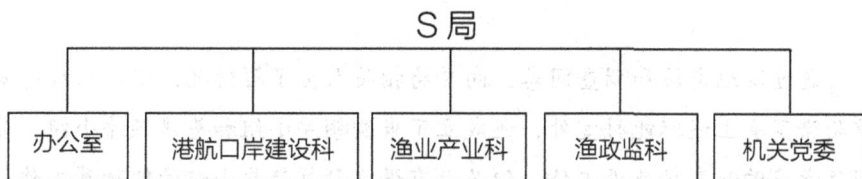

S 局

| 办公室 | 港航口岸建设科 | 渔业产业科 | 渔政监科 | 机关党委 |

图 8-2　S 局组织结构

2.S 局已有的内控建设

S 局根据有关制度，设置了内控小组，负责内控工作，局长担任组长，由办公室负责全面统筹及组织协调内控建设工作。该局已经制定了《S 局内控体系建设实施方案》《S 局政务管理风险内部控制制度》《S 局人事管理内部风险控制制度》等各项内控制度，能够做到"三重一大"事项的集体研究决定，按照民主集中原则进行决策，有效实现决策、执行与监督的分离。

3.S 局当前存在的内控问题

S 局尚未建立内控关键岗位机制，部分科室没有进行有效关键岗位轮岗，也没有进行定期专项审计。科室职责划分不够明确，有些岗位存在虚设现象。S 局尚未实现财务部门与其他业务部门之间的信息共享，对信息系统的归口管理不合理，容易造成信息孤立现象。

审计实施过程与策略

2019 年 8 月，对 S 局展开了调研工作，主要进行组织层面的调研工作。调查问卷设计内容涵盖组织框架设计和管控模式设计。项目组于 12 月发放调查问卷，共收回问卷 105 份，其中有效问卷为 102 份，调查问卷涵盖了本单位 95% 以上的职工。在调查问卷整理分析中，发现了 S 局在内控工作中存在的问题。

主要审计技术与方法

通过实地走访和调查问卷，向 S 局相关人员了解情况，审计人员得知该局除了有上述职能科室外，还成立了采购领导小组和基建领导小组，分别负责采购和基础建设工作，但是没有设立预算领导小组管理预算工作，没有建立起内控制度，没有明确内控牵头岗位。S 局虽然通过编制相关制度文件，进行风险防控，但是从实地走访和观察中发现对实际工作中的风险并没有及时关注和梳理。

审计发现的内控失效事实与政策依据

《行政事业单位内部控制规范（试行）》指出，单位应按规定对经济活动中可能存在的风险进行全面、客观评估，并规定每年至少一次进行相关内控工作。虽然在组织层面上并未发现 S 局舞弊事实，但是内控制度不成体系。虽然 S 局制定了覆盖全面业务的制度文件，但是具体的某项制度并不详细，对具体业务的指导操作还需要后期完善。

①未建立完整的重大事项议事决策机制。

②未建立内控关键岗位责任制。虽然有些岗位的划分比较清晰，但还是存在部分关键岗位的职责没有明确的制度，只局限于主要的负责人，而不是对关键岗位进行定期轮岗。

③未建立内控信息化系统。目前大部分单位都未建立一个完整有效的内控信息化系统，S 局虽然有独立的财务、预算、采购等内控系统，但是尚未实现能将经济活动及内控流程全部嵌入的信息系统，对信息系统的归口管理不合理。

④未建立定期风险评估机制，缺少对单位总体风险及相对应措施的管控。

案例启示

基于《行政事业单位内部控制规范（试行）》相关理论，结合 S 局的内控管理工作，围绕内控体系，对该单位组织层面经济业务活动进行流程改进和风险工作，以推动 S 局的发展。

本案例的几点启示

（1）设立独立内控机构

S 局内控小组由办公室负责，针对此情况，应成立单位内控领导小组，负责组织协调单位内控工作。局内各科室是内控的具体执行机构，办公室是内控监督检查的评估机构。

（2）重视落实岗位责任制和关键岗位轮岗制

S局应建立关键岗位轮岗机制，确保S局决策权、执行权和监督权三权分立；同时关注关键岗位责任制，应当以书面文件详细地记录关键岗位能力、职责和权力的要求；也可采用专项审计的控制措施监督关键岗位工作的人员，防止内控失效。

（3）加强内控信息化建设

S局的会计核算运用了信息化平台，但是各科室之间的信息不能进行传递和共享，会计资料主要采用纸质化，已实现部分无纸化。S局应重视内控信息化建设，实现从"纸质化"到"无纸化"的转变，开发可共享信息平台，从业务发生到审批，从执行到跟踪，都能在信息化平台上形成信息共享传递。这样可以避免人为因素的干扰，使各科室更好地沟通。

（4）设置专门的风险评估岗位

S局应根据各科室情况，设置专门的风险评估岗位，建立完善的风险评估机制。这有利于内控制度更适应单位管理，发挥内控的有效性。另外，外部环境的不稳定性会影响S局的风险评估，应设置专门的风险评估岗位，加强风险管理，可以更好地应对风险，使得收支平衡。

8.7 案例二: 业务层面内控失效

案例概况

A 单位是一个管理出国培训, 组织国内外认证考试培训的自收自支的事业单位, 资金来源主要有财政拨款、事业收入、其他收入, 属于预算二级单位。业务层面管理包括预算管理、收支业务管理、政府采购业务管理、资产管理、建设项目管理和合同管理。A 单位设置财务部为预算管理的归口部门, 各业务处室为预算业务执行机构, 制定了《A 单位预算管理实施细则》, 明确了单位预算的编制、审批、执行和调整等相关程序。收入业务主要包括财政补助收入、事业收入、上级补助收入、附属单位上缴收入、经营收入和其他收入等。支出业务主要包括人员支出、公共支出和专项支出。A 单位建立了一系列关于收入与支出的内部管理制度, 如《A 单位差旅费管理办法》《A 单位培训费管理办法》等。《A 单位政府采购管理暂行办法》对政府采购业务进行了制度规范, 但尚未明确采购的主管部门、政府采购的管理方式、验收管理的工作流程。A 单位制定了《A 单位货币资金管理暂行办法》《A 单位银行账户管理暂行办法》《A 单位固定资产管理办法》等资产管理制度, 但是未设置资产管理部门, 没有设立实物资产管理台账, 未及时进行资产盘点。在合同管理上, A 单位没有制定相应的合同管理制度, 合同的全过程由各科室自行负责。

审计实施过程与策略

1. 预算管理

通过检查 A 单位预算记录与文件，审计人员发现 A 单位严格按照《中华人民共和国预算法》进行预算上报。财务部门独立编制年度预算，根据上年度基数采用增量法编制预算，考试费收入预计每年增长 10%，其他收入和商品服务支出与当年实际情况持平。每月各部门编制月度执行情况表，于每月 10 日前将上月预算执行情况告知各部门负责人，对各科室的预算执行情况进行监督，及时调整预算。各部门没有月度用款计算，存在年底无预算计划、用款较大的业务。

2. 收支业务管理

收入业务包括财政补助收入、事业收入、上级补助收入、附属单位上缴收入、经营收入和其他收入。主要收入由财务部门归口管理，往来单位业务人员填制一式两联交款单并将现金或支票送到财务部门，财务部门盖章入账。特殊业务，如在外开办培训班，收入由业务部门收齐后再交财务部门。审查过程中，通过分析程序与函证，发现 A 单位财政拨款严格按预算执行，其他收入与全口径预算收入有较大出入，日常支出没有月度计划、只要有领导签字即可，库存现金在 3 万元左右，用于日常开支。

3. 政府采购业务管理

审计人员实地走访 A 单位、跟踪采购人员进行的采购业务，发现以下情况。A 单位没有设立专门的采购部门，行政办公室负责办公用品、办公设备的采购。每一季度统计各科室需要，统一在"政采云"上采购。各项培训活动临时用办公用品由业务部门自行购买，价格较"政采云"偏高。服务类业务由各科室根据业务情况，参考《×地区政府定点采购目录》，选择商家，询价后提出申请，行政会讨论后批准即可购买。

4. 资产采购

现金管理方面，A 单位的大部分业务较多使用现金，现金收支流水较大，影响货币资金的安全性；现金管理未做到日清月结，出纳只在月末盘点现金。实物资产管理方面，通过观察发现，A 单位资产管理系统由办公室负责登记录入，并对资产逐一编号登记；后期没有专人长期对资产进行管理清查，比较随意；很多办公设备经常随着人员的调动随意改变放置地点，这给资产管理员盘点造成困难。

5. 建设项目管理

经过调研了解，A 单位目前尚未发生过建设项目，也没有建立建设项目管理机制。

6. 合同控制

通过询问相关部门人员，发现 A 单位所有合同全过程由各科室自行负责。各科室自行进行合同签署前的一系列准备工作，而后由领导批准，由财务主管代为签署。合同的后续问题由各部门自行跟踪。有些科室的合同经常出现超过收款期限还未收款的现象。合同原件由财务部门留存，有些科室留档复印件而有些科室没有，造成合同查找手续烦琐。

主要审计技术与方法

经实地走访及调研，了解 A 单位严格按照《中华人民共和国预算法》进行预算上报。通过对收入款项及资金相关凭证的查找，了解 A 单位财政拨款严格按照预算执行。通过实地调研行政办公室的采购方式、各科室的合同管理工作及实地盘点资产，了解 A 单位存在一定的问题。

审计发现的内控失效事实与政策依据

在业务层面上，A单位整体管理得较好，但是也存在一些风险。A单位应当以《行政事业单位内部控制规范（试行）》作为指导思想，建立健全内控制度体系。

①A单位各部门没有月度用款计划，对预算编制的合理性和科学性有一定的影响。

②特殊业务收入由业务部门收齐后交由财务部门，对资金的归口管理存在问题，可能存在乱收费的现象，容易滋生"小金库"。

③临时活动用办公用品由业务部门自行采购的行为是不合规的，应规范供应商的选择。

④资产管理系统由办公室负责登记录入，没有专人负责资产的后期管理。

⑤合同管理过程非常随意，后续跟踪问题交由各科室自行解决，甚至出现未能及时收款的现象。

案例启示

A单位具有公共服务性质，在内控工作中不仅应当注意公平性和协调性，还要关注实施过程中的风险。在业务活动中，不但要重视实践经验，还要在实务中不断地改进与调整。

本案例的几点启示

（1）落实科室预算责任，建立预算管理系统

预算编制是A单位根据工作任务对其相关经济资金进行合理规划，合规合理地使用资金。因此预算不但是财务部门的业务，也需要其他业务部门的参与和配合。

①A单位各部门没有月度用款计划，对预算编制的合理性和科学性有一定的影响。因此，A单位应落实各科室的预算编制的责任，各科室

应于每月 15 日之前上报下个月用款计划，财务部门根据各科室实际上报情况与实际发生的业务进行款项的使用，落实各业务部门的预算编制责任。

②建立预算管理系统，实现预算管理系统与各科室信息管理系统相对接，最终实现各科室之间信息共享，保证各科室网上申报预算，建立完整准确的数据库，实现预算数据的共享，解决"信息孤岛"的问题。

（2）健全收入登记制度，减少现金流动支出

收支业务是单位经济业务的核心之一，是保障资金安全的关键环节。A 单位应结合其基层特点，进一步优化收支业务内控，主要对收入业务和支出业务进行优化。

①健全收入登记业务。A 单位应规范收入项目的标准，各项收入应符合国家及地方规章制度，落实收费公示制度，做到透明、公开、有序、合法、合规，确保款项清晰明确。财务部门应严格执行对全部收入的管理，各科室之间应做到相互监督、相互制约。

②减少现金流动支出。A 单位每月库存现金流动较大，也没有月度支出计划，应根据单位实际情况，制定相关制度加强支出预算的管理。A 单位应普及公务卡的使用，外出培训出差应合理使用公务卡结算，实现无纸化报销模式。

（3）加强采购活动管理，规范采购供应渠道

加强政府采购的防范意识，注意避免采购风险发生，对 A 单位的监控发展发挥着重要的作用。

①加强采购活动的管理。A 单位临时活动用办公用品由业务部门自行采购的行为是不合规的，业务部门应对临时活动做好规划，完善与其他科室的沟通机制。政府采购部门对于临时活动的采购可以使用快速通道，及时保证各部门活动有序开展。

②规范供应商的选择。A 单位的供应商的选择和流程有些草率，应根据采购的货物合理选择采购方式，相应的方式包括：邀请招标、公开招标、单一来源采购、竞争性谈判、询价等。A 单位应规范采购流程，采购

价格一般应低于市场同类价格。

（4）加强资金控制检查，实现资产动态管理

为了保证资产的安全性，A 单位应按照相关规定建立资产的日常管理制度和定期清查制度。

①A 单位应加强资金控制检查。A 单位的出纳月末盘点现金的行为不合规，现金管理应做到日清月结，严格规定库存现金限额和使用范围。库存现金限额一般不超过本单位 3～5 天正常零星开支需要量，最多不超过 15 天，超过限额的现金应及时存入银行。

②资产管理要实行动态追踪。目前 A 单位的资产管理系统由办公室负责登记录入，没有专人负责资产的后期管理。建议资产管理实行归口管理，落实各科室及具体资产使用人的责任，将固定资产保管、使用责任落实到具体岗位，并及时更新记录，实现固定资产动态化管理。

（5）建立建设项目制度，减少未来工作风险

目前 A 单位尚未建立建设项目管理机制。为了应对将来可能发生的建设项目，应尽快建立相关建设项目制度。相关制度建立过程中应考虑以下几点：

①是否符合国家有关投资、安全、建设、环保等规定；

②是否建立与建设项目相关的审核机制；

③招投标过程是否合法合规等。

只有合理完善的建设项目制度，才能减少风险，提高单位的财务运行效率。

（6）分级分类合同管理，重视管理人员培训

建立规范的合同管理体制和业务流程是合同管理的必要条件。A 单位合同管理过程非常随意，后续跟踪问题交由科室自行解决，甚至出现未能及时收款的现象。

①A 单位应当派专人根据需要对合同进行科学分类，实行合同分级分类管理，建立一套完整的合同管理的标准化控制流程。各科室签订的合同应当经过合法授权，不得签订超越授权范围的合同。

②加强合同管理人员的培训。很多单位对合同的管理不够重视，造成合同后期的纠纷时有发生。合同的管理涉及很多专业知识，因此合同管理人员应加强相关法律的课程的学习。建立财务部门与合同归口管理部门之间的沟通，有利于规避合同内控失效，保护单位的合法权益。

第 9 章

以建设项目失管为典型
特征的解读与案例分析

防范胜于查处，内审寓于服务。

——齐册文

9.1 / 建设项目失管基础

什么是建设项目失管

1. 什么是建设项目

建设项目是将投资转化为固定资产的经济活动过程，既是一种投资行为，又是有建设行为的项目决策和实施活动，最终形成固定资产。

建设项目是一种投资和建设行为的项目，有明确的质量、预算费用、时间进度，涉及单位多、规模大、技术复杂，受经济、政治、社会环境的影响大等特点，容易滋生腐败，产生较大损失、浪费等问题，而且无法有效弥补，使得建设项目监管要求越来越高。

2. 建设项目内控的目标

建设项目内控的目标是通过对建设项目决策程序、招投标管理、工程造价、施工进度、现场管理等关键环节进行控制，找出建设项目过程中存在的缺陷，披露建设管理中出现的违法违纪违规问题，确保建设项目的合规性。

3. 建设项目失管

建设项目失管是建设单位的建设项目由于内控失衡，没有达到已定的目标和质量要求，导致建设项目未能有序开展和完成。

建设项目失管主要包括自建建设项目失管和外包建设项目失管。自建建设项目在采购、施工及决算环节中容易出现失管。外包建设项目失管的环节主要有项目招标、建设和验收环节。

分类才能知不同：建设项目失管的两个类别

1. 自建建设项目失管

自建建设项目失管是指单位自行进行的建造、安装活动受到内、外部环境影响，对工程建设活动中资产的安全性、完整性及有效性造成影响，导致财务及工程信息的虚假性和无效性。

自建建设项目一般具有规模大、耗资多、周期长、牵涉多、要求高等特点，是我国单位容易失管的领域之一。

现实中，高估工程资金、暗箱操作招投标环节、"豆腐渣"工程等相关经济案件时有发生，这就要求相关单位应加强建设项目的内控管理。

2. 外包建设项目失管

我国处于较快经济发展时期，国家加大了对经济建设领域的投资，建设项目展现出规模大、数量多、分布广等现实特点。

外包建设项目对于自建建设项目来说，程序相对复杂、建造时间相对长久。许多单位的建设项目会委托其他单位进行建造，包括厂房建造、基础设施建设、大型修缮等。外包建设项目还存在不少问题，包括招投标中存在违反法定程序、暗箱操作、违法竞标等问题。工程建设项目的质量越来越受到社会的关注，这对建设项目的监督工作提出了更高的要求，对建设项目的招投标、建设和验收的监督工作提出了新的要求，使人们越发重视工程建设项目的合规性和合法性。

9.2 建设项目失管内容

从采购到决算：自建建设项目失管内容

自建建设项目失管主要发生在其实施阶段，因此要谨慎对待实施阶段中遇到的经济技术问题，找到合适的解决方案，最大限度地控制成本。自建建设项目失管主要表现为采购、施工和决算三个环节失管。

1. 采购环节

（1）材料设备造价容易失控

自建建设项目的费用主要由材料费、人工费和施工设备费三部分组成。材料费相对于人工费和施工设备费而言，受外界因素较多，容易发生剧烈波动，对建设项目造成较大影响。因此，采购环节中对材料设备采购的控制要适当。

（2）供应商选择容易失控

建设项目需要大量的材料与设备，这些材料和设备需要自行采购，涉及的供应商数量会比较多。有些单位的负责人可能根据关系或喜好直接选择供应商，导致价格高于市场、质量存在问题、支付回扣，滋生腐败，造成采购环节的失控。

2. 施工环节

施工环节中容易失管的内容有：施工设计不合规、物资管理不健全和成本核算不真实。

（1）施工设计不合规

有些单位原始设计符合有关要求，在施工中设计发生重大变更，负责人为了方便，隐藏设计变更，在施工中直接操作，损害单位利益，造成后期物资和成本核算与预算大相径庭。任意压缩工期、盲目赶进度、监理人职业道德低、工程监理不到位，可能导致工程质量低劣、费用增加。

（2）物资管理不健全

部分单位没有相应的规章制度对物资的检验、入库保管及领用消耗品进行明确的规定。工程物资采购、收发、保管记录不完整，材料质量差、价格高导致成本风险较大。物资的列支要求真实合理，否则会造成材料浪费。

（3）成本核算不真实

个别单位施工前未进行合理预算，存在超批复概算的情况。不同项目成本相互挤占、混淆资本性支出和收益性支出、存在私设"小金库"等违法违纪违规行为，特别是工程量大、综合单价高、施工复杂的项目，失管的概率比较大。

3. 决算环节

决算环节失管主要表现在合同条款不相符、报表编制不合理、资产交付不完备、结余资金不合规和造价结算易舞弊等方面。

（1）合同条款不相符

部分单位工程结算书的内容与合同约定的金额和收费标准不一致，高估冒算，导致工程量虚增。材料价格差异的调整不符合相关文件要求。

（2）报表编制不合理

竣工决算报表编制依据存在问题，"竣工工程概况表""竣工财务决算表""交付使用资产总表"中填列的内容不够完整，数据填列和费用分类存在不合理现象，数据之间的钩稽关系不明确。相关凭证和票据存在手续不完备、白条较多的现象。

（3）资产交付不完备

虚报资产交付的数量和金额，资产交接的手续不完备，存在账外资产和国有资产流失的现象。

（4）结余资金不合规

部分单位刻意隐瞒、转移、挪用结余资金和物资，在竣工决算阶段对于资金支付的审核无法做到严谨和细致，造成单位资源的浪费。

（5）造价结算易舞弊

在实践中，无论是国有资金还是自筹资金，工程结算都需要开展结算审计，以造价咨询机构出具的咨询报告作为建设工程财务决算"建安成本"的编制依据。审计经常发现，许多工程项目在施工过程中发生了大量的工程变更，但没有记录减少工程的联系单，联系单只增不减，或者即使有记录减少工程的联系单，多数情况下也是只见部分，未见全部。结算通常是在投标合同价的基础上根据联系单进行增减工程调整，假如联系单只增不减，结算就是加得多减得少了，这是造成结算价高于合同价的常见原因。

从项目招投标到验收：外包建设项目失管内容

1. 项目招投标环节

单位项目工程招投标环节的风险点主要表现在审计资料失真和招标程序不规范方面。

（1）审计资料失真

有些单位为了中标，建设项目的可行性报告与实际成本或者价格严重不符，导致数据不真实、不完整。一些项目，如工程造价数据涉及虚报，使可行性报告成为可批性报告，造成虚假招标。工作流于形式导致资料失真。

（2）招标程序不规范

在招投标谈判中，投标人为了获得竞标权利，盲目压价导致后期施工合同与招标文件不一致，无序竞争行为比较严重，甚至出现行贿受贿现象。个别单位为了在程序上符合相关规定，暗箱操作，表面履行招标程序，实则虚假招标，扰乱了经济市场。

2. 项目建设环节

项目建设环节是整个工程投入时间、人力、财力最多的一个环节，也是项目建设中内部控制最重要的环节。施工阶段的管理涉及施工开工准备管理、施工质量管理、施工安全管理、施工工期管理、隐蔽工程管理、工程变更签证管理、索赔管理、设备材料管理、进度款支付管理等环节。

（1）成本管理有风险

单位在施工过程中无法结合预算对材料进行严格的分析和使用，影响成本管控。

（2）预算执行有脱节

建设项目预算粗略，导致预算约束不够、建设项目价款结算不及时、工程进度延迟、资金受损。

（3）审批程序不严格

施工过程中，工程发生大量变更应将通过签批的图纸会审记录单作为计价和结算的依据。部分单位对图纸会审记录单没有明确的制度规定，只有施工现场的设计代表、监理代表和甲方代表审批和签字的。同时，设计变更单的审批程序应更为严格，需要多部门审批。有些工程外包方为了方便，利用偷换概念的方法，应当以设计变更单的审批程序办理的工程项目，以图纸会审记录单流程办理，规避了工程图纸变更的相应手续。

（4）施工质量不达标

有些单位施工组织管理不合规，施工程序管理不规范，对于施工材料，验收人员随意抽样检查，甚至没有认真检查就认可施工单位的材料，存在偷工减料的现象，缺少质量控制方面的严格审核。

（5）签证变更不合理

这些大量使用的洽商联系单，往往是造成工程造价增加或失控的主要原因，签字不全，签证内容和时间与其他记录不符，签证人权限不符，变更签证的理由不充分，巧立名目签证，用虚假签证等来补偿无关费用。不少工程项目在施工过程中发生了大量的工程变更，故意不记录减少工程的联系单，联系单只增不减，造成结算价高于合同价。

3. 项目验收环节

项目验收环节失管是施工单位依据现场施工记录、设计变更通知书、现场变更鉴定、工程量计算规则、工程量清单报价等各种建设项目工程造价计算的经济文件，对工程项目进行验收时发现不合规的问题。主要问题有：验收资料不完整、合同履行不合规、验收程序不合理和验收备案易忽略。

（1）验收资料不完整

部分单位准备的工程项目验收资料很粗略，施工过程中未对设计变更单的资料及时更新，造成验收时对工程量的审核有差池，容易出现混淆或有漏洞的定额或清单项目。签证单的变更内容没有及时落实到验收结算中，造成结算时无法进行相应的增减调整。有些单位为了建设总费用不超过概算确定的范围与总额，故意隐匿或偷换验收资料。

（2）合同履行不合规

有些施工单位为了自身利益，未根据合同约定的材料、人工调差条件来出具结算书，存在未根据合同或者政策规定的涨价降价幅度来进行材料、人工价差的调整的问题。取费标准和税费标准脱离合同约定的标准，白条抵库，重复计算相关费用，间接调高获利。还有些单位交付使用的资产数量与价值和当时签订的合同有出入，有些资产故意划分不清，混淆各项支出情况，后期验收结算时造价成本增大。

（3）验收程序不合理

有些施工方明知道上报的资料存在遗漏或者重复的情况而将错就错。验收负责人没有对建设项目进行严谨细致的审查，流于形式的审核极有可能成为后期项目交付使用后的潜在风险。

（4）验收备案易虚构

项目工程完工验收备案是建设单位在完工验收后，要及时将竣工验收报告和规划、相关部门出具的认可文件报行政主管部门审核的行为。有些单位伪造工程备案资料，对技术联系单、签证单、施工日记、隐蔽记录等资料进行伪造后提供给相关部门，或者让相对连续的资料或证明力较差的备案资料进入审计程序，混淆或扰乱审计工作，抱着侥幸的心理达到高估冒算。

9.3 / 建设项目失管合规型内部审计专用技术与方法

审计技术与方法指审计人员为提高审计工作效率，节省审计成本，在监督过程中使用的各种方法和技术，是人们在长期的实践工作中积累的审计工作经验。审计技术方法有很多类型，包括观察、询问、函证等。

自建建设项目失管审计技术与方法

自建建设项目是一项复杂的系统工程，具有投资金额大、建设工期长、控制点多、技术复杂等特点。因此在自建建设项目过程中，经常会出现各种各样的问题。自建建设项目失管的审计技术与方法主要有：现场核查法、询问调查法、逆向推理法和逻辑判断法。

1. 现场核查法

自建建设项目内部审计过程中的实物证实法与传统审计方法中的账实核对方法具有一致性。自建建设项目涉及采购的实物材料很多，*如砂石、木材、水泥等*，审计人员应与会计记账内容相结合，采用现场盘点的方式，对单位的实物审计证据和资料进行核查。

从自建建设项目开始到结束，审计人员定期参加单位工程项目的日常会议，事前参与建设项目决策阶段的审计，事中参与建设项目的质量、进度、成本实施过程中的审计，事后参与建设项目竣工、评价审计。该方法能够较好地满足自建建设项目的审计需求，能够适应新形势下的生产经营需要，是实施自建建设项目审计的必然选择。

2. 询问调查法

审计人员在短时间的审计实施过程中，很难深入了解建设项目真实的决策、建设及资金的使用情况，难以发现违法的现象。一般情况下，建设项目的参与者和使用者对单位的建设项目投资非常熟悉，审计人员要及时向这些参与者和使用者询问调查，了解具体情况，可以采用面对面访谈或电话访谈，也可以采用召开座谈会或者函询。如走访询问调查使用者，可以得到最直接的反馈，调查评价一致低的地方是审计的重点，往往隐藏了很多虚假的信息。

3. 逆向推理法

使用逆向推理法时，应注意审计的资料是否具有以下特征：复印件、笔迹或着色有明显的色差或拼贴的痕迹。有以上特点的可采用逆向推理法，找到数据的矛盾点，认定审计资料遭人恶意修改。如某自建建设项目工程中关于某固定资产的高度和宽度的记录（复印件）明显有涂改的痕迹，根据这些数据及使用材料的数量情况进行推算，与原图纸的数据尺寸不匹配，审计认定固定资产的记录存在造假嫌疑，调阅原始资料，确实存在资料造假的现象。

4. 逻辑判断法

逻辑判断法是指在内部控制流程中任意选取一笔业务，按时间顺序对该笔业务做完整的收集，再根据因果逻辑关系进行分析，观察这些资料的因果逻辑关系是否对应，以此了解控制措施设计的有效性，识别出关键控制点。不对应的资料说明该业务有造假成分。如预算编制对应未支用拨款和财政账户余额、人力资源管理对应员工福利、工资及补贴等。例如，某单位水管工程挖管沟 29.5 千米，签证增加 5 千米其他管沟，开挖共计 34.5 千米，而管线设计长度和竣工长度均为 29.5 千米，最终发现虚构签证，核减 5 千米挖管沟成本。

外包建设项目失管审计技术与方法

1. 观察审阅法

观察审阅法是特定的目的或计划下的审计方法，需要到实地观察工作人员的实际工作情况，检查大量的制度、文件、合同等纸质材料，仔细阅读内控制度、规章制度、合同等资料。通过观察审阅，可以检查单位内部制度和施工管理制度是否健全合理并得到有效执行。但是观察审阅法也有其局限性，审计人员只能凭借观察审阅结果推断表面的审计状况，无法深入了解项目建设的实际情况，其适用范围受自身特点和审计要求的限制。

2. 问卷调查法

为弥补观察审阅法的局限性，可以使用问卷调查法设计与项目工程相关问题，到工地现场向相关人员了解施工过程，获取信息。问卷应尽量扩大对象范围，注意保密性，题目应简单易答，可以有相关选项供被调查者选择，在调查问卷的设计中应注意关键问题的提问方式、答案的清晰程度，有条件可对相应答案赋值，便于定性分析。

3. 关联分析法

关联分析法是依据施工过程的连续性将具有关联性的资料串联起来，按时间顺序，还原施工过程，找出施工关键点进行分析，找到造假的证据。使用关联分析法时，用一种记录或资料跟另一种记录或资料对比，相互验证复核，验证工程量与造价的真实性和合理性。例如，将被审计单位所提供的隐蔽工程签证单与施工日志核对，可能会检查到有重复签证与乱签证、多计隐蔽工程量等。

4. 整体把关法

整体把关法是指定一个主管人员全面负责审计工作，按专业和施工合同的要求，对审计工作的进度和质量负责。工程项目规模大、专业程度高、周期长，对主管人员的要求非常高。优秀的主管人员必须把握全局，知识面广，具备包括土建、装饰、安装等相关知识，能结合实际工作，学习、分析和归纳每个审计项目，有个人的职业敏感性与审计直觉。例如，经验丰富的主管人员可以通过银行存款单上的印章形状来判断其真伪，节约了去银行直接查证的人力和时间。

9.4 案例一：高校自建建设项目失管

案例概况

近年来，随着国家对教育投入的不断加大，各高校投入大量的资金进行基本建设以改善办学条件。为了保证资金安全性和效益性，内部审计对建设资金的使用进行监控，成为高校管理的重要内容。

高校自建建设项目应关注的控制点主要有以下几点：

①建设单位管理费的管理和提取是否符合国家和学校基本建设财务管理制度的规定；

②建设单位管理费支出是否严格执行国家基本建设财务管理制度以及上级主管部门基本建设财务管理规章制度的规定；

③是否按照学校基本建设财务管理制度的规定安排各项支出；

④业务招待费支出是否符合国家基本建设财务管理制度和学校基本建设财务管理制度的相关规定；

⑤建设单位管理费中各项支出是否真实、合法，有无虚列支出、以领代报等。

审计实施过程与策略

高校基建工程的投资规模比较大，资金比较多，因此必须高度关注高校基建工程审计工作。在编制预算之前审核施工图纸，是否有漏项，设计图纸是否符合要求，施工过程中是否做好工程变更及签证审核工作，是否做好材料结算审计与工程竣工结算审计工作。

1. 部分大额费用的列支科目和项目不规范

①某高校在校区××一期工程建设单位管理费中列支校区××二期工程项目图书信息中心工程的前期考察费。如2020年9月列支图书信息中心考察费等58 669.5元，2020年9月基建列支图书信息中心考察费等51 911元。

②在校区××一期工程建设单位管理费中列支校区××一期工程项目应承担的水电费。如2020年1月基建付后勤公司××一期建设施工电费34 720.91元，2020年1月基建付后勤公司××一期水费补偿款30 000元。

③在校区××一期工程建设单位管理费中列支体育馆工程项目应承担的电费。如2020年1月基建付后勤公司××一期建设施工电费66 430元（实为体育馆工程项目应承担的电费）。

④在校区××一期工程建设单位管理费中列支应由以前基建工程项目管理费承担的返聘人员工资。如2019年9月基建支付陈某加班工资13 291.6元，是补学校停发的从2018年8月至2019年9月共14个月的工资（每月949.4元）。而其与基建处签订的协议工资是2 300元／月。其提出补工资的时间是在校区××一期工程概算批复之前。

2. 业务招待费支出方面存在的问题

①业务招待费支出超过学院基本建设财务管理办法的相关规定。审计抽查中发现校区××一期工程项目的业务招待费支出为54.66万元。而按《学院基本建设财务管理办法》的规定，校区××一期工程项目的业务招待费上限为23.7万元（建设单位管理费的7%）。

②部分业务招待费支出未注明用途。如2020年9月基建1号凭证列支餐费10 758元，2013年1月基建10号凭证列支餐费6 562元，2013年

9 月基建 5 号凭证列支餐费 6 163 元。

3. 部分费用的列支不规范

①在校区 ×× 一期工程建设单位管理费中列支与校区 ×× 一期工程项目无关的费用。如 2020 年 6 月基建 15 号凭证列支院办餐费 7 117 元，2020 年 9 月基建 10 号凭证列支基建处招待费 7 184 元（旅行社发票），2020 年 10 月基建 3 号凭证列支礼品款 11 800 元（校办招待教育部高教司费用）。

②部分汽车修理费的列支未附修理明细清单。如 2013 年 5 月基建 4 号列支车辆维修费 3 233.40 元，2013 年 12 月基建 16 号凭证列支汽车维修费 2 422 元和汽车维修费 4 135.20 元均未附修理明细清单。

③通信费发票的使用不规范。如 2013 年 1 月基建 11 号凭证列支电话费（两人）2 400 元，报销发票分别使用了中国联通、中国移动和中国电信三家移动通信运营商的定额发票；2013 年 11 月基建 4 号凭证列支电话费 1 200 元，报销发票使用了中国移动的定额发票，但报销人使用的手机号码是中国电信的；2013 年 12 月基建 28 号凭证列支电话费 1 200 元，报销发票中有一张城建档案服务中心定额发票，金额 10 元按 50 元计。

④部分加班费发放的原始资料（考勤记录）不全。审计抽查发现部分加班费发放的原始资料（考勤记录）不全。如 2020 年暑假加班费发放和 2020 年寒假加班费发放。另外加班费发放的原始资料（考勤记录）不包括所有实际领取加班费的人员。

⑤个别大额服务费的支付未办理采购手续。如 2020 年 3 月基建 2 号凭证列支 ×× 一期竣工档案整理装订费 69 132 元，未按学校规定办理采购手续。

主要审计技术与方法

1. 全面审计和抽样审计相结合

积极发挥审计作用是保障。

（1）全面审计

全面审计能凸显审计职能，充分发挥事前预警、事中制约、事后审核的作用，真正实现全方位、全过程的立体式监督。它能及时对发现的大额费用列支项目、业务招待费支出和部分费用列支中的不合规和不合理的行为予以纠正，可以让高校自建建设项目获得更大的效益，确保建设资金使用合规、有效，保证建设工程的质量和工期。

（2）抽样审计

抽样审计是指按随机原则从样本库中抽取一定数量的样本进行审计。

使用抽样审计注意的地方是样本的数量应当能检验所测试的控制点的有效性，最后要确定所抽样样品的适当性。该方法适用于票据管理、债务管理流程及职责、合同管理等方面。审计人员运用抽样审计的方法对通信费发票进行审计，发现报销发票使用了中国移动的定额发票，但报销人使用的手机号码是中国电信的。

2. 检查、访谈、观察相结合

全面审计过程中，检查、访谈、观察等审计技巧和方法也经常用到。

（1）检查

可以通过统一的测试工作表，与实际业务、财务单证进行核对，进而进行控制。如实地盘点建筑材料、检查水电费抄表情况表，直观发现流程中可能出现的错误，并予以控制，及时反映情况。

（2）访谈

访谈主要是了解单位内部控制的现状，常用于单位层面和业务层面的评价。访谈前根据自建建设项目的情况形成访谈提纲，撰写访谈纪要，记录访谈内容。

高校业务招待费的支出，可采用个别访谈法，首先从单位领导班子开始，逐步将范围扩大到各级领导及其他员工，有助于了解学校业务招待费的开支情况。

（3）观察

观察是审计人员到工作现场实地观察自建建设项目工作人员实际工作情况，检查是否按照相关制度规定进行业务处理。在××一期项目中审计人员采用观察法观察施工人员的状态、施工现场的管理、招标过程规范性，观察施工现场执行程序的有效性。值得注意的是，观察法适用的范围受自身特点和审计要求的限制，也有一定的局限性，在实际过程中应结合其他审计方法适用。

3. 分析性复核程序

分析性复核是利用工程资料之间的依存关系和逻辑关系，分析各列支科目和项目的关系，通过各种工程资料来分析自建项目的合理性。如电话费报销发票使用中国移动的定额发票，但报销人使用的是中国电信手机号，可能存在发票使用不规范的情况；加班费发放的原始资料不全，可能存在考勤记录造假的情况。

审计发现自建建设项目失管事实与政策依据

1. 部分大额费用的列支项目和科目不规范

学校基建财务管理部门应对这个问题进行调账处理。基建处针对施工水电费的问题，为加强建设项目临时用水、用电管理，规范项目水电使用申请、管理、费用结算工作，制定了《学院建设工程水电管理办法》。

2. 业务招待费的支出方面存在问题

基建处严格按照《学院基本建设财务管理办法》的相关规定，在限额内使用业务招待费。

3. 部分费用的列支不规范

建议基建处按照学校的财务规定，进一步规范建设单位费用的报销行为，做好加班费发放原始资料的记录、审核和保管工作。规范服务项目采购行为。

4. 建设项目的过程不熟悉

高校的部分人员不是基建专业出身，对建设项目过程不熟悉，只按财务方面的规定开展工作，对工程实际状况不清楚。由于建设项目的投资不是为了营利，投资额高且未及时对成本进行有效控制，经常出现建设投资高于正常标准的情况。

案例启示

建设项目工作需要较强的专业技术和能力，高校要重视建设项目的建设。在建设项目工作中，保证配备人员的质量，完善内部管理体系。

本案例的几点启示

（1）加强内部审计工作指导

高校要制定内部审计指导意见、内部审计工作指引，出台可落地的操作办法，扩展全面审计的内涵和完善跟踪审计制度；开展相关建设项目培训、观摩、研讨等方式，帮助基层内部审计人员明确工作职责，提高其思想水平。内部审计人员应坚持专业理论和技能的学习，划清工作界限，提高内部审计工作质量，推动高校建设项目管理水平的提高。

（2）严格跟踪审计质量

自建建设项目涉及资金庞大，稍有疏忽可能会造成少则百万元，多则千万元，甚至更多的损失。同时自建建设项目又具有隐蔽性，在开工前、建设期和竣工后都要严格跟踪审计质量，紧随单位的发展，不断拓展和调整审计思路，以专业角度审视和发现问题，建立跟踪审计台账，促进整改，实现自我提醒，及时了解工程进度和效果，保证审计的连续性和稳定性。

（3）优化内控环境

单位内部环境是建设项目实施的基础，优化内控环境的方法有以下3点。

①重视对单位人员内控意识的培养，加强对高校内部管理人员的业务培训，保证审计人员按照各项制度实施审计工作。

②注重单位全体人员的参与。高校项目风险点有大额费用的列支科目和项目不规范、业务招待费存在问题和部分费用列支不规范。根据分析，这些都是管理人员专业能力不够、内控意识薄弱造成的。因此需要加强单位全体人员的相关制度的培训，以促进持续发展。

③建立内控监督和评估机制。高校自建建设项目决策要以内控制度为基准，不能个人独自决定，自建建设项目内控内容繁杂，涉及面广，必须统筹资源。审计人员可以及时将审计结果反馈给高校相关部门，发挥其管理职能，合理促进自建建设项目有序合规开展。

9.5 案例二：虚增记录，外包建设项目失管

案例概况

××电气股份有限公司（以下简称"××电气"）是一家专注于数字化逆变焊割设备、激光切割系统、机器人智能焊接系统及自动化焊割装备等产品的研发、生产、销售的高新技术企业。公司成立于2001年，注册资本8 000万元，拥有总计面积10万平方米的多家子公司。

2015年11月、12月，××电气以支付合同工程款名义向A工程有限公司转出资金7 856.32万元，向B公司转出资金1 000万元。2016年11月，××电气再次以支付合同工程款名义向B公司转出资金200万元，前述款项支出均以在建工程名义核算。××电气以支付合同工程款为名转出的上述款项中，4 840.54万元经有关主体中转后回流至公司。××电气收回上述款项后，将4 640.54万元记为应收账款收回，200万元记为其他应收款收回。××电气以支付合同工程款为名转出的上述款项中，另有4 200万元经有关主体中转后回流至公司。××电气收回款项后，将其作为其他应付款核算，以此虚增2015年其他应付款4 200万元。综上，××电气2015年虚增在建工程8 856.32万元，占其公开披露当期总资产的16.15%，虚增其他应付款4 200万元，虚构应收账款收回4 640.54万元；2016年虚增在建工程200万元，虚构其他应收款收回200万元。上述行为导致××电气披露

的 2015 年、2016 年年度报告存在虚假记载。

审计实施过程与策略

经函证发现，×× 电气转出的上述资金实际与工程建设无关，×× 电气由此虚增 2015 年在建工程 8 856.32 万元，虚增 2016 年在建工程 200 万元。

相关款项与 ×× 电气正常业务形成的应收款回款无关，×× 电气由此虚构 2015 年应收账款收回 4 640.54 万元，虚构 2016 年其他应收款收回 200 万元。

主要审计技术与方法

不同的建设项目阶段，不同的审计业务，采用的审计方法有所不同。在每个阶段采用的审计方法有所差异。

①决策立项阶段：主要采用观察审阅法、对比分析法进行审计。

②施工阶段：采用观察法、询问调查法、现场核查法和关联分析法等。

③竣工阶段：主要使用现场核查法、图纸对比法和整体把关法。

1. 观察审阅法

×× 电气在建工程，需要审阅大量的制度、文件和合同等纸质材料。审计人员要仔细核查公司内控制度、规章制度、隐蔽工程签证等，以检查公司内控制度和施工现场的管理制度是否健全。审计人员依据审阅过程中发现的问题做好分析归纳工作，综合评价建设项目过程控制的合理性和有效性，出具相关审计意见。

2. 关联分析法

通过分析施工图纸、施工记录、监理日记等各种资料验证工程项目是否真实存在。审计人员通过施工单位提供的在建工程相关资料，向 A 公司和

B 公司进行函证，通过信件、文件对 ×× 电气的相关内容进行第三方的佐证，将前后线索关联分析，发现 ×× 电气虚增 2015 年在建工程 8 856.32 万元，虚增 2016 年在建工程 200 万元。审计人员对往来的企业、客户及账户余额进行关联分析，发现虚构 2015 年应收账款收回 4 640.54 万元，虚构 2016 年其他应收款收回 200 万元。

审计发现外包建设项目失管事实与政策依据

1. 报告存在虚假记录

×× 电气虚增 2015 年在建工程 8 856.32 万元，虚增 2016 年在建工程 200 万元。审计人员对往来的企业、客户及账户余额进行关联分析，发现虚构 2015 年应收账款收回 4 640.54 万元，虚构 2016 年其他应收款收回 200 万元。上述行为导致 ×× 电气披露的 2015 年、2016 年年度报告存在虚假记载。上述违法违规事实，有银行转账记录，会计凭证，付款审批单，×× 电气财务自查说明，B 公司情况说明，访谈记录，×× 电气 2015 年、2016 年年度报告等证据证明，足以认定。

上述行为违反了《非上市公众公司监督管理办法》（中国证券监督管理委员会令第 96 号，以下简称《管理办法》）第二十条第一款的规定，构成《管理办法》第六十六条所述"未按照规定披露信息，或者所披露的信息有虚假记载、误导性陈述或者重大遗漏"的行为。

2. 违法违规行为成立

根据当事人违法违规行为的事实、性质、情节与社会危害程度，依据《国务院关于全国中小企业股份转让系统有关问题的决定》第五条、《管理办法》第六十六条和 2019 年修订的《中华人民共和国证券法》相关规定，决定如下：

①对 ×× 电气责令改正，给予警告，并处以 40 万元罚款；

②对时任法人代表人给予警告，并处以 30 万元罚款；

③对时任董事、总经理给予警告，并处以 20 万元罚款；

④对时任财务总监给予警告，并处以 5 万元罚款；

⑤对时任董事、时任董事会秘书给予警告，并分别处以 3 万元罚款。

案例启示

建设项目是一项复杂的系统性工程，需要内控团队对整个过程和关键环节进行管理和控制。以 ×× 电气此次工程建设项目为例分析，查找出该建设项目中暴露出来的内控问题，进行原因分析，可提出以下两点启示。

本例的几点启示

（1）灵活运用方法，追溯问题根源

运用审计方法是实现审计目标的手段。审计 ×× 电气发现虚增工程和虚构账款的方法主要是观察审阅法和关联分析法。审计人员应把握审计方法的特点，发现不合规的行为，找准建设项目的主要控制点，让审计方法发挥最大的作用。多种方法结合能够高效地发现问题，追溯问题产生的根源。

（2）整合审计资源，提高自身素质

整合审计资源是要创新组织形式，在整合过程中，需得到领导的大力支持，提高审计效率和提升质量，根据不同建设项目对人员、审计资料等进行调整。在人员方面，对建设项目控制不仅是对账务账簿进行审计，不只要掌握财务审计相关理论知识，还对所掌握知识的宽度和深度有一定的要求。在对个别项目进行审计时，审计人员要不断提升自身专业技术和丰富业务知识，还要加深对审计技术与方法的理解。

第10章

合规型内部审计常见
问题定性处理依据

融入闭环式管理的内部审计会变得更有价值。

——尹维劼

10.1
如何找到、运用适合的依据

　　合规型内部审计重点关注特定行为与既定标准的符合程度，这里的既定标准就是审计依据，也就是包括各项法律法规和规章制度在内的专业知识体系集成。这些专业知识是审计过程中内部审计人员对审计事项进行判断评价的标准和依据，离开了审计依据，内部审计人员就无法对合规型内部审计事项开展准确评价。

　　2014 年 1 月施行中国内部审计协会《**第 1201 号——内部审计人员职业道德规范**》第十五条指出："内部审计人员应当具备下列履行职责所需的专业知识、职业技能和实践经验：（一）审计、会计、财务、税务、经济、金融、统计、管理、内部控制、风险管理、法律和信息技术等专业知识，以及与组织业务活动相关的专业知识。"可见，熟练掌握和运用各项法律法规等专业知识不仅是内部审计人员一项基本职业技能，还是其专业胜任能力和水平的体现。

审计依据选择维度

　　审计依据本质上是一种工具，工具的选择往往取决于主体、客体、时间和空间等多种因素的复合叠加。其中关联度、时效度和区域度是选择审计依据必须考量的三个基本维度。

1. 关联度

关联度是指所选择的审计依据与被审计发现的问题密切相关，也就是以此来判断该问题是否在法律法规允许的框架内运行。

2. 时效度

时效度是指审计依据因时而变，也就是受到时间的限制。这就要求审计依据必须"精准定位"，既不能以旧标准来衡量现在的问题，也不能以新标准来评价过去行为。

3. 区域度

区域度是指审计依据地域限制。不同的地区、不同的行业、不同的系统、不同的单位，其适用的审计依据不尽相同。

根据上述三个维度将审计问题与适用的标准进行匹配，可初步确定审计依据的大致范围，但由于这些依据涵盖广泛、内容庞杂、种类多样、体系不一，如何进行二次筛选和匹配，也是长期困扰一线内部审计人员的"必答题"。本章仅以常见问题为例对常用审计依据进行实证分析。

常用审计依据分类

1. 审计依据基本类型

一般认为，审计依据包括法律法规、会计准则和会计制度、单位内部控制制度、生产经营计划、预算、经济合同、业务规范、技术标准、考核达标指标、同行业相关数据等。参考 2021 年 3 月施行的中国内部审计协会《**第 2205 号内部审计具体准则——经济责任审计**》第二十一条，"审计评价的依据一般包括：（一）党和国家有关经济方针政策和决策部署；（二）党内法规、法律、法规、规章、规范性文件；（三）国家和行业的有关标准；（四）单位的内部管理制度、发展战略、规划和目标；（五）有关领导的职责分工文件，有关会议记录、纪要、决议和决定，有关预算、决算和合同，有关内部管理制度；（六）有关主管部门、职能管理部门发布或者认可的统计数据、考核结果和评价意见；（七）专业机构的意见和公认的业务惯例或者良好实务；（八）其他依据"。上述审计评价依据呈现出多元化、多层次的立体式结构，根据效力层级划分标准，剔除其中数量繁多的单位内部规章制度和工作规范，合规型内部审计常用依据大致分为以下六类。

2. 六类常用审计依据

（1）党内法规

党内法规是党的中央组织，中央纪律检查委员会以及党中央工作机关和省、自治区、直辖市党委制定的体现党的统一意志、规范党的领导和党的建设活动、依靠党的纪律保证实施的专门规章制度。党内法规的名称多带有"党章""准则""条例""规定""办法""规则""细则"，如《中国共产党章程》《中国共产党廉洁自律准则》《中国共产党纪律处分条例》《中国共产党问责条例》等。

（2）相关法律

宪法是全国人民代表大会制定和修改的根本大法，是其他法的立法依据或基础，在法的形式体系中居于最高、核心的地位，具有最高法律效力。

法律是全国人民代表大会及其常委会制定和修改的法规，如《中华人民共和国刑法》《中华人民共和国审计法》《中华人民共和国民法典》《中华人民共和国招标投标法》等。

（3）法律解释

法律解释是特定机关在适用法律过程中对具体应用法律问题所做的解释。根据解释主体的不同分为立法解释、司法解释和行政解释三种。

①立法解释是全国人民代表大会及其常委会对法律所做的解释，与法律具有同等效力。

②司法解释是最高司法机关对如何应用法律法规所做的解释，如最高人民法院（以下简称"最高法"）的审判解释、最高人民检察院（以下简

称"最高检")的检察解释以及最高法、最高检联合做出的解释。

③行政解释是国家行政机关对如何应用法律法规所做的解释。

（4）相关行政法规

相关行政法规由国务院制定、颁布，如**《财政违法行为处罚处分条例》《中华人民共和国预算法实施条例》《中华人民共和国个人所得税法实施条例》《中华人民共和国税收征收管理法实施细则》**等。

（5）地方性法规

地方性法规由省、自治区、直辖市、计划单列市、较大城市的人民代表大会及其常委会制定、颁布，如**《重庆市标准化条例》《江苏省内河交通管理条例》**等。

（6）行政规章

行政规章是行政机关依法制定的事关行政管理的规范性法律文件总称，分部门规章和政府规章两种。

①部门规章。其是国务院各部门制定、颁布的规范性法律文件，如财政部制定的**《企业会计准则》《行政单位财务规则》《会计基础工作规范》**，审计署制定的**《中华人民共和国国家审计准则》《审计署关于内部审计工作的规定》**等。

②政府规章。其是地方人民政府制定的规范性法律文件，如**《重庆市公共投资建设项目审计办法》《浙江省党政机关国内公务接待管理办法》《宁波市政府非税收入管理办法》**等。

熟练运用审计依据的几项原则

要熟练掌握和运用审计依据，除了需具备扎实的专业知识，还需要长期积累的工作经验。由于工作经验存在个体差异，内部审计人员对审计发现的违规行为适用的法律领会程度和理解能力不尽相同，由此做出的审计判断会直接影响审计质量和审计结论。根据多年的行政事业单位内部审计工作实践，笔者认为要把握以下三个原则。

1. 谨慎性原则

职业谨慎是审计工作的基本原则之一，反映到运用审计依据上就是要保持专业判断、实事求是、客观严谨。内部审计人员要综合运用多种审计技术与方法，依照法定权限和程序获取能够证明被审计对象存在违反规定的财政财务收支行为及其他重要事项的审计证据材料，根据可能存在的问题性质、数额及其发生的具体环境，审慎客观做出审计评价，并征求被审计对象的意见，确保审计结论经得起历史和实践检验。

2. 实质重于形式原则

在遵循基本法律法规的基础上，要抓住问题的本质，不仅停留在问题的表面和过程，还要剖析问题的原因和弄清来龙去脉，坚持"三个区分开来"，具体问题具体分析，让问题定性更令人信服。举例说明如下。

例一：某局长任中经济责任审计发现：2019 年至 2020 年污水处理费收入共计 458 758 元，其中 2019 年未上缴污水处理费收入 393 744 元。审计报告反映的问题："应缴未缴污水处理费收入 393 744 元"。该问题根源是没有纳入专户管理，所以问题应定性"污水处理费收入 393 744 元未纳入财政专户"。

例二：某局政策执行情况跟踪审计发现：2019 年公用经费账面反映 10 月 20 日以"印刷费"名义从基本户虚列支出 36 万元转入出纳王某个人银行储蓄卡。审计报告反映的问题："虚列财政支出 36 万元"。该问题最终结果是形成账外资金，但由于未能提供进一步支出情况，所以问题应定性"公款私存形成账外资金 36 万元"。

3. 适用法律冲突原则

严格遵循"上位法优于下位法、新法优于旧法、特别法优于一般法"和法律效力溯及力等基本规则。具体来说，有以下几点。

①法律的效力高于行政法规、地方性法规、规章。

②行政法规的效力高于地方性法规、规章。

　　③部门规章之间、部门规章与地方政府规章之间具有同等效力，在各自权限范围内施行。

　　④同一位阶的一般规定和特别规定对同一问题都有规定的，适用特别规定。

　　⑤新的规定与旧的规定不一致的，适用新规定，新规定对于它生效前被审计对象所发生的违规行为或事件不可以适用。

10.2　组织违法违纪违规、领导干部失职渎职合规型内部审计的定性处理依据

重大经济决策方面

1. 常见问题

决策制度不完善或执行不力，主要表现形式如下。未建立健全议事规则及"三重一大"等经济决策管理制度，相关决策制度比较笼统，未明确会上讨论的内容和标准，程序不够细化，不具操作性。未按决策要求执行或选择性执行，以口头或书面通报、个人批示和文件会签等形式代替集体决策。决策过程记录不完整、不具体，未经参会人员签字确认等。

2. 定性依据

①《中共中央关于加强和改进新形势下党的建设若干重大问题的决定》第四项："坚持和健全民主集中制，积极发展党内民主……党的各级委员会按照集体领导、民主集中、个别酝酿、会议决定的原则决定重大事项。"

②《中共中央关于印发〈建立健全教育、制度、监督并重的惩治和预防腐败体系实施纲〉的通知》（中发〔2005〕3号）第六项："加强对权力运行的制约和监督，确保权力正确行使。……凡属重大决策、重要干部任免。重大项目安排和大额度资金的使用，必须由领导班子集体作出决定。"

③《中共中央关于加强对"一把手"和领导班子监督的意见》（2021年3月27日）第二项："加强对'一把手'的监督……（五）贯彻执行民主集中制，完善'三重一大'决策监督机制。……把'三重一大'决策制度执行情况作为巡视巡察、审计监督、专项督查的重要内容。"

④《行政事业单位内部控制规范（试行）》（财会〔2012〕21号）第十四条："单位应当建立健全集体研究、专家论证和技术咨询相结合的议事决策机制。重大经济事项的内部决策，应当由单位领导班子集体研究决定。"

⑤《重大行政决策程序暂行条例》（国务院令第713号）第三十三条："决策机关应当建立重大行政决策过程记录和材料归档制度，由有关单位将履行决策程序形成的记录、材料及时完整归档。"

3. 建议或措施

健全完整、明确、具体的重大经济事项决策制度。严格执行民主集中制原则，严格落实"三重一大"制度要求，按规定详细做好会议记录，真实反映重大事项集体决策内容和过程并经每位参会班子成员签字确认。

预决算管理方面

1. 常见问题一

（1）问题描述

预算编制不完整、不准确、不细化，虚假编制预算等。

（2）定性依据

①《中华人民共和国预算法》第三十二条："各部门、各单位应当按照国务院财政部门制定的政府收支分类科目、预算支出标准和要求，以及绩效目标管理等预算编制规定，根据其依法履行职能和事业发展的需要以及存量资产情况，编制本部门、本单位预算草案。"第三十六条："……各级政府、各部门、各单位应当依照本法规定，将所有政府收入全部列入预算，不得隐瞒、少列。"第三十七条："各级预算支出应当依照本法规

定，按其功能和经济性质分类编制。"

②《行政事业单位内部控制规范（试行）》（财会〔2012〕21号）第二十条："单位的预算编制应当做到程序规范、方法科学、编制及时、内容完整、项目细化、数据准确。"

（3）建议或措施

加强预算编制管理，严格按照**《中华人民共和国预算法》**及相关规定完整、全面地编制预算。

2. 常见问题二

（1）问题描述

预算执行不到位，预算调剂不规范，无预算、超预算列支，擅自扩大开支范围或提高标准，擅自改变预算支出用途，结余资金管理不规范等。

（2）定性依据

①**《中华人民共和国预算法》**第十三条："经人民代表大会批准的预算，非经法定程序，不得调整。各级政府、各部门、各单位的支出必须以经批准的预算为依据，未列入预算的不得支出。"第七十二条："各部门、各单位的预算支出应当按照预算科目执行。严格控制不同预算科目、预算级次或者项目间的预算资金的调剂，确需调剂使用的，按照国务院财政部门的规定办理。"

②**《中华人民共和国预算法实施条例》**（国务院令第186号发布、第729号修订）第六十条："各级政府、各部门、各单位应当加强对预算支出的管理，严格执行预算，遵守财政制度，强化预算约束，不得擅自扩大支出范围、提高开支标准；严格按照预算规定的支出用途使用资金，合理安排支出进度。"

③**《财政部关于贯彻落实过"紧日子"要求进一步加强和规范中央部门预算管理的通知》**（财预〔2019〕10号）："一、进一步严格部门预算编制……加大结转资金、当年预算等各项资金统筹力度……避免资金闲置和沉淀浪费……二、切实规范部门预算执行……结余资金要按规定及时

交回中央财政。"

（3）建议或措施

加强预算执行管理，严格按照预算批复的支出用途使用资金。

3. 常见问题三

（1）问题描述

决算编报不完整、不准确，未按规定向社会公开等。

（2）定性依据

①《中华人民共和国预算法》第十四条："经本级政府财政部门批复的部门预算、决算及报表，应当在批复后二十日内由各部门向社会公开，并对部门预算、决算中机关运行经费的安排、使用情况等重要事项作出说明。"第七十五条："编制决算草案，必须符合法律、行政法规，做到收支真实、数额准确、内容完整、报送及时。"

②《部门决算管理办法》（财库〔2021〕36号）第十一条"每一预算年度终了，各部门、各单位应当按照本级政府财政部门的工作部署，依法依规编制决算，做到收支真实、数额准确、内容完整、报送及时。"第二十三条"各部门、各单位是决算公开的主体。除涉及国家秘密的内容外，各部门、各单位应当按照有关规定，向社会公开经批复的决算。"

（3）建议或措施

加强决算编制管理，严格按照规定完整、全面地编制决算，按规定向社会公开。

收入管理方面

1. 常见问题一

（1）问题描述

未执行"收支两条线"管理，隐瞒、截留、挪用、坐支或私分应当上缴的非税收入，行政事业性收费和罚没收入未实行"票款分离""罚缴分离"等。

（2）定性依据

①《党政机关厉行节约反对浪费条例》第七条："……党政机关依法取得的罚没收入、行政事业性收费、政府性基金、国有资产收益和处置等非税收入，必须按规定及时足额上缴国库，严禁以任何形式隐瞒、截留、挤占、挪用、坐支或者私分……"

②《政府非税收入管理办法》（财税〔2016〕33号）第十七条："非税收入应当全部上缴国库，任何部门、单位和个人不得截留、占用、挪用、坐支或者拖欠。"第十八条"非税收入收缴实行国库集中收缴制度。"

③《行政事业性收费和罚没收入实行"收支两条线"管理的若干规定》（财综字〔1999〕87号）第十一条："对行政事业性收费和罚没款实行票款分离和罚缴分离的管理制度。各项行政事业性收费要实行"单位开票，银行代收，财政统管"的管理制度。经同级财政部门批准由执收单位直接收取的除外。罚款实行罚款决定与罚款收缴相分离制度，即由当事人持行政处罚决定书到财政部门指定的银行缴纳罚款。法律、法规规定可以当场收缴罚款的除外。"

（3）建议或措施

严格执行预算要求和罚缴分离规定，确保非税收入及时缴入国库。

2. 常见问题二

（1）问题描述

设置账外账、"小金库"，主要表现形式包括：一是违规收费、罚款及摊派设立"小金库"；二是用资产处置、出租收入设立"小金库"；三是以会议费、劳务费、培训费和咨询费等名义套取资金设立"小金库"；四是经营收入未纳入规定账簿核算设立"小金库"；五是虚列支出转出资金设立"小金库"；六是以假发票等非法票据骗取资金设立"小金库"；七是上下级单位之间相互转移资金设立"小金库"等。

（2）定性依据

①《中华人民共和国会计法》第十六条："各单位发生的各项经济业

务事项应当在依法设置的会计账簿上统一登记、核算，不得违反本法和国家统一的会计制度的规定私设会计账簿登记、核算。"

②《关于在党政机关和事业单位开展"小金库"专项治理工作的实施办法》（中纪发〔2009〕7号）第一项第二款："……违反法律法规及其他有关规定，应列入而未列入符合规定的单位账簿的各项资金（含有价证券）及其形成的资产，均纳入治理范围。"

（3）建议或措施

各项收入应全部纳入单位预算管理，各项经济业务应纳入法定账簿核算，不得私设会计账簿或账外账。

支出管理方面

1. 常见问题一

（1）问题描述

"三公"经费管理不规范，主要表现形式包括：无预算、超预算列支因公出国（境）费用，超标准报销出国（境）费用，无公函、接待清单报销公务接待费，违规列支烟、酒、礼品等费用，向下属单位转移、摊派支付公务接待费用，超编制、超标准配备公务用车，占用下属单位车辆，公车私用、私车公养，在非定点场所举办会议，借培训名义安排公款旅游等。

（2）定性依据

①《因公临时出国经费管理办法》（财行〔2013〕516号）第四条："……各地区各部门各单位应当加强预算硬约束，认真贯彻落实厉行节约的要求，在核定的年度因公临时出国经费预算内，务实高效、精简节约地安排因公临时出国活动，不得超预算或无预算安排出访团组。确有特殊需要的，按规定程序报批。"第六条"各地区各部门各单位应当严格执行各项经费开支标准，不得擅自突破……"

②《党政机关国内公务接待管理规定》（中办发〔2013〕22号）第十

条："工作餐……不得提供香烟和高档酒水……"第十二条："……禁止向下级单位及其他单位、企业、个人转嫁接待费用……"第十四条："接待费报销凭证应当包括财务票据、派出单位公函和接待清单。"第十六条："……不得以任何名义赠送礼金、有价证券、纪念品和土特产品等。"

③《**党政机关厉行节约反对浪费条例**》（中办发〔2013〕13号）第二十六条："党政机关应当从严配备实行定向化保障的公务用车，不得以特殊用途等理由变相超编制、超标准配备公务用车，不得以任何方式换用、借用、占用下属单位或者其他单位和个人的车辆，不得接受企事业单位和个人赠送的车辆。"

④《**党政机关公务用车管理办法**》（中办发〔2017〕71号）第十六条："党政机关应当加强公务用车使用管理，严格按照规定使用公务用车，严禁公车私用、私车公养，不得既领取公务交通补贴又违规使用公务用车。"

⑤《**党政机关会议定点管理办法**》（财行〔2015〕1号）第三条："各级党政机关举办的会议，除采用电视电话、网络视频方式以及在本单位或本系统内部会议室、礼堂、宾馆、招待所、培训（会议）中心等举办的外，应当在会议定点场所召开。"

⑥《**中央和国家机关培训费管理办法**》（财行〔2016〕540号）第十四条："严禁借培训名义安排公款旅游……"

（3）建议或措施

严格执行中央"八项规定"精神以及"三公"经费相关管理规定。

2. 常见问题二

（1）问题描述

违规发放津补贴，主要表现形式包括：超标准、超范围发放津贴、补贴和奖金、福利，以现金、购物卡、提货券等形式发放津贴、补贴和奖金、福利，自立名目或以实物形式变相发放福利等。

（2）定性依据

①《**中国共产党纪律处分条例**》第一百零四条："违反有关规定自定薪酬或者滥发津贴、补贴、奖金等，对直接责任者和领导责任者，情节较轻的，给予警告或者严重警告处分；情节较重的，给予撤销党内职务或者留党察看处分；情节严重的，给予开除党籍处分。"

②《**中共中央纪委 中共中央组织部 监察部 财政部 人事部 审计署关于规范公务员津贴补贴问题的通知**》（中纪发〔2006〕17号）第三项："规范公务员津贴补贴后，各部门、各单位一律不准自行新设津贴补贴项目；一律不准自行提高津贴补贴标准和扩大实施范围；一律不准自行扩大有关经费开支范围和提高开支标准发放津贴补贴、奖金和福利；一律不准发放有价证券和实物。"

③《**违规发放津贴补贴行为处分规定**》（中华人民共和国监察部 中华人民共和国人力资源和社会保障部 中华人民共和国财政部 中华人民共和国审计署 第31号令）第四条："有下列行为之一的，给予警告处分；情节较重的，给予记过或者记大过处分；情节严重的，给予降级或者撤职处分……"该规定规定的违规发放津贴补贴或福利问题，主要表现形式有以下十二种。

一是违反规定自行新设项目或者继续发放已经明令取消的津贴补贴的。

二是超过规定标准、范围发放津贴补贴的。

三是违反中共中央组织部、人力资源社会保障部有关公务员奖励的规定，以各种名义向职工普遍发放各类奖金的。

四是在实施职务消费和福利待遇货币化改革并发放补贴后，继续开支相关职务消费和福利费用的。

五是违反规定发放加班费、值班费和未休年休假补贴的。

六是违反《**中共中央纪委、中共中央组织部、监察部、财政部、人事部、审计署关于规范公务员津贴补贴问题的通知**》等规定，擅自提高标准发放改革性补贴的。

七是超标准缴存住房公积金的。

八是以有价证券、支付凭证、商业预付卡、实物等形式发放津贴补贴的。

九是违反规定使用工会会费、福利费及其他专项经费发放津贴补贴的。

十是借重大活动筹备或者节日庆祝之机，变相向职工普遍发放现金、有价证券或者与活动无关的实物的。

十一是违反规定向关联单位（企业）转移好处，再由关联单位（企业）以各种名目给机关职工发放津贴补贴的。

十二是其他违反规定发放津贴补贴的。

对违规发放的津贴补贴，应当按有关规定责令整改，并清退收回。

（3）建议或措施

严格执行中央"八项规定"精神，不得以任何形式、超标准超范围违规发放津补贴福利。

3. 常见问题三

（1）问题描述

违规兼职报酬，主要表现形式包括：未经审批在企事业单位、社会组织等兼职并领取报酬；个人或借他人名义违规经商办企业或持有非上市企业股份；退休返聘等。

（2）定性依据

①《中华人民共和国公务员法》第四十四条："公务员因工作需要在机关外兼职，应当经有关机关批准，并不得领取兼职报酬。"第五十九条："公务员应当遵纪守法，不得有下列行为：……（十六）违反有关规定从事或者参与营利性活动，在企业或者其他营利性组织中兼任职务……"

②《中国共产党纪律处分条例》第九十四条："违反有关规定从事营利活动，有下列行为之一，情节较轻的，给予警告或者严重警告处分；情节较重的，给予撤销党内职务或者留党察看处分；情节严重的，给予开除党籍处分：（一）经商办企业的；（二）拥有非上市公司（企业）的股份或者证券的；（三）买卖股票或者进行其他证券投资的；（四）从事有偿

中介活动的；（五）在国（境）外注册公司或者投资入股的；（六）有其他违反有关规定从事营利活动的……违反有关规定在经济组织、社会组织等单位中兼职，或者经批准兼职但获取薪酬、奖金、津贴等额外利益的，依照第一款规定处理。"

③《中国共产党党员领导干部廉洁从政若干准则》第二条："禁止私自从事营利性活动。不准有下列行为：……（五）违反规定在经济实体、社会团体等单位中兼职或者兼职取酬，以及从事有偿中介活动；（六）离职或者退休后三年内，接受原任职务管辖的地区和业务范围内的民营企业、外商投资企业和中介机构的聘任，或者个人从事与原任职务管辖业务相关的营利性活动。"

④《关于进一步规范党政领导干部在企业兼职（任职）问题的意见》（中组发〔2013〕18号）第一项："现职和不担任现职但未办理退（离）休手续的党政领导干部不得在企业兼职（任职）。"第二项："对辞去公职或者退（离）休的党政领导干部到企业兼职（任职）必须从严掌握、从严把关，确因工作需要到企业兼职（任职）的，应当按照干部管理权限严格审批。"第三项："按规定经批准在企业兼职的党政领导干部，不得在企业领取薪酬、奖金、津贴等报酬，不得获取股权和其他额外利益……兼职的任职年龄界限为70周岁。"

⑤《中共中央组织部关于规范退（离）休领导干部在社会团体兼职问题的通知》（中组发〔2014〕11号）第三条："兼职不得领取社会团体的薪酬、奖金、津贴等报酬和获取其他额外利益，也不得领取各种名目的补贴等，确属需要的工作经费，要从严控制，不得超过规定标准和实际支出。"

（3）建议或措施

严格遵纪守法、廉洁自律，不得利用兼职谋取不正当利益。

10.3 / 员工舞弊、内控失效合规型内部审计的定性处理依据

资金管理方面

1. 常见问题

现金与银行存款管理不规范，主要表现形式包括：白条抵库，坐支现金，公款私存，银行存款账实不符，未执行公务卡强制结算目录及其他管理规定等。

2. 定性依据

①《中华人民共和国现金管理暂行条例》（国务院令第 12 号）第十一条："开户单位现金收支应当依照下列规定办理：……（二）开户单位支付现金，可以从本单位库存现金限额中支付或者从开户银行提取，不得从本单位的现金收入中直接支付（即坐支）。"

②《现金管理暂行条例实施细则》（银发〔1988〕288 号）第十二条："不准将单位收入的现金以个人名义存入储蓄。"

③《行政事业单位内部控制规范（试行）》（财会〔2012〕21 号）第四十三条："单位应当加强货币资金的核查控制。指定不办理货币资金业务的会计人员定期和不定期抽查盘点库存现金，核对银行存款余额，抽

查银行对账单、银行日记账及银行存款余额调节表，核对是否账实相符、账账相符。对调节不符、可能存在重大问题的未达账项应当及时查明原因，并按照相关规定处理。"

④《**关于实施中央预算单位公务卡强制结算目录的通知**》（财库〔2011〕160号）第二项："严格执行公务卡强制结算目录（一）所有实行公务卡制度改革的中央预算单位，都应严格执行中央预算单位公务卡强制结算目录。（二）凡目录规定的公务支出项目，应按规定使用公务卡结算，原则上不再使用现金结算。原使用转账方式结算的，可继续使用转账方式。"

3.建议或措施

严格执行现金管理与公务卡结算相关规定，严禁公款私存，银行存款应定期与银行对账单定期核对，确保账账相符。

资产管理方面

1.常见问题

违规配置资产，超标准使用办公用房，未经批准出租、出借或处置资产，新增软件资产未及时入账，已投入使用的在建工程未转入固定资产，固定资产底数不清等。

2.定性依据

①《**行政单位国有资产管理暂行办法**》（财政部令第35号）第十三条："对有规定配备标准的资产，应当按照标准进行配备；对没有规定配备标准的资产，应当从实际需要出发，从严控制，合理配备。"第二十四条："行政单位拟将占有、使用的国有资产对外出租、出借的，必须事先上报同级财政部门审核批准。未经批准，不得对外出租、出借。"第二十九条："行政单位处置国有资产应当严格履行审批手续，未经批准不得处置。"

②《**党政机关厉行节约反对浪费条例**》第三十五条："党政机关办公

用房应当严格管理，推进办公用房资源的公平配置和集约使用。凡是超过规定面积标准占有、使用办公用房以及未经批准租用办公用房的，必须腾退；凡是未经批准改变办公用房使用功能的，原则上应当恢复原使用功能。"第四十一条："党政机关领导干部应当按照标准配置使用一处办公用房，确因工作需要另行配置办公用房的，应当严格履行审批程序。"第六十三条："国有企业、国有金融企业、不参照公务员法管理的事业单位，参照本条例执行。"

③《财政部关于进一步规范和加强政府机关软件资产管理的意见》（财行〔2011〕7号）第三项："政府机关按照有关规定，通过各种方式形成的软件资产均属于国有资产，应当纳入部门资产管理体系，确保软件资产的安全完整。对达到固定资产价值和使用年限标准的软件，要按照中华人民共和国国家标准《固定资产分类与代码》（GB/T 14885-2010）等有关规定，纳入部门资产进行核算管理。"

④《关于加强行政事业单位固定资产管理的通知》（财资〔2020〕97号）第二项："对已投入使用但尚未办理竣工决算的在建工程，应当按规定及时转入固定资产。"

⑤《行政事业单位内部控制规范（试行）》（财会〔2012〕21号）第四十四条："单位应当加强对实物资产和无形资产的管理，明确相关部门和岗位的职责权限，强化对配置、使用和处置等关键环节的管控……（三）建立资产台账，加强资产的实物管理。单位应当定期清查盘点资产，确保账实相符。财会、资产管理、资产使用等部门或岗位应当定期对账，发现不符的，应当及时查明原因，并按照相关规定处理。"

3. 建议或措施

严格按规定配置资产和使用办公用房，严格执行资产出租、出借相关规定，对经营性房产进行公开招租。落实固定资产日常管理制度，及时将固定资产登记入账，并纳入资产账核算。

会计核算处理方面

1. 常见问题

使用不合规或虚假发票报销，以虚假的经济业务事项或者资料进行会计核算，伪造、变造会计凭证、会计账簿及其他会计资料，账实、账证、账账、账表不符，往来款项长期挂账等。

2. 定性依据

①《中华人民共和国发票管理办法》第二十一条："不符合规定的发票，不得作为财务报销凭证，任何单位和个人有权拒收。"

②《行政事业单位内部控制规范（试行）》（财会〔2012〕21号）第三十条："……（二）加强支出审核控制。全面审核各类单据。重点审核单据来源是否合法，内容是否真实、完整，使用是否准确，是否符合预算，审批手续是否齐全。支出凭证应当附反映支出明细内容的原始单据，并由经办人员签字或盖章，超出规定标准的支出事项应由经办人员说明原因并附审批依据，确保与经济业务事项相符。"

③《中华人民共和国会计法》第三条："各单位必须依法设置会计账簿，并保证其真实、完整 。"第九条："各单位必须根据实际发生的经济业务事项进行会计核算，填制会计凭证，登记会计账簿，编制财务会计报告。任何单位不得以虚假的经济业务事项或者资料进行会计核算。" 第十三条："……任何单位和个人不得伪造、变造会计凭证、会计账簿及其他会计资料，不得提供虚假的财务会计报告。"第十七条："各单位应当定期将会计账簿记录与实物、款项及有关资料相互核对，保证会计账簿记录与实物及款项的实有数额相符、会计账簿记录与会计凭证的有关内容相符、会计账簿之间相对应的记录相符、会计账簿记录与会计报表的有关内容相符。"

④《行政单位财务规则》（中华人民共和国财政部令第71号）第三十七条"行政单位应当加强应收及暂付款项的管理，严格控制规模，并及时进行清理，不得长期挂账。"第四十七条"行政单位应当加强对暂存

款项的管理，不得将应当纳入单位收入管理的款项列入暂存款项；对各种暂存款项应当及时清理、结算，不得长期挂账。"

⑤《政府会计制度——行政事业单位会计科目和报表》（财会〔2017〕25号）"四、事业单位应当于每年年末，对收回后不需上缴财政的应收账款进行全面检查，如发生不能收回的迹象，应当计提坏账准备。（一）对于账龄超过规定年限、确认无法收回的应收账款，按照规定报经批准后予以核销。按照核销金额，借记'坏账准备'科目，贷记本科目。核销的应收账款应在备查簿中保留登记。"

3. 建议或措施

严格按规定进行会计核算，加强财务报销的审核把关，定期进行账目核对，做到账账相符、账卡相符、账实相符。加强往来款项管理，及时进行清理，不得长期挂账。

内控管理方面

1. 常见问题

内控制度不健全，不相容岗位未分离，出入库管理混乱，关键岗位未实施定期轮岗，合同签订违背招标文件实质性条款，以阴阳合同、虚假合同方式骗取财政资金等。

2. 定性依据

①《行政事业单位内部控制规范（试行）》（财会〔2012〕21号）第五条"单位建立与实施内部控制，应当遵循下列原则：（一）全面性原则。内部控制应当贯穿单位经济活动的决策、执行和监督全过程，实现对经济活动的全面控制……（四）适应性原则。内部控制应当符合国家有关规定和单位的实际情况，并随着外部环境的变化、单位经济活动的调整和管理要求的提高，不断修订和完善。第十二条："……建立资产日常管理

制度和定期清查机制，采取资产记录、实物保管、定期盘点、账实核对等措施，确保资产安全完整。"第十五条："……单位应当实行内部控制关键岗位工作人员的轮岗制度，明确轮岗周期。不具备轮岗条件的单位应当采取专项审计等控制措施。"第四十一条："单位应当建立健全货币资金管理岗位责任制，合理设置岗位，不得由一人办理货币资金业务的全过程，确保不相容岗位相互分离。"第五十五条："单位应当加强对合同订立的管理，明确合同订立的范围和条件。"第五十六条："单位应当对合同履行情况实施有效监控。"

②《中华人民共和国招标投标法》第四十六条"招标人和中标人应当自中标通知书发出之日起三十日内，按照招标文件和中标人的投标文件订立书面合同。招标人和中标人不得再行订立背离合同实质性内容的其他协议。"

③《财政违法行为处罚处分条例》（国务院令第 427 号）第六条"国家机关及其工作人员有下列违反规定使用、骗取财政资金的行为之一的，责令改正，调整有关会计账目，追回有关财政资金，限期退还违法所得。……（一）以虚报、冒领等手段骗取财政资金……（五）其他违反规定使用、骗取财政资金的行为。"

④《中华人民共和国会计法》第三条："各单位必须依法设置会计账簿，并保证其真实、完整 。"第九条："各单位必须根据实际发生的经济业务事项进行会计核算，填制会计凭证，登记会计账簿，编制财务会计报告。任何单位不得以虚假的经济业务事项或者资料进行会计核算。"第十三条："……任何单位和个人不得伪造、变造会计凭证、会计账簿及其他会计资料，不得提供虚假的财务会计报告。"第十七条："各单位应当定期将会计账簿记录与实物、款项及有关资料相互核对，保证会计账簿记录与实物及款项的实有数额相符、会计账簿记录与会计凭证的有关内容相符、会计账簿之间相对应的记录相符、会计账簿记录与会计报表的有关内容相符。"

3. 建议或措施

健全符合本单位实际的内控制度，贯穿经济活动的决策、执行和监督全过程。严格按规定进行会计核算，定期进行账目核对，做到账账相符、账卡相符、账实相符。严格执行不相容岗位分离制度，加强合同合法性审查并对履行情况实施有效监控，防范廉政风险。

10.4 建设项目失管合规型内部审计的定性处理依据

政府采购管理方面

1. 常见问题

采购管理不规范，主要表现形式包括：无预算、超预算采购，化整为零规避公开招标，非法限制投标人竞争，采购需求指向特定产品采购，限定品牌或者供应商，违规串通投标等。

2. 定性依据

①《中华人民共和国政府采购法》第六条："政府采购应当严格按照批准的预算执行。"第二十八条："采购人不得将应当以公开招标方式采购的货物或者服务化整为零或者以其他任何方式规避公开招标采购。"

②《中华人民共和国招标投标法》第六条："依法必须进行招标的项目，其招标投标活动不受地区或者部门的限制。任何单位和个人不得违法限制或者排斥本地区、本系统以外的法人或者其他组织参加投标，不得以任何方式非法干涉招标投标活动。"

③《中华人民共和国政府采购法实施条例》第二十条："采购人或者采购代理机构有下列情形之一的，属于以不合理的条件对供应商实行差别

待遇或者歧视待遇：……（三）采购需求中的技术、服务等要求指向特定供应商、特定产品……（六）限定或者指定特定的专利、商标、品牌或者供应商……"

④《中华人民共和国招标投标法》第三十二条："投标人不得相互串通投标报价，不得排挤其他投标人的公平竞争，损害招标人或者其他投标人的合法权益。投标人不得与招标人串通投标，损害国家利益、社会公共利益或者他人的合法权益。"

⑤《政府采购货物和服务招标投标管理办法》（财政部令第 87 号令）第三十七条："有下列情形之一的，视为投标人串通投标，其投标无效：（一）不同投标人的投标文件由同一单位或者个人编制；（二）不同投标人委托同一单位或者个人办理投标事宜；（三）不同投标人的投标文件载明的项目管理成员或者联系人员为同一人；（四）不同投标人的投标文件异常一致或者投标报价呈规律性差异；（五）不同投标人的投标文件相互混装；（六）不同投标人的投标保证金从同一单位或者个人的账户转出。"

3. 建议或措施

严格执行政府采购程序，规范招投标管理，防范廉政风险。不得在采购文件中设置歧视性或差别性条款，不得违法限制投标人竞争。

建设项目管理方面

1. 常见问题一

（1）问题描述

招投标管理不规范，主要表现形式包括：超概算、超标准、超范围建设，部分施工单位无资质，工程违规分包或转包等。

（2）定性依据

①《基本建设财务规则》（财政部令第 81 号）第十一条："项目建设单位应当根据批准的项目概（预）算、年度投资计划和预算、建设进度

等控制项目投资规模。" 第二十二条："项目建设单位应当严格控制建设成本的范围、标准和支出责任，以下支出不得列入项目建设成本：（一）超过批准建设内容发生的支出……"

②《建设工程质量管理条例》（国务院令第 279 号）第七条："建设单位应当将工程发包给具有相应资质等级的单位。"第二十五条："施工单位应当依法取得相应等级的资质证书，并在其资质等级许可的范围内承揽工程。禁止施工单位超越本单位资质等级许可的业务范围或者以其他施工单位的名义承揽工程 …… 施工单位不得转包或者违法分包工程。"

③《中华人民共和国招标投标法》第四十八条："中标人应当按照合同约定履行义务，完成中标项目。中标人不得向他人转让中标项目，也不得将中标项目肢解后分别向他人转让。"

（3）建议或措施

严格落实招投标有关要求，遵循项目概算控制预算、预算控制结算的原则，委托具有相应资质的单位进行施工，严防非法转包，保证工程质量安全。

2. 常见问题二

（1）问题描述

建设程序不规范，主要表现形式包括：未按照设计图纸和技术标准施工，工程变更未经审批，未按合同约定支付工程进度款，未扣留工程质量保证金，监理单位未按规定履行义务等。

（2）定性依据

①《中华人民共和国建筑法》第五十八条："建筑施工企业对工程的施工质量负责。建筑施工企业必须按照工程设计图纸和施工技术标准施工，不得偷工减料。工程设计的修改由原设计单位负责，建筑施工企业不得擅自修改工程设计。"

②《建设工程价款结算暂行办法》（财建〔2004〕369 号）第十条："（一）施工中发生工程变更，承包人按照经发包人认可的变更设计文件，进行变更施工，其中，政府投资项目重大变更，需按基本建设程序报

批后方可施工。"

③《建筑工程施工发包与承包计价管理办法》（住房和城乡建设部令第 16 号）第十七条："发承包双方应当按照合同约定，定期或者按照工程进度分段进行工程款结算和支付。"

④《基本建设财务规则》（财政部令第 81 号）第二十九条："项目建设单位可以与施工单位在合同中约定按照不超过工程价款结算总额的 5% 预留工程质量保证金，待工程交付使用缺陷责任期满后清算。资信好的施工单位可以用银行保函替代工程质量保证金。"

⑤《建设工程质量管理条例》（国务院令第 279 号）第三十六条："工程监理单位应当依照法律、法规以及有关技术标准、设计文件和建设工程承包合同，代表建设单位对施工质量实施监理，并对施工质量承担监理责任。"

（3）建议或措施

完善工程内部管理制度，加强财务控制和监督，严格按照工程设计图纸和施工技术标准施工，严格按工程进度进行结算。

3. 常见问题三

（1）问题描述

竣工决算不规范，主要表现形式包括：未按规定编制竣工财务决算，未组织验收，未及时支付工程竣工结算价款，工程结余资金未及时上缴财政等。

（2）定性依据

①《建设工程价款结算暂行办法》（财建〔2004〕369 号）第十四条："（四）工程竣工价款结算 发包人收到承包人递交的竣工结算报告及完整的结算资料后，应按本办法规定的期限（合同约定有期限的，从其约定）进行核实，给予确认或者提出修改意见。发包人根据确认的竣工结算报告向承包人支付工程竣工结算价款……"

②《基本建设财务规则》（财政部令第 81 号）第二十八条"项目建

设单位应当严格按照合同约定和工程价款结算程序支付工程款。竣工价款结算一般应当在项目竣工验收后 2 个月内完成，大型项目一般不得超过 3 个月。"第三十三条："项目建设单位在项目竣工后，应当及时编制项目竣工财务决算，并按照规定报送项目主管部门。"第三十九条："已具备竣工验收条件的项目，应当及时组织验收，移交生产和使用。"

（3）建议或措施

规范工程决算管理，及时办理竣工财务决算和组织验收，严格按合同约定和工程价款结算程序支付工程款，竣工结余资金应按规定上缴财政。

丛书后记

　　从某种角度讲，内部审计诞生于经济，同时也服务于社会发展。一次偶然的机会，某位协会领导触动并激发了大家创作"内部审计工作法系列"丛书的热情，他说："你们应该把自己宝贵的工作经验与理论相结合，向内部审计实务工作者传递好这些内部审计先进的理念、技术与方法。"于是，在丛书编委会的统筹下，作者们开始辛勤调研、认真写作，并按照分工，有序地推进写作任务，经过无数个不眠之夜，终于使"内部审计工作法系列"丛书付梓，可谓天道酬勤，值得庆贺。

　　本套丛书筹备初期、编写期间以及出版过程中，诸多教授、学者和内部审计实务工作者对丛书提出了宝贵的意见并给予充分的肯定与鼓励。2021年5月19日，丛书主创人员在宁波召开了中期汇报会，其间，全国部分省市内部审计协会新老领导们一致认为"本套丛书是他们记忆中全国首套成体系的内部审计实务丛书，非常有意义"，这个评价激发了我们极大的创作热情。丛书出版过程中，特别感谢第十一届全国政协副主席、审计署原审计长、中国内部审计协会名誉会长李金华亲自审阅本丛书并作总序；感谢李如祥副会长、时现副校长、李若山教授对图书的高度评价，并为丛书作推荐序；感谢中国内部审计协会原副会长兼秘书长易仁萍老领导对本套丛书的精心指导与帮助；感谢王光远教授对本套丛书的关心与关注；感谢陈焕昌、范经华、尹维劼、许建军、王勤学、何小宝、徐善燧、陈德霖、许兰娅、翁一菲、陈建西、沈谦、吴晓荣、沈静波、缪智平、高垚、林朝军、毛剑锋、全国义、杨辉锋、薛岩、雷雪锋、罗四海、施曙夏等人在丛书调研与写作过程中给予的大力支持。

在本套丛书初稿形成，我们又组织专家进行多次的线上讨论，部分专家前辈提出建议：为给人以启示，传递正能量，希望在每章首页中插入以内部审计为主题的名言警句。在此，感谢中国内部审计协会新老领导、内部审计领域的专家学者为本书提供精辟而富有哲理的名言警句，感谢审计署内部审计指导监督司、北京市内部审计协会、湖南省内部审计协会、浙江省内部审计协会、山东省内部审计协会、福建省内部审计协会，成都市审计学会以及宁波市内部审计协会、上海铭垚信息科技有公司、宁波南审审计研究院等单位的大力支持！

丛书的出版离不开人民邮电出版社全程地跟进服务，他们很专业、很敬业；离不开李越、林云忠委员组织协调，他们为丛书的调研与写作提供了有力的保障；更离不开袁小勇教授统筹丛书编写架构，统一丛书编写要求，统领丛书进度与审稿等，他为此投入了极大的精力并倾注了极大的心血。

时代在前进，理念在发展，本套丛书错漏之处在所难免，恳请读者批评指正，我们会再接再厉，希望有机会再为广大读者创作更为专业、系统的内部审计工作法系列实务丛书，为实务工作者增值，为企业增效，为社会增进！

丛书编委会

2022.5.16

参考文献

[1] 阿尔布雷克特 (Albrecht W. Steve). 舞弊检查 [M]. 李爽，吴溪等译. 北京：中国财政经济出版社，2005.

[2] 阿尔文·阿伦斯，兰德尔·埃尔德，马克·比斯利. 审计学——一种整合方法［M］.14 版. 北京：清华大学出版社，2013.

[3] 薄其文. 政府投资项目全过程跟踪审计研究——珠海城际轨道交通为例［D］. 桂林：广西师范大学，2018.

[4] 鲍国明，刘力云. 现代内部审计［M］. 北京：中国时代经济出版社，2014.

[5] 北京兆泰投资顾问有限公司. 内部审计实务［M］. 北京：西苑出版社，2014.

[5] 贝利，格拉姆林，拉姆蒂. 内部审计思想［M］. 王光远，译. 北京：中国时代经济出版社，2006.

[7] 毕德富，潘景章，石红波等. 大数据环境下外汇管理内部审计技术方法创新研究——基于基层外汇局资本项目计算机辅助审计实践［J］. 中国内部审计，2020（3）.

[8] 博恬. 高校内部控制的优化研究——以江苏省 S 高校为例［D］. 苏州：苏州大学，2020.

[9] 财政部. 行政事业单位内部控制规范（试行）［EB/OL］.（2012-11-29）.

[10] 常力. 建设项目内部控制制度审计思考［J］. 审计理论与实践, 2002（12）.

[11] 陈超. 内部控制视角下云南省 F 医院工程建设项目审计案例研究［D］. 昆明：云南大学，2015.

[12] 陈丹萍. 试论现代审计技术与方法的战略调整［J］. 审计研究, 2000（6）.

[13] 陈国珍，赵婧. 信息化环境下内部审计技术方法研究［J］. 会计之友，2013（3）.

[14] 陈虎，孙彦丛. 财务共享服务［M］. 2 版. 北京：中国财政经济出版社，2018.

[15] 陈静然. 内部审计案例教程［M］. 西安：西安电子科技大学出版社，2017.

[16] 程平，张敏济. 数据视角下基于财务云平台的建设项目内部控制审计——以重庆海事局为例［J］. 财会月刊，2017（13）

[17] 戴希. 审计经典案例选编［M］. 北京：中国时代经济出版社, 2017（6）.

[18] 戴勇. LXJK 矿山建设投资控制的内部审计研究［D］. 青岛：青岛理工大学，2018.

[19] 德里克·马修斯. 审计简史［M］. 北京：中国人民大学出版社, 2020.

[20] 丁丁，汪海峰. 新形势下经济责任审计的理论创新研究［M］. 北京：中国纺织出版社，2018

[21] 董伯坤. 预算执行的数据式审计模式探索［J］. 审计研究, 2007.

[22] 段少峰. 行政单位内部控制体系完善研究——以 M 行政单位为例［D］. 昆明：云南财经大学，2018.

[23] 方宝璋. 中国审计史稿［M］. 福州：福建人民出版社，2006.

[24] 方红星，王宏. 企业风险管理：整合框架［M］. 大连：东北财经大学出版社，2005.

[25] 方敏蒨. 铁路行政事业单位内部控制体系研究［D］. 北京：北京交通大学，2014.

[26] 傅建英. 行政事业单位建设项目内部控制常见问题与对策分析［J］. 会计师，2018（14）.

[27] 公安部审计局. 公安审计实用手册［M］. 北京：中国人民公安大学出版社，2014.

[28] 关金宝. 全国内部审计工作座谈会在京召开［EB/OL］.（2018-09-12）.

[29] 郭道扬. 会计史研究：历史·现时·未来：1卷［M］. 北京：中国财政经济出版社，2004.

[30] 郭强华. 廉政审计［M］. 北京：中国方正出版社，2007.

[31] 郭影. 公安审计［M］. 北京：中国人民公安大学出版社，2004.

[32] 国务院. 促进大数据发展行动纲要［EB/OL］.（2015-08-31）.

[33] 韩金豹. 长庆油田地面建设项目审计研究［D］. 西安：西安石油大学，2015.

[34] 贺宇灵. A烟草物流园项目全过程跟踪审计案例研究［D］. 湘潭：湘潭大学，2017.

[35] 黄玢. 法国的内部审计——法国内部审计师协会［J］. 广东审计，1997（7）.

[36] 黄芳. 内部舞弊审计的定位、特点及技巧［N］. 中国审计报，2020.

[37] 黄伟莹. 基层行政单位内部控制体系优化研究——以A局为例［D］. 广州：暨南大学，2018.

[38] 霍雨佳. 基于风险管理下公立医院内部控制体系优化研究——以内蒙古 A 公立医院为例［D］. 呼和浩特：内蒙古农业大学，2017.

[39] 蒋政. 胜利油田产能建设项目审计优化研究［D］. 青岛：中国石油大学，2015.

[40] 柯楠. 行政事业单位内部控制有效性及影响因素研究——基于内部控制制度实施效果的经验视角［D］. 重庆：重庆理工大学，2020.

[41] 李嘉明. 内部审计的作用机理与治理效果［M］. 重庆：重庆大学出版社，2016.

[42] 李金华. 中国审计史：1 卷［M］. 北京：中国时代经济出版社，2004.

[43] 李金华. 中国审计史：2 卷［M］. 北京：中国时代经济出版社，2004.

[44] 李金华. 中国审计史：3 卷［M］. 北京：中国时代经济出版社，2005.

[45] 李小文. A 科研事业单位内部控制案例研究［D］. 北京：中国财政科学研究院，2017.

[46] 李志明. 高校内部控制有效性研究——以湖南省属本科高校为例［D］. 湖南：国防科学技术大学，2015.

[47] 里克·海斯，罗杰·达森，阿诺德·席尔德，菲利普·瓦拉赫. 审计学——基于国际审计准则的视角［M］.2 版.北京：机械工业出版社，2006.

[48] 梁海燕，张晓强. 跟踪审计"亮剑"建设项目全过程［J］. 中国内部审计，2017.

[49] 林玉茹. 建设项目全过程跟踪审计研究［D］. 广州：华南理工大学，2012.

[50] 刘关玉. PPP 模式建设项目审计问题研究［D］. 昆明：云南财经大学，2018.

[51] 刘明辉. 高级审计研究［M］. 3 版. 大连：东北财经大学出版社，2018.

[52] 柳杨. 工程建设项目全过程造价控制研究［D］. 呼和浩特：内蒙古农业大学，2020（9）.

[53] 娄尔行，唐清亮. 试论审计的本质［J］. 审计研究，1987（3）.

[54] 罗茜. M 公司工程建设项目招投标审计优化研究——基于内部审计的视角［D］. 重庆：重庆理工大学，2019.

[55] 罗艳梅. 双重委托代理关系下角色冲突、委托人权力配置与内部审计行为研究［M］. 北京：北京大学出版社，2018.

[56] 吕翔. 建设项目审计方法及应重点关注的问题［J］. 企业改革与管理，2018（22）.

[57] 马宁馨. CS 采油厂工程建设项目全过程跟踪审计研究［D］. 西安：西安石油大学，2017.

[58] 马知玉. ××公司工程建设项目内部控制优化研究［D］. 重庆：重庆理工大学，2017.

[59] 迈克尔·查特菲尔德. 会计思想史［M］. 上海：立信会计出版社，2017.

[60] 孟鹏. ×管理局内部控制体系构建研究［D］. 西安：西安电子科技大学，2015.

[61] 莫雪君. 风险导向的失业保险金发放合规性审计研究［D］. 南京：南京审计大学，2019.

[62] 南京市农村金融学会课题组. 基层行青年员工违规违纪违法的防控措施［J］. 现代金融，2018（1）.

[63] 宁波市审计学会课题组. 财政专项资金绩效审计研究［J］. 审计研究，2014（2）

[64] 庞文群. 对当前公路建设项目内部审计几个业务问题的思考［J］. 交通财会，2019（8）..

[65] 裴俊红，王淑珍，赵君彦. 内部审计之中英比较［M］. 中国农业会计，2005（11）.

[66] 裴鹏. 行政事业单位内部控制的现状及完善研究——以 S 省地震局为例［D］. 济南：山东财经大学，2015.

[67] 秦荣生，卢春泉. 审计学［M］.8 版. 北京：中国人民大学出版社，2015.

[68] 秦荣生. 大数据、云计算技术对审计的影响研究［J］. 审计研究，2014（6）.

[69] 秦荣生. 现代内部审计学［M］. 2 版. 上海：立信会计出版社，2019.

[70] 任禾. HT 高校教学楼建设项目内部审计方案研究［D］. 哈尔滨：哈尔滨工业大学，2019.

[71] 阮明越. 谈建设项目跟踪审计方法全过程控制工程造价［J］. 中国招标园地，2009（49）.

[72] 审计署，人力资源和社会保障局，审计专业技术资格考试办公室. 审计理论与实务［M］. 北京：中国时代经济出版社，2017.

[73] 审计署. 中华人民共和国国家审计准则［EB/OL］.2010-09-14.

[74] 石恒贵. 内部审计在公司治理中的作用机理与实证研究［M］. 北京：经济科学出版社，2016

[75] 宋坤. 建设项目跟踪审计应用的研究——以京沪高铁建设项目为例［D］. 成都：西南财经大学，2013.

[76] 宋晓丹. S 市交通运输局预算控制研究［D］. 石家庄：河北师范大学，2020.

[77] 宋雅伟．A 事业单位业务层面内部控制改进研究［D］．北京：北京交通大学，2016.

[78] 宋一民．英国监事审计的特点及借鉴［J］.河南财政税务高等专科学校学报，2001（12）.

[79] 唐勇．政府投资建设项目跟踪审计质量评价和提升研究［D］．昆明：云南大学，2016.

[80] 唐展，徐黎．单位建设项目内部审计的困难及对策［J］．行政事业资产与财务，2011（4）.

[81] 土木工程网．工程造价结算中常见的舞弊手段及审核技巧[EB/OL].2020-01-01.

[82] 汪华驹．加强事业单位内部控制的思考［J］．财政监督，2017（19）.

[83] 王宝庆，张庆龙．内部审计［M］．大连：东北财经大学出版社，2017.

[84] 王宝庆．审计新论［M］．北京：经济科学出版社，2018.

[85] 王光远．内部审计理论与实践发展历程评述——内部审计思想概述［J］．财会通讯，2006（10）.

[86] 王光远．现代内部审计十大理念［J］．审计研究，2007（2）.

[87] 王晴．行政事业单位内部控制有效性评价与优化策略研究——以 S 水利局为例［D］．镇江：江苏科技大学，2017.

[88] 王稳，王东．企业风险管理理论的演进与展望［J］．审计研究，2010（4）.

[89] 王晓．行政事业单位内部控制问题研究——以北京市 G 局为例［D］．北京：首都经济贸易大学，2016.

[90] 王悦.中英内部审计制度比较［J］.西部财会，2004（11）.

[91] 王志伟，王树怀. 高校基建工程审计方法和跟踪审计研究［J］. 四川水泥，2019（7）.

[92] 魏菡. 内部审计视角下的高校建设项目跟踪审计研究——以 YK 大学新校区为例［D］. 昆明：云南财经大学，2018.

[93] 文森特·奥赖利，巴里·威诺格拉德，詹姆斯·格尔森，亨利·耶尼克. 蒙哥马利审计学［M］.12 版.北京：中信出版社,2002.

[94] 吴穹. DG 油田内部审计案例研究［D］. 北京：中国财政科学研究院，2017.

[95] 习近平. 决胜全面建成小康社会，夺取新时代中国特色社会主义伟大胜利——在中国共产党第十九次全国代表大会上的报告［R/OL］.（2017-10-18）.

[96] 习近平. 实施国家大数据战略加快建设数字中国［EB/OL］.（2017-12-08）.

[97] 刑秋阳. 事业单位预算业务内部控制风险防范研究——以 Z 局为例［D］. 天津：天津财经大学，2018.

[98] 熊玉莲.英国公司审计制度及其启示［J］.企业经济,2009（12）.

[99] 徐荣华.国家审计功能拓展与方法创新研究［M］.杭州：浙江大学出版社,2018.

[100] 徐荣华.新监督体系背景下审计监督促进法纪监督功效研究［J］.中国审计评论,2021（2）.

[101] 徐卫建. 学习考察英国、法国内部审计情况之我见［J］. 工业审计与会计，2009（1）.

[102] 闫社清. 基建项目全过程管理、效益审计方法研究［D］. 西安：西安石油大学，2010.

[103] 杨海林. 行政单位内部控制研究——以 T 局为例［D］. 长春：吉林财经大学，2017.

[104] 杨时展. 审计的产生和发展［J］. 财会通讯，1986（4）.

[105] 杨奕琪. 农行黄岩支行青年员工违规违纪违法问题研究［J］. 经济师，2018（11）.

[106] 杨越. A 事业单位内部控制优化研究［D］. 重庆：重庆理工大学，2017.

[107] 叶陈刚，徐荣华. 审计学——监督与鉴证［M］. 北京：对外经济贸易大学出版社，2015.

[108] 于津，高俊卿，赵竹明. 浅析内部审计在建设项目管理审计中的应用［J］. 物流工程与管理，2014（6）.

[109] 袁小勇. 内部审计：内部审计怎样才能有所作为［M］. 北京：经济科学出版社，2014.

[110] 原署光. 从内部审计角度谈如何做好建设项目跟踪审计［J］. 建筑经济，2013（6）.

[111] 张寒西. 内部控制视角下行政单位事业专项资金管理研究——以 GT 单位为例［D］. 石家庄：河北师范大学，2017.

[112] 张红英. 内部审计［M］. 厦门：厦门大学出版社，2020.

[113] 张琳，叶超，于洛. 事业单位基建工程审计风险及内部控制［J］. 中国内部审计，2015（11）.

[114] 张璐. 房地产行业全过程跟踪审计研究——以中恒 - 纳帕名门住宅建设项目为例［D］. 武汉：华中农业大学，2013.

[115] 张奇. 大数据财务管理［M］. 北京：人民邮电出版社，2016.

[116] 张文涛. 我国行政事业单位内部控制构建与研究——以 R 局为例［D］. 青岛：青岛理工大学，2015.

[117] 赵洪元. 西班牙、法国审计工作考察简况［J］. 上海会计，1985（2）.

[118] 赵卫红，许兵，饶峻巍等．一张假发票挖出"一窝鼠"[M].北京：中国时代经济出版社，2017.

[119] 赵运生. AHS 高校内部控制评价机制研究［D］．蚌埠：安徽财经大学，2015.

[120] 郑石桥，鲍思慧，周敏李．企业合规审计：一个理论框架［J］．会计之友，2019（9）.

[121] 郑石桥.合规审计［M］．北京：中国人民大学出版社，2018.

[122] 中共中央办公厅，国务院办公厅．党政主要领导干部和国有企事业单位主要领导人员经济责任审计规定［EB/OL］．2019-07-07.

[123] 中国内部审计协会．国际内部审计专业实务框架［M］．北京：中国财政经济出版社，2017.

[124] 中国审计年鉴（1983—1988）［M］．北京：中国审计出版社，1990.

[125] 中国审计年鉴（1989—1993）［M］．北京：中国审计出版社，1994.

[126] 中国审计年鉴（1994—1998）［M］．北京：中国审计出版社，1999.

[127] 中国注册会计师协会.审计［M］．北京：中国财政经济出版社，2020.

[128] 中国注册会计师协会.审计［M］．北京：中国财政经济出版社，2021.

[129] GRIFFEN, RICKY W.Management［M］.5th ed. Boston, MA：Houghton Mifflin Publishing, 2002.